A educação musical em cursos de Pedagogia do estado de São Paulo

FUNDAÇÃO EDITORA DA UNESP

Presidente do Conselho Curador
Mário Sérgio Vasconcelos

Diretor-Presidente
José Castilho Marques Neto

Editor-Executivo
Jézio Hernani Bomfim Gutierre

Assessor Editorial
João Luís Ceccantini

Conselho Editorial Acadêmico
Alberto Tsuyoshi Ikeda
Áureo Busetto
Célia Aparecida Ferreira Tolentino
Eda Maria Góes
Elisabete Maniglia
Elisabeth Criscuolo Urbinati
Ildeberto Muniz de Almeida
Maria de Lourdes Ortiz Gandini Baldan
Nilson Ghirardello
Vicente Pleitez

Editores-Assistentes
Anderson Nobara
Jorge Pereira Filho
Leandro Rodrigues

WASTI SILVÉRIO CISZEVSKI
HENRIQUES

A EDUCAÇÃO MUSICAL EM CURSOS DE PEDAGOGIA DO ESTADO DE SÃO PAULO

© 2013 Editora UNESP

Direitos de publicação reservados à:
Fundação Editora da UNESP (FEU)

Praça da Sé, 108
01001-900 – São Paulo – SP
Tel.: (0xx11) 3242-7171
Fax: (0xx11) 3242-7172
www.editoraunesp.com.br
www.livrariaunesp.com.br
feu@editora.unesp.br

CIP-BRASIL. CATALOGAÇÃO NA PUBLICAÇÃO
SINDICATO NACIONAL DOS EDITORES DE LIVROS, RJ

H449e

Henriques, Wasti Silvério Ciszevski
  A educação musical em cursos de Pedagogia do estado de São Paulo / Wasti Silvério Ciszevski Henriques. São Paulo: Editora Unesp, 2013.

  Recurso digital; il.
  Formato: ePDF
  Requisitos do sistema: Adobe Acrobat Reader
  Modo de acesso: World Wide Web
  ISBN 978-85-393-0485-1 (recurso eletrônico)

  1. Música – Instrução e ensino. 2. Música e educação. 3. Música – Instrução e estudo – São Paulo. 4. Prática de ensino. 5. Livros eletrônicos. I. Título.

13-04835
CDD: 780.7
CDU: 780.7

Este livro é publicado pelo projeto *Edição de Textos de Docentes e Pós-Graduados da UNESP* – Pró-Reitoria de Pós-Graduação da UNESP (PROPG) / Fundação Editora da UNESP (FEU)

Editora afiliada:

Asociación de Editoriales Universitarias
de América Latina y el Caribe

Associação Brasileira de
Editoras Universitárias

Dedico ao meu Deus, perfeito e maravilhoso... porque Dele, por Ele e para Ele são todas as coisas. Ao meu marido, amigo e companheiro Marquinhos... o meu amor! À minha amada família, meu porto seguro.

AGRADECIMENTOS

Agradeço a todos os que, direta ou indiretamente, colaboraram para a realização deste sonho.

Agradeço à minha querida orientadora Marisa: mulher sábia, paciente, persistente, companheira e amiga. Meus sinceros agradecimentos por tantos aprendizados construídos em sua companhia e por sua dedicação incondicional durante o período do mestrado.

Em especial, agradeço à Coordenação de Aperfeiçoamento de Pessoal de Nível Superior (Capes) e, posteriormente, à Fundação de Amparo à Pesquisa do Estado de São Paulo (Fapesp) pelo apoio financeiro, no período de 24 meses, que possibilitou a realização desta pesquisa.

À professora Iveta Maria Borges Ávila Fernandes e à professora Margarete Arroyo, do Instituto de Artes da Universidade Estadual Paulista "Júlio de Mesquita Filho" (Unesp), pela importante contribuição oferecida no exame de qualificação.

Às instituições participantes do estudo, especialmente a seus coordenadores, professores e alunos, essenciais para o desenvolvimento desta pesquisa, pela disponibilidade e atenção.

Aos professores das disciplinas cursadas durante o mestrado: Alberto Ikeda, Dorotéa Kerr, Sonia Albano de Lima, Marisa

Fonterrada, Sérgio Figueiredo e Marina Célia de Moraes Dias, pela grande contribuição para a construção deste trabalho.

Agradeço às professoras Ilza Zenker Leme Joly e Iveta Maria Borges Ávila Fernandes pela valiosa contribuição na minha defesa de mestrado.

Aos funcionários da Unesp, que sempre foram muito solícitos e contribuíram, direta ou indiretamente, para a realização desta pesquisa.

Ao Programa de Pós-Graduação em Música do Instituto de Artes da Unesp, responsável pela realização deste trabalho.

Educação não transforma o mundo.
Educação muda pessoas.
Pessoas transformam o mundo.

Paulo Freire

Sumário

Apresentação   13

1 O espaço das artes nos cursos de formação para professores no Brasil: perspectivas históricas e atuais   23
2 Perfil dos cursos de Pedagogia que oferecem ensino de Música   73
3 Reflexões sobre cinco concepções de ensino musical nos cursos de Pedagogia paulista   117
4 Música nos cursos de Pedagogia: visão dos alunos, coordenadores e professores   191

Considerações finais   291
Referências bibliográficas   301

Apresentação

A educação musical brasileira vive um momento histórico e de extrema importância: a "volta da música" às escolas. A Lei n. 11.769, sancionada pelo presidente Luiz Inácio Lula da Silva no dia 15 de agosto de 2008, altera a Lei de Diretrizes e Bases da Educação (LDB)[1] n. 9.394, de 20 de dezembro de 1996, e torna obrigatório o ensino de Música na educação básica. Diz o texto legal: "A música deve ser conteúdo obrigatório, mas não exclusivo, do componente curricular de que trata o § 2º deste artigo" (Brasil, 2008b).[2]

Usou-se a expressão "volta da música", pois é como, geralmente, essa questão tem se colocado. Alguns pesquisadores, como Jusamara Souza, por exemplo, afirmam que a música nunca saiu da escola. Segundo a autora, "o que retorna é a preocupação e reflexão sobre as práticas musicais nos espaços escolares" (Souza apud Corrrea, 2010, p.112). No entanto, observa-se, informalmente, que há muitas

---

[1] Daqui para a frente será utilizada a sigla LDB para se referir à Lei de Diretrizes e Bases da Educação.
[2] Destaca-se que a LDB de 1996 foi alterada novamente, pela Lei n. 12.287, sancionada em 13 de julho de 2010: "§ 2º O ensino da arte, especialmente em suas expressões regionais, constituirá componente curricular obrigatório nos diversos níveis da educação básica, de forma a promover o desenvolvimento cultural dos alunos" (Brasil, Lei, 2010).

escolas que não oferecem aulas de Música, apesar de esta fazer parte do cotidiano escolar. Diante disso, pensa-se que, além de ser o retorno da reflexão acerca da música na escola, é também o retorno do seu espaço "oficial", como disciplina ou conteúdo, à escola.

Considerando que, em geral, a música esteve ausente dos currículos escolares nos últimos anos, e que muitas gerações não tiveram ensino musical formal nas escolas, tem-se um grande desafio a ser enfrentado. Por conseguinte, existem articulações dos educadores musicais brasileiros, que têm se reunido para discutir e pensar em propostas viáveis e levantar as possibilidades e condições para a aplicação da lei na educação básica – educação infantil, ensino fundamental e médio.

Nesse sentido, várias questões e propostas têm surgido em relação ao plano de ação que poderá ser tomado, já que o prazo para a adequação das escolas à lei é de três anos e, portanto, ela deverá ser implantada no atual ano letivo (2011).[3]

No encontro nacional da Associação Brasileira de Educação Musical (Abem)[4] de 2010, houve mesas para reflexão conjunta e debates acerca da implementação da Lei n. 11.769/08.[5] Nessas discussões, a atual presidente da associação, professora Magali Kleber, afirmou que seria ingenuidade pensar que apenas a lei garantiria a presença da música na escola. Ela diz que, obviamente, a lei trouxe uma grande notoriedade à área, mas que são necessárias mobilizações e força política. O professor Sérgio Figueiredo, docente da Universidade do Estado de Santa Catarina (Udesc)[6] e ex-presidente da Abem, acrescentou que são necessárias algumas medidas para a implementação da lei, a saber: rever a concepção de ensino de Arte;

---

3 Esse prazo foi uma estratégia política, para que houvesse rápidas mobilizações, pois sabe-se que, para uma efetiva mudança no cenário do ensino de Música nas escolas brasileiras, é preciso muito mais do que três anos.
4 Daqui para a frente será utilizada sigla Abem para se referir à Associação Brasileira de Educação Musical.
5 Ressalte-se que desde o ano de 2007 a Abem tem discutido o projeto da Lei n. 11.769/08 em seus congressos.
6 Daqui para a frente será usada a sigla Udesc para se referir à Universidade do Estado de Santa Catarina.

viabilizar recursos financeiros; oferecer concursos públicos; estabelecer espaços físicos e pedagógicos para a música no currículo. E, ainda, para que a mudança aconteça, são necessárias a constante leitura e interpretação dessa nova lei, além de persistência nas ações para sua implementação.

No referido encontro nacional da Abem, o professor Luis Ricardo de Queiroz, da Universidade Federal da Paraíba e atual secretário da Abem, apresentou as principais questões que têm sido feitas à diretoria da associação em relação à aplicabilidade da lei, a saber:

(1) Quem poderá dar aula de Música na escola?
(2) A Música deverá ser ou não disciplina?
(3) Quais são os objetivos do ensino de Música na escola?
(4) Quais conteúdos musicais deveriam ser ensinados?

O professor Queiroz explicou que as questões (2), (3) e (4) variam de acordo com os sistemas educacionais de cada região e que, no caso das questões (3) e (4), já há uma vasta literatura na área, que discute as bases para os objetivos e conteúdos relativos ao ensino de Música nas escolas, além dos próprios Parâmetros Curriculares Nacionais (PCNs).

Assim, entende-se que a questão (1), que diz respeito a quem dará aula de Música nas escolas, é o ponto que tem gerado maior dúvida. Os artigos 61 e 62 da LDB de 1996 respondem a esta questão, pois, neles, fica especificado que somente o professor licenciado nas áreas específicas poderá assumir o cargo de professor do ensino básico, ou seja, somente o professor licenciado em Música/Educação Musical poderá dar aulas de Música na escola.

Apesar desse dispositivo legal, essa ainda é uma questão que traz constantes dúvidas, devido ao veto realizado ao parágrafo único do art. 62 da Lei de Diretrizes e Bases n. 9.394: "O ensino da Música será ministrado por professores com formação específica na área". As razões para o veto, trazidas no *Diário Oficial da União* (Brasil, 2008b, p.2), são as seguintes:

No tocante ao parágrafo único do art. 62, é necessário que se tenha muita clareza sobre o que significa "formação específica na área". Vale ressaltar que a música é uma prática social e que no Brasil existem diversos profissionais atuantes nessa área sem formação acadêmica ou oficial em música e que são reconhecidos nacionalmente. Esses profissionais estariam impossibilitados de ministrar tal conteúdo na maneira em que este dispositivo está proposto. Adicionalmente, esta exigência vai além da definição de uma diretriz curricular e estabelece, sem precedentes, uma formação específica para a transferência de um conteúdo. Note-se que não há qualquer exigência de formação específica para Matemática, Física, Biologia etc. Nem mesmo quando a Lei de Diretrizes e Bases da Educação Nacional define conteúdos mais específicos como os relacionados a diferentes culturas e etnias (art. 26, § 4º) e de língua estrangeira (art. 26, § 5º) ela estabelece qual seria a formação mínima daqueles que passariam a ministrar esses conteúdos.

O professor Sérgio Figueiredo (in Abem, 2008, p.2) diz que "[...] o que vale é a lei e não o veto. Isto quer dizer que nós temos hoje a música como componente curricular obrigatório na educação brasileira. Isto é uma vitória".

Na argumentação trazida no veto, por um lado, observa-se uma contradição entre seu texto e o que prevê a LDB de 1996, mas, por outro, entende-se que, como serão necessários vários movimentos para a inserção da aula de Música nas escolas, o veto parte do pressuposto segundo o qual cada secretaria ou unidade escolar tem autonomia para contratar um músico, que não seja, necessariamente, licenciado, em caráter eventual e emergencial, para possibilitar o ensino musical nas escolas.

Essa possibilidade está sendo pensada, principalmente pelo fato de serem poucos os cursos de Licenciatura em Música no Brasil e, consequentemente, não existirem profissionais suficientes para atender à demanda das escolas. A assessoria de comunicação do Ministério da Educação (Brasil, 2008a) afirma:

O desafio que surge com a nova lei é a formação de professores. Segundo os dados mais recentes do Censo da Educação Superior, de 2006, o Brasil tem 42 cursos de Licenciatura em Música, que oferecem 1.641 vagas. Em 2006, 327 alunos formaram-se em música no Brasil.

No entanto, sabe-se que desde o último censo os dados mudaram. Segundo o levantamento realizado pelo Grupo de Pesquisa da Udesc, hoje há 77 cursos de Licenciatura em Música no Brasil. Mas, ainda assim, este continua a ser um número ínfimo diante da demanda das escolas.

Além dos poucos cursos de Licenciatura em Música no país, há outra questão que dificulta a presença do professor de Música nas escolas, que é a falta de interesse de licenciados em Música em atuar no ensino regular, detectada informalmente pela autora deste texto em seu próprio meio acadêmico e que é corroborada pela pesquisa da professora Maura Penna (2003, p.75), da Universidade Federal da Paraíba, que colheu dados semelhantes.

> [...] Música é a habilitação menos frequente entre os professores, assim como os concluintes de licenciatura plena em Educação Artística da UFPB: apenas 11,7% do total dos concluintes, num período de dez anos. Mesmo nesse quadro, é bastante expressivo o índice de professores de Arte com essa habilitação nas escolas públicas: no ensino fundamental, somente 9, ou seja, menos de 5% dos 186 professores. E os demais formandos em Música, onde estão? É sabido que vários ex-alunos do curso atuam em instituições ou em escolas de música, públicas ou privadas – o que vem reforçar, mais uma vez, a tendência de preferência pela atuação profissional em escolas especializadas.

Diante disso, concorda-se com Penna (apud Aquino, 2010, p.1621) quando diz que é fundamental repensar tal situação:

Neste sentido, faz-se urgente o envolvimento de todos – universidades, professores formadores, licenciados, pesquisadores, gestores e coordenadores dos cursos – para reconhecer a importância do trabalho musical junto à escola regular rompendo o círculo vicioso, por um lado, da reduzida presença da música na escola e, por outro, da "tendência de preferência pela atuação profissional em escolas de música especializadas, o que resulta em um descompromisso da área com a escola regular de educação básica".

Dentro dessa problemática, a professora Luz Marina, no XXI Encontro Nacional da Abem, questiona: Como ampliar a formação inicial em Licenciatura em Música para atender a toda a demanda dos estados? O que fazer para que os professores que passam nos concursos queiram continuar? Ela respondeu dizendo que é necessário rever os espaços, as remunerações e outras questões políticas.

Levando em conta essas questões, entende-se que é preciso buscar parceiros para o desenvolvimento da educação musical na educação básica do país. O profissional que poderia atuar constantemente no desenvolvimento musical de seus alunos é o pedagogo que atua nas séries iniciais do ensino básico (educação infantil e fundamental I).

Como a presença do professor especialista dá-se, geralmente, a partir do ensino fundamental II, ou, em alguns lugares, do fundamental I, no ensino público do Brasil, o professor das séries iniciais é responsável pelo desenvolvimento musical de crianças de educação infantil (até 6 anos de idade) e fundamental I (até 10 anos). Portanto, entende-se que, para a democratização do ensino de Música no Brasil, é necessário que, além de investir na formação de licenciados em Música, invista-se também na formação musical desses professores, licenciados em Pedagogia.

No entanto, pesquisas indicam que o professor de séries iniciais dificilmente possui formação musical no curso de Pedagogia. Figueiredo (2001) realizou uma pesquisa em instituições que mantêm cursos de Pedagogia, das regiões Sul e Sudeste do país, e verificou que:

Apenas uma instituição oferece três disciplinas de arte no 5º semestre do curso com 240 horas no total, sendo que cada disciplina é dirigida para uma linguagem artística específica. A grande maioria das disciplinas oferecidas aborda várias linguagens artísticas, sendo que as mesmas são ministradas por um único professor. [...] De um modo geral, a música é pouco oferecida nas disciplinas mencionadas e é considerada específica demais. (Figueiredo, 2001, p.2)

Apesar de existirem pesquisas acerca dessa questão em algumas regiões brasileiras, até onde foi possível averiguar, ainda não há estudos realizados quanto à quantidade de cursos de Pedagogia que ofereçam Música em sua grade curricular em São Paulo.

Este livro traz alguns resultados obtidos por meio de uma pesquisa de mestrado, que teve por intuito verificar a hipótese segundo a qual poucos cursos paulistas oferecem a disciplina Música em sua grade curricular. No entanto, destaque-se que os documentos nacionais para o curso de Pedagogia apontam para a inserção de disciplinas artísticas em seu currículo, pois seu "núcleo de estudos básicos" considera "Artes" como um de seus componentes.

[...] um núcleo de estudos básicos que, sem perder de vista a diversidade e a multiculturalidade da sociedade brasileira, por meio do estudo acurado da literatura pertinente e de realidades educacionais, de reflexão e ações críticas, articulará: [...] decodificação e utilização de códigos de diferentes linguagens utilizadas por crianças, além do trabalho didático com conteúdos, pertinentes aos primeiros anos de escolarização, relativos à Língua Portuguesa, Matemática, Ciências, História e Geografia, *Artes*, Educação Física [...]. (Brasil, 2005, p.11, grifo nosso)

O campo de Arte se constitui das quatro expressões artísticas – artes cênicas, artes visuais, música e dança –, no entanto, não há nenhuma referência a essas distintas linguagens no documento, deixando essa questão a cargo da autonomia das instituições. Nesse sentido, Penna (2004, p.1) diz que "a música está subordinada ao campo mais amplo e múltiplo da arte como componente curricular, de forma que há apenas um espaço potencial para a música na escola".

A formação musical desses profissionais não visa à substituição do professor especialista, mas sim a ser uma formação concomitante e complementar à dos professores de Música. Bellochio (2003, p.1) diz ser importante destacar que "o professor unidocente[7] trabalha multidisciplinarmente nos anos iniciais, e a música é um saber disciplinar que existe e dialoga com outros, sem perder o que de intrínseco a constitui, ou seja, a linguagem musical em suas múltiplas formas de existir e expressar".

Por ser o professor das séries iniciais um colaborador no desenvolvimento musical de seus alunos, ele poderá agir em momentos importantes de criação musical das crianças, em que o professor de Música não estará presente. Abrahão (2005, p.3) indica que esses professores não poderão se ausentar das contribuições diárias que a música oferece e que deverão intervir em situações de criações e improvisações musicais.

O educador musical inglês John Paynter (1972, p.10) afirma que não é em apenas trinta minutos por semana, na aula de Música, que as crianças têm contato com a música, mas durante todos os dias com seus professores. Portanto, é interessante que os professores das séries iniciais saibam estimular e avaliar e desenvolvimento musical de seus alunos.

Assim, ressalta-se que, futuramente, havendo especialistas em música em todas as escolas, que é o que se espera a médio e longo prazo, o professor das séries iniciais possa agir colaborativamente com o professor de Música. Figueiredo (2005, p.27) afirma que poderia haver mais diálogo entre esses dois profissionais, e que seria muito importante que eles somassem esforços e atuassem conjuntamente. Quanto a esse aspecto, é conveniente ressaltar que, apesar de a maioria das escolas ainda não ter educação musical, existem alguns

---

7 A professora Cláudia Bellochio e outros pesquisadores da região Sul adotam o termo "unidocente" para se referir ao professor que desenvolve suas atividades nos anos iniciais de escolarização.

municípios que já contam com o ensino de Música, como é o caso de Florianópolis (SC), que tem Música na escola desde a LDB de 1996. Há também projetos que já trabalham com a integração entre o professor especialista e o professor das séries iniciais, como, por exemplo, o projeto "Tocando e Cantando... fazendo música com crianças", em Mogi das Cruzes (SP), discutido pela professora Iveta M. B. A. Fernandes em sua tese de doutorado (2009). No entanto, esses ainda são casos isolados, já que a maior parte das escolas brasileiras não conta com aulas de Música.

Partindo desse pressuposto, se os professores das séries iniciais participassem das aulas de Música ministradas na escola, teriam um maior contato com o desenvolvimento da linguagem musical de seus alunos e poderiam trabalhar diariamente, dentro de suas possibilidades, as questões propostas pelo profissional especialista e integrá-las aos demais conteúdos desenvolvidos em suas aulas. Dessa forma, professores das séries iniciais seriam parceiros dos professores de Música e colaboradores na formação musical de seus alunos. Segundo Figueiredo (2005, p.3):

> O trabalho em conjunto dos dois tipos de profissional mantém a proposta de integração do conhecimento nas séries iniciais. A presença de especialistas auxiliando os professores generalistas traria qualidade para as atividades musicais, na medida em que o professor generalista poderia integrar este conhecimento musical através de atividades que poderiam ser ampliadas e incrementadas com a participação do professor especialista em música.

Assim, como é possível notar, é bastante relevante estudar como tem sido a formação pedagógico-musical de pedagogos que, se optarem pela prática docente, poderão atuar diariamente na formação musical de seus alunos.

Diante disso, esta obra pretende apresentar aspectos referentes à situação do ensino musical em cursos de Pedagogia paulistas, de modo a contribuir com dados específicos às grandes questões ligadas à implantação da Música na educação básica, temática bastante relevante no momento em que o Brasil se encontra, destacando-se, em especial, a questão do conhecimento em música e o papel da música no currículo da escola regular e nos cursos de formação acadêmico-profissional de professores.

No primeiro capítulo, apresenta-se a contextualização do ensino superior brasileiro e dos cursos de formação para professores, além de se discutir o espaço das artes e da música nos cursos de Pedagogia paulistas atuais.

No segundo capítulo, apresentam-se informações acerca dos 27 cursos de Pedagogia paulistas que oferecem ensino musical a seus alunos, com destaque para suas características gerais e os critérios para escolha dos cinco cursos participantes do estudo realizado. Traça-se o perfil desses cursos, apresentando informações sobre as instituições selecionadas, destacando a maneira como a disciplina Música aparece em seus currículos. Também são apresentados os professores de música e alunos das instituições estudadas.

O terceiro capítulo diz respeito ao estudo realizado nas aulas de Música de cinco cursos de Pedagogia em São Paulo. Nele são apresentadas as temáticas abordadas e conteúdos desenvolvidos nas aulas; as metodologias de ensino utilizadas; exemplos de algumas atividades práticas desenvolvidas; considerações baseadas no espaço físico e nos materiais e mídias utilizados em aula, bem como reflexões acerca do processo de avaliação nas aulas de Música dos cursos observados.

No quarto capítulo, são trazidas as respostas aos questionários respondidos por alunos, professores e coordenadores de cinco cursos. Nele, trata-se do sentido e da importância da música para os alunos de Pedagogia; sua opinião acerca da estrutura do curso e do que foi, em sua opinião, seu principal aprendizado nas aulas de Música. Também são apresentadas as visões dos participantes do estudo em relação à Lei n. 11.769/08 e aos desafios e necessidades relativas à educação musical dos cursos em questão.

Nas Considerações Finais, apresenta-se uma reflexão crítica e uma síntese da discussão dos resultados – por meio de um quadro geral referente à educação musical nos cursos de Pedagogia de São Paulo.

1
O ESPAÇO DAS ARTES NOS CURSOS DE FORMAÇÃO PARA PROFESSORES NO BRASIL: PERSPECTIVAS HISTÓRICAS E ATUAIS

O ensino superior no Brasil

Finalidades do ensino superior e sua expansão no Brasil

Antes de iniciar a exposição a respeito da situação do ensino superior no Brasil, considera-se importante destacar em qual conceito de educação apoiou-se para o desenvolvimento desta obra, fundamentada em Libâneo (2008, p.82), que propõe a seguinte definição:

> A educação enquanto atividade intencionalizada é uma prática social cunhada como influência do meio social sobre o desenvolvimento dos indivíduos na sua relação ativa com o meio natural e social, tendo em vista, precisamente, potencializar essa atividade humana para torná-la mais rica, mais produtiva, mais eficaz diante das tarefas da práxis social postas num dado sistema de relações sociais. O modo de propiciar esse desenvolvimento se manifesta nos processos de transmissão e apropriação ativa de conhecimentos, valores, habilidades, técnicas em ambientes organizados para esse fim.

O autor aponta, ainda, para o fato de que as transformações contemporâneas contribuem para o entendimento da educação como um fenômeno plurifacetado, ocorrendo em muitos lugares, em várias modalidades (ibidem, p.26).

Neste livro enfocou-se a educação no âmbito institucional, escolar, destinado à formação de profissionais em cursos superiores – o chamado "ensino superior".

O ensino superior é um dos motores do desenvolvimento econômico e o principal instrumento de experiência cultural e científica acumulada pela humanidade (Delors, 2004, p.139). A educação superior estrutura-se em fundamentos incontestáveis do processo educativo e "seus valores devem constituir uma cultura de contínua transformação social sempre na busca do desenvolvimento e do progresso da própria sociedade" (Ney, 2008, p.141). Podem-se resumir as finalidades do ensino superior em quatro palavras: pesquisa, ensino, extensão e gestão.

Para auxiliar na compreensão do papel do ensino superior no país, é preciso mostrar suas finalidades, a partir do que a Lei de Diretrizes e Bases da Educação Nacional (LDBEN) n. 9.394/96 em seu art. 43 dispõe:

I. Estimular a criação cultural e o desenvolvimento do espírito científico e do pensamento reflexivo;
II. Formar diplomados nas diferentes áreas do conhecimento e colaborar na sua formação contínua;
III. Incentivar o trabalho de pesquisa e investigação científica;
IV. Promover a divulgação de conhecimentos culturais, científicos e técnicos que constituem patrimônio da humanidade;
V. Suscitar o desejo permanente de aperfeiçoamento cultural e profissional e possibilitar a correspondente concretização deste;
VI. Estimular o conhecimento dos problemas do mundo e estabelecer uma relação de reciprocidade com a comunidade;
VII. Promover a extensão, aberta à população, visando à propagação dos resultados e benefícios atingidos por meio de pesquisas geradas na instituição. (Brasil, 1996)

Delors (2004, p.140) explica que na atual sociedade, cujos recursos cognitivos tornam-se muito mais importantes do que os materiais, o ensino superior tem sido cada vez mais valorizado, em razão das contribuições que pode oferecer no que diz respeito às competências e às habilidades que a sociedade de um mundo em transformação exige.

Corroborando as palavras de Delors, constata-se que, de fato, houve uma grande expansão do ensino superior em escala mundial nos últimos anos e, no caso do Brasil, esse crescimento foi muito significativo. A partir da década de 1960, houve uma tentativa de tornar o ensino superior brasileiro massificado, e não mais elitista, como fora até então. O professor Edson Nunes (2007, p.10), presidente do Conselho Nacional de Educação de 2002 a 2008, apresenta comentários acerca dessa mudança de foco, além dos principais dados desse rápido crescimento:

> Ainda hoje, contudo, o sistema brasileiro continua a ser elitizado, a despeito de sua frequentemente criticada, mas indispensável, rápida expansão. Em 1908, segundo dados do *Anuário Estatístico do Brasil*, havia 6.735 estudantes matriculados em instituições de educação superior. No ano de 1960, esse total somava 93.202 alunos, um incremento de 1.284% em pouco mais de cinco décadas. Vinte anos depois, em 1980, as matrículas na educação superior somavam 1.377.286, um aumento de 1.378% no período. Até a virada do milênio, conforme dados do Inep,[1] tal número quase dobraria, atingindo 2.622.073 matriculados em 2000. Considerando-se a última estatística disponível (2005), há 4.453.156 estudantes de ensino superior, ou seja, em menos de cem anos o total de matrículas é 661 vezes maior.

A ampliação do número de alunos matriculados no ensino superior ocorreu paralelamente ao aumento do número de cursos

---

1 Daqui para a frente será usada a sigla Inep para se referir ao Instituto Nacional de Estudos e Pesquisas.

superiores no Brasil, como pode ser visto no Quadro 1, que mostra a evolução do número de cursos do Brasil e do estado de São Paulo no período de 1991 a 2007. Os dados apresentados referem-se aos anos de 1991, 1996, 2001 e 2006, estabelecendo-se uma periodicidade de cinco em cinco anos.

Quadro 1 – Evolução do número de cursos de ensino superior – 1991-2006

Ano	Quantidade de cursos no Brasil	Quantidade de cursos em São Paulo	Proporção entre os cursos de São Paulo e do Brasil
1991	4.908	566	11%
1996	6.644	1.771	26%
2001	12.155	3.036	24%
2006	22.101	5.501	24%

Fonte: Censo da Educação Superior (2008).

Pela análise do Quadro 1, é possível verificar que no período de 1991 a 1996 houve maior expansão do ensino superior em São Paulo: em 1991 São Paulo oferecia 11% dos cursos superiores brasileiros, e a partir de 1996, passou a oferecer cerca de 25% dos cursos superiores de todo Brasil.

Nesse sentido, o sociólogo Carlos Benedito Martins (2000, p.7) explica que tamanho aumento no número de instituições e alunos no ensino superior do Brasil deu-se, principalmente, pelo crescimento do ensino privado. O autor afirma:

> Tudo leva a crer que o ensino superior assumiu, nesse momento,[2] maior visibilidade para determinados setores das camadas médias urbanas, mais desprovidas de capital econômico e/ou de capital cultural, que viam nele um possível campo de manobra para colocar em prática suas estratégias de reconversão para obter melhores posições materiais e/ou simbólicas. Essa demanda foi absorvida, em parte,

---

[2] Aqui o autor se refere às décadas de 1960 e 1970 – primeiro momento de crescimento significativo no ensino superior brasileiro.

por uma relativa expansão do ensino público e, em maior escala, pelo setor privado, que apresentou um acentuado crescimento nessa época.

Poderá ser observado nos quadros apresentados a seguir que grande parte das instituições brasileiras e paulistas é de ensino privado, o que comprova que o crescimento deste tipo de instituição continua acontecendo.

Observando-se o Quadro 2, é possível verificar que o estado de São Paulo abarca grande parte das instituições de ensino superior (IES) do país – 23,8%, mantendo, assim, a proporção estabelecida a partir de 1996 (aproximadamente 25%).

Quadro 2 – Quantidade de instituições de ensino superior – Brasil/São Paulo – 2008

Quantidade de instituições de ensino superior		
Categoria administrativa	Brasil	São Paulo
TOTAL	2.252	537
Pública	236	52
Federal	93	5
Estadual	82	23
Municipal	61	24
Privada	2.016	485
Particular	1.579	395
Comun./Confes./Filant.	437	90

Fonte: Censo da Educação Superior (2008).

Pelo exame do Quadro 2 é possível verificar que grande parte das instituições de ensino superior (IES)[3] do Brasil é de caráter privado. Das 2.252 IES brasileiras, 2.016 são privadas, o que corresponde a 89,5% do total de instituições. Em São Paulo, também se observa

---

3 Daqui para a frente será usada a sigla IES para se referir às Instituições de Ensino Superior.

aproximadamente a mesma proporção, pois, de 537 IES, 485 são de ensino privado, o que corresponde a 90,3% do total. É possível verificar, ainda, que 22% das instituições privadas de ensino superior brasileiras são paulistas, enquanto, do total de instituições públicas, 24% são de São Paulo.

O Instituto Nacional de Estudos e Pesquisas (Inep) classifica as instituições privadas em duas categorias – as com e as sem fins lucrativos. As instituições sem fins lucrativos são designadas pela sigla CCF,[4] que corresponde ao seu caráter: confessionais, comunitárias e filantrópicas. As demais instituições, que têm fins lucrativos, são designadas como particulares. No entanto, segundo o professor de estudos avançados da Universidade de São Paulo (USP)[5] João Steiner (2005, p.6-7), essa classificação não é clara e pode dar margem a confusão, inclusive pelo fato de as próprias instituições CCF não terem clareza a respeito da classificação a que pertencem.

> [...] A classificação não parece muito clara [...] Tudo indica que a denominação para cada caso, da forma reportada pelo Inep, é autodefinido e por critérios que não parecem ser homogêneos. A Abruc – Associação Brasileira de Universidades Comunitárias – definiu, em seu instituto, critérios bastante objetivos que poderiam servir de guia para defini-las. É interessante notar que a grande maioria das universidades confessionais, tanto católicas como metodistas ou presbiterianas, se autodefine como comunitária, de acordo com este instituto.

Verifica-se, ao observar o Quadro 2, que, das 2.016 instituições privadas, 1.579 são particulares, isto é, têm fins lucrativos (78,3%), enquanto 437 (21,6%) são entidades CCF, isto é, sem fins lucrativos. Examinando-se as escolas paulistas, observa-se que a relação entre os dois tipos de instituições repetem, aproximadamente, a mesma

---

4 Daqui para a frente será usada a sigla CCF para se referir às Instituições Confessionais, Comunitárias e Filantrópicas.
5 Daqui para a frente será usada a sigla USP para se referir à Universidade de São Paulo.

proporção: das 485 instituições privadas paulistas, 395 (81,4%) são particulares, ou seja, com fins lucrativos, enquanto 90 (18,5%) não têm fins lucrativos.

Ao analisar a que poderes – federal, estadual, ou municipal – as instituições de ensino público paulistas pertencem, verificou-se que, das 52 instituições de ensino superior públicas de São Paulo, 5 são federais (9,6%), 23 estaduais (44,2%) e 24 municipais (24,1%). Ao comparar esses dados com a proporção das modalidades de instituições públicas brasileiras, observa-se que São Paulo abarca poucas instituições federais (5 de 93 – 5%), enquanto apresenta uma relação proporcional bem maior no que se refere às instituições de ensino público municipal do país (24 de 61 – 39,3%).

Pelo exame do Quadro 3, observa-se que houve um grande crescimento no número de alunos matriculados em instituições de ensino superior no Brasil durante o período examinado. Enquanto em 2000 havia 2.622.073 alunos matriculados (Nunes, 2007), em 2008 existiam 5.080.056 alunos matriculados no Brasil, o que corresponde a quase o dobro do número de matrículas, em oito anos.

Pode-se constatar, também, que 1.399.050 dos alunos matriculados em instituições de ensino superior estão no estado de São Paulo, o que corresponde, aproximadamente, a 27% do total de alunos matriculados em todo o país.

Embora, aparentemente, o crescimento no ensino superior no Brasil seja um fator positivo, Martins (2000, p.57) ressalta que a sociedade brasileira não deve aceitar um crescimento ilusório, ou seja, o mero aumento quantitativo de vagas com ensino de menor qualidade, o que tradicionalmente acarreta salas de aula superlotadas e docentes pouco qualificados academicamente.

Quadro 3 – Quantidade de alunos matriculados – IES – Brasil/São Paulo – 2008

Categoria adminis-trativa	Quantidade de alunos matriculados					
	Brasil			São Paulo		
	Total	Capital	Interior	Total	Capital	Interior
TOTAL	5.080.056	2.318.204	2.761.852	1.399.050	555.614	843.436
Pública	1.273.965	531.015	742.950	188.336	47.578	140.758
Federal	643.101	401.457	241.644	15.076	3.400	11.676
Estadual	490.235	127.062	363.173	117.055	44.178	72.877
Municipal	140.629	2.496	138.133	56.205	–	56.205
Privada	3.806.091	1.787.189	2.018.902	1.210.714	508.036	702.678
Particular	2.448.801	1.276.620	1.172.181	902.179	401.867	500.312
Comun./Confes./Filant.	1.357.290	510.569	846.721	308.535	106.169	202.366

Fonte: Censo da Educação Superior (2008).

Categorias administrativas e organizações acadêmicas das instituições de ensino superior

O governo classifica as IES conforme dois critérios: categoria administrativa e organização acadêmica, sendo que o primeiro diz respeito à instituição ser mantida pelo setor público ou privado, e a segunda se refere ao tipo de estruturação das instituições.

Em relação à categoria administrativa das instituições de ensino superior, existem dois grupos básicos, cada qual com subdivisões: o das instituições públicas e o das privadas. Quanto ao órgão mantenedor, as instituições públicas são classificadas em federais, estaduais ou municipais, enquanto as privadas dividem-se em comunitárias, confessionais, filantrópicas e particulares, sendo que as três primeiras referem-se às IES mantidas por instituições sem fins lucrativos e as particulares, por mantenedoras com fins lucrativos.

A pequena porcentagem de instituições públicas no estado de São Paulo, também observada em âmbito nacional, levanta um aspecto bastante crítico no sistema educacional brasileiro, como é discutido por Martins (2000, p.17).

> O desenvolvimento científico, tecnológico e cultural do país não poderá ser realizado sem a participação das universidades públicas, uma vez que algumas delas concentram o essencial da prática acadêmica, respondendo pelo que há de mais preeminente na formação da graduação, na oferta da pós-graduação e no desenvolvimento da pesquisa, devendo, por isso, ser amparadas pelo poder público.

Martins (2000) apresenta a argumentação de que o ensino público e o privado desempenham diferentes funções, pois, segundo ele, apesar de ambos trabalharem com a oferta do ensino superior, apresentam finalidades diferentes e precisam ser assim compreendidos. As instituições não lucrativas estão motivadas pela obtenção de prestígio institucional, produção de conhecimento mesmo se não aplicado a fins práticos, enquanto as lucrativas têm ensino aplicado e fortemente influenciado pelo mercado, tanto no que se refere à formação acadêmica de seus alunos quanto à seleção de seus docentes.

Partindo dessa perspectiva, Nunes (2007, p.9) apresenta a seguinte proposta de complementação entre ensino público e privado:

> Caberia ao setor público a responsabilidade com os fundamentos da vida universitária e científica, através de suas mantidas, que não deveriam ser compelidas à participação no processo de massificação da educação superior, para que possam se dedicar à orientação disciplinar fundamentalmente acadêmica e científica, portanto universitárias no mais estrito sentido do termo.
>
> Caberia ao setor privado a oferta massificada de ensino de boa qualidade, adequadamente supervisionado e avaliado, sem que se esperasse dele dedicação ao avanço da ciência e a aderência a valores imateriais e históricos, dele esperando-se, contudo, a adequada

atenção à formação profissional nas suas diferentes modalidades. A cada qual, portanto, o reconhecimento e estímulo à sua função.

Apesar de concordar com a relevância de tal perspectiva e proposta, entende-se não ser conveniente estabelecer generalizações, pois existem algumas instituições de ensino privado que têm se dedicado à pesquisa e produção do conhecimento científico.

Além disso, pensa-se ser fundamental proporcionar mais vagas no ensino público, pois estas instituições, graças a algumas distorções de cunho sociopolítico, ainda estão ocupadas em contar com o maior número de alunos pertencentes a classes sociais mais bem favorecidas, enquanto a população de menor renda tem sido formada por cursos de graduação que oferecem preço acessível, ou por aqueles que gozam das vantagens de programas de incentivo, como o Prouni,[6] por exemplo.

A professora da Faculdade de Educação da USP Tizuko Morchida Kishimoto explica que "ao apoiar a iniciativa privada e considerar a universidade como inviável, pelo alto custo, o governo cria uma tipologia de cursos superiores pelo Decreto 2.306, de 1997" (2005, p.7). Esse decreto define alguns tipos de organizações acadêmicas: universidades, centros universitários, centros federais de educação tecnológica, faculdades integradas, faculdades e institutos ou escolas superiores (Brasil, 1997, p.2).

Nunes (2007, p.9), por sua vez, argumenta que tais tipos podem ser reunidos em dois grupos: as instituições universitárias, que congregam universidades e centros; e as instituições não universitárias, que englobam os demais tipos. Ressalte-se que o ensino privado, em sua maior parte, pertence ao segundo grupo, o das instituições não universitárias, isto é, faculdades integradas ou não, institutos e escolas superiores.

---

6 O Programa Universidade para Todos (Prouni) foi instituído em 2004 pelo governo federal do Brasil com a proposta de oferecer a alunos de baixa renda bolsas de estudo (integrais ou parciais) em faculdades privadas, concedendo a estas isenção de alguns tributos fiscais.

Diante disso, Martins (2000, p.4) diz que "a tendência é a maioria dos estabelecimentos isolados estar voltada apenas para as atividades de ensino e a prática de pesquisa ser mais uma exceção que uma experiência habitual".

Nunes (2007), buscando explicação para essa situação, afirma que a consequência das grandes exigências estabelecidas pela LDB para se categorizar as universidades foi que boa parte da expansão recente da educação superior ocorreu em instituições de ensino superior não universitárias.

Os cursos para formação de professores e os cursos de Pedagogia no Brasil

Perspectiva histórica da formação de professores no Brasil

Historicamente os professores das séries iniciais da educação básica vêm sendo formados em cursos de nível médio – curso Normal – e superior – curso de Pedagogia.

Segundo a professora de História da Educação da Unesp Leonor Maria Tanuri (2000, p.63), foi na época próxima ao período imperial, em 1820, que surgiram no Brasil as primeiras escolas destinadas à formação de pessoal docente no Brasil. Nessa mesma década, em 1º de março de 1823, um decreto "cria uma escola de primeiras letras pelo método de ensino mútuo para instrução das corporações militares" (p.63). Além disso, há também a consagração da instituição do ensino mútuo no Brasil pela lei de 15 de outubro de 1827.

No entanto, Tanuri (2000) constatou que essa lei não trouxe muitos resultados e que somente após a reforma constitucional de 12 de agosto de 1834 é que as primeiras Escolas Normais brasileiras foram estabelecidas. Assim, a primeira Escola Normal brasileira foi criada na província do Rio de Janeiro, pela Lei n. 10, de 1835. No entanto, a autora destaca que as primeiras Escolas Normais ofereciam um ensino muito limitado, com conteúdo similar ao plano de estudos das escolas primárias.

Nos primeiros cinquenta anos do Império brasileiro, as Escolas Normais que surgiram não foram bem-sucedidas, pois, além de estarem arraigadas nos moldes da escola primária, não havia muito interesse pela profissão docente por parte dos jovens estudantes, pois não apresentava atrativos em relação à remuneração. Por conta disso, havia muita ausência dos alunos nas aulas, o que culminava no fechamento de algumas unidades de ensino (Tanuri, 2000, p.65).

A partir de 1870 iniciou-se um movimento de mudança em relação às Escolas Normais brasileiras, impulsionado pelo pensamento de que "um país é o que a sua educação o faz ser" (Barros, 1959, p.23 apud Tanuri, 2000, p.66). Diante disso, verificou-se um grande crescimento das Escolas Normais, devido à valorização dessas instituições de ensino, ao enriquecimento de seu currículo e à abertura de vagas a alunos do sexo feminino, pois até então as Escolas Normais eram destinadas apenas a alunos do sexo masculino.

Tanuri (2000, p.66) ainda observa que a ideia de que a docência era o prolongamento do papel de mãe por parte da mulher surgiu nesse período. Conforme explica a autora, a entrada da mulher nas Escolas Normais foi um grande marco para a profissão:

> De um lado, o magistério era a única profissão que conciliava as funções domésticas da mulher, tradicionalmente cultivadas, os preconceitos que bloqueavam a sua profissionalização, com o movimento em favor de sua ilustração, já iniciado nos anos 70. De outra parte, o magistério feminino apresentava-se como solução para o problema de mão de obra para a escola primária, pouco procurada pelo elemento masculino em vista da reduzida remuneração.

Foi a partir do decreto de 1879 – Decreto n. 7.247, de 19 de abril de 1879 (Reforma Leôncio de Carvalho) – que se pôde observar maior complexidade dos currículos das Escolas Normais. Foi nesse momento que a música inseriu-se pela primeira vez no currículo dos cursos Normais. No entanto, observou-se que, apesar do referido decreto, a formação pedagógica ainda era reduzida, na maior parte das Escolas Normais (Tanuri, 2000, p.67).

O período subsequente – regime republicano – não apresentou mudanças significativas para a Escola Normal, pois a Constituição republicana de 24 de fevereiro de 1891 não trouxera qualquer modificação na competência de legislar sobre o ensino Normal. A mudança observada nos primeiros trinta anos republicanos (1889 a 1920) foi a influência das filosofias cientificistas, principalmente em relação ao papel disciplinar e metodológico atribuído às ciências, das ideias de Pestalozzi, pautadas no ensino intuitivo e a educação pelos sentidos, que conferiram uma renovação pedagógica aos currículos dessas escolas (Tanuri, 2000, p.69).

Em 1920 verificou-se grande entusiasmo pela problemática educacional, fundamentado, de certa maneira, pelo movimento escolanovista.[7] A partir desse movimento, há a criação e ampliação de estudos complementares, preparatórios ao Normal, e, em alguns estados, a divisão do curso Normal em dois ciclos: um geral ou propedêutico[8] e outro especial ou profissional, ainda que nem sempre completamente diferenciados (Tanuri, 2000, p.70).

Tanuri (2000, p.71) afirma que essa diferenciação dos cursos possibilitou uma expansão das escolas de nível menos elevado e a consolidação das Escolas Normais como responsáveis pela preparação do pessoal docente para o ensino primário.

É no período republicano que começa a oficialização das Escolas Normais privadas. Com essa abertura, a autora afirma que ficava claro, desde aquele momento, que "a iniciativa privada constituiria, cada vez mais, a principal mantenedora de Escolas Normais e que o controle do crescimento e da qualidade dessa rede privada demandaria preocupação" (Tanuri, 2000, p.72). Tal fato pode ser corroborado com os dados atuais apresentados nesta obra, em que

---

7 Denominado Escola Nova, o movimento ganhou impulso na década de 1930, após a divulgação do *Manifesto da Escola Nova* (1932). Nesse documento, defendia-se a universalização da escola pública, laica e gratuita.
8 "Ensino que serve de introdução e que prepara alguém para receber, mais tarde, ensino de nível mais alto. Conjunto de estudos que, como estágio preparatório, antecede os cursos superiores." (Duarte, 1986. 175p.)

se verificou que a maior parte dos cursos destinados à formação de professores é de iniciativa privada.

A partir de 1930, iniciou-se um movimento para que as Escolas Normais fossem cursos estritamente profissionalizantes. Essa remodelação teve origem na reforma realizada por Anísio Teixeira pelo Decreto n. 3.810, de 19 de março de 1932, também impulsionado pelas ideias da Escola Nova. Nesse novo modelo, o ciclo preparatório da Escola Normal havia sido ampliado para cinco anos e o ciclo profissionalizante, totalmente reformulado. Nesse novo currículo verificou-se, novamente, a presença da música como disciplina (Vidal, 1995, p.67).

À medida que a educação ganhava importância como área técnica, diversificavam-se as funções educativas e surgiram cursos destinados à formação desses profissionais. Dentre esses cursos, há o surgimento do curso de Pedagogia. Silva (1999) explica as características do primeiro curso de Pedagogia brasileiro:

> Ademais, em 1939 surgia o curso de Pedagogia, inicialmente criado na Faculdade Nacional de Filosofia da Universidade do Brasil (Decreto 1.190, de 4/4/1939), visando à dupla função de formar bacharéis, para atuar como técnicos de educação, e licenciados, destinados à docência nos cursos normais. Iniciava-se um esquema de licenciatura que passou a ser conhecido como "3 + 1", ou seja, três anos dedicados às disciplinas de conteúdo – no caso da Pedagogia, os próprios "fundamentos da educação" – e um ano do curso de Didática, para a formação do licenciado. (Silva, 1999, p.11-2 apud Tanuri, 2000, p.74)

Mesmo com a criação do curso de Pedagogia, o curso Normal continuou a existir, pois, até então, assumia diferentes funções. Diante disso, foi promulgada a "Lei Orgânica do Ensino Normal", em 1946, que não introduziu grandes inovações, mas consagrou o padrão que já vinha sendo adotado. Tanuri (2000, p.75) destaca que, com a lei orgânica, o Normal foi dividido em dois ciclos:

[...] o primeiro fornecia o curso de formação de "regentes" do ensino primário, em quatro anos, e funcionaria em Escolas Normais regionais; o curso de segundo ciclo, em dois anos, formaria o professor primário e era ministrado nas Escolas Normais e nos Institutos de Educação.

A autora (p. 76) afirmou que a Escola Normal do segundo ciclo contemplava os "fundamentos da educação", acrescidos da metodologia e da prática de ensino. Destaque-se que as disciplinas Música e Canto Orfeônico também eram contempladas no currículo do segundo ciclo desse curso.

A fim de propiciar aumento de estudos e elevação do nível de formação dos professores primários, começam a aparecer iniciativas semelhantes no nível superior. Nesse sentido, destaque-se que o primeiro parecer do Conselho Federal de Educação (CFE) referente ao currículo mínimo do curso de Pedagogia (Parecer CFE n. 251/62) deixa entrever que "nele se apoiarão os primeiros ensaios de formação superior do professor primário" (Tanuri, 2000, p.79).

Em 1969, o Parecer CFE n. 252/69 procurava garantir a possibilidade de exercício do magistério primário pelos formados em Pedagogia, que legalmente deu base ao movimento de remodelação curricular, movimento que viria a ocorrer nos anos 1980 e 1990 (Tanuri, 2000, p.79).

Nesse período evidenciavam-se, novamente, preocupações em relação à Escola Normal, uma vez que esta estava descaracterizada profissionalmente por não haver preparo adequado de seus professores, pois as metodologias e a prática do ensino primário, em geral, não estavam incluídas nos currículos dos cursos de Pedagogia, responsáveis por formar os professores das Escolas Normais até 1969 (Pinheiro, 1967, 1969 apud Tanuri, 2000, p.79). Diante disso, verificou-se que, com as reformas do regime militar, o curso Normal então disponível começava a se descaracterizar como instância adequada para formação do professor das séries iniciais.

Conforme aponta Tanuri (2000, p.80), as referidas reformas do regime militar, decorrentes da Lei n. 5.540/68, também reordenaram o ensino superior, em 1968, e tiveram como consequência a modificação do currículo do curso de Pedagogia.

> [...] fracionando-o em habilitações técnicas, para formação de especialistas, e orientando-o tendencialmente não apenas para a formação do professor do curso Normal, mas também do professor primário em nível superior, mediante o estudo da metodologia e prática de ensino de primeiro grau.

A pesquisadora Cláudia Bellochio (2000, p.91) relembra que, após a promulgação da LDB n. 5692/71 (Brasil, 1971), a educação escolar foi organizada em três níveis: primeiro grau (1ª à 8ª série), segundo grau (1º ao 3º ano; ensino profissionalizante) e terceiro grau (ensino superior). Diante disso, o curso Normal, até então de nível médio, passou a se configurar como uma das habilitações dos cursos técnicos profissionalizantes do segundo grau, denominado "Curso Normal – Habilitação Específica para Magistério".

Após a mudança de caráter do curso Normal, conferindo-lhe caráter profissionalizante pela habilitação específica para Magistério, houve muitas críticas a esse novo modelo, como, por exemplo, o fato de existirem

> [...] classes maiores no período noturno, redução do número de disciplinas de instrumentação pedagógica para o primeiro grau, empobrecimento e desarticulação de conteúdos, grande dispersão de disciplinas e fragmentação do currículo. (Tanuri, 2000, p.81-2)

Diante disso, iniciou-se um movimento de "revitalização do Ensino Normal" e, a partir dele, foram criados pelo MEC os Centros de Formação e Aperfeiçoamento do Magistério (Cefam), que tinham por objetivo:

> [...] contribuir para a qualificação de um profissional com competência técnica e política, comprometido com o social, capaz de responder adequadamente às necessidades da escola de primeiro

grau e do pré-escolar, para que essas escolas possam atender satisfatoriamente às novas demandas exigidas pelas camadas populares, em sua maioria clientela da rede pública. (Cavalcante, 1994, p.62)

Esse projeto foi implementado em 1983 e teve grande expansão na época, principalmente pelo atrativo oferecido pelas "Bolsas de Trabalho para o Magistério" aos alunos do curso. Os Cefam apresentavam os seguintes objetivos pedagógico-políticos:

> [...] possibilitar ao futuro professor a análise do próprio fazer pedagógico. [...] desenvolver a consciência crítica, criativa e participativa de todos os educadores [...], no sentido de elevar os padrões de desempenho do magistério para o início da escolarização. (Cavalcante, 1994, p.102)

Juntamente a todo o esforço desempenhado em relação à melhoria da formação de professores das séries iniciais, deve ser acrescentada a progressiva remodelação pela qual passou o curso de Pedagogia a partir dos anos 1980, que procurou se adequar, também, à preparação do professor para as séries iniciais. Tanuri (2000, p.84) explica como foi essa mudança:

> Antes centrados, sobretudo, nas ciências básicas da educação, tais cursos vieram a incorporar, depois de 1969, a teoria e prática do ensino primário, na habilitação Magistério para o ensino de segundo grau. Entretanto, essa habilitação passou a visar também ao preparo dos professores para as séries iniciais – conforme aliás possibilitava o próprio Parecer CFE 252/69 – e, em alguns casos, criaram-se habilitações específicas para esse fim, o que motivou um esforço para ampliação das disciplinas de instrumentação, diversificando-as de modo a cobrir os diversos componentes curriculares dos anos iniciais da escolaridade (metodologia do ensino da Matemática, dos estudos sociais, da alfabetização, das artes).

Após todo o movimento percorrido, consolidou-se a posição de que "a docência constitui a base da identidade profissional de todo profissional da educação" (Silva, 1999), ou seja, de que o curso de Pedagogia deve se encarregar da formação para a docência nos anos iniciais da escolaridade e da formação unitária do pedagogo. Destaque-se que, atualmente, tal prática ocorre na maioria das instituições de ensino superior do país. No entanto, Libâneo (2008, p.39) afirma que, na sociedade pós-moderna, a base da identidade profissional de educação é a teoria e a prática em torno de saberes pedagógicos, apontando para uma ampliação do campo de atuação do educador.

A Lei de Diretrizes e Bases (Lei n. 9.394/96) elevou a exigência de formação do professor das séries iniciais, obrigando-o a ter diploma de nível superior, estabelecendo que "a formação de docentes para atuar na educação básica far-se-á em nível superior, em curso de licenciatura, de graduação plena, em universidades e institutos superiores de educação [...]" (art. 62). Com isso, os tradicionais cursos Normais de nível médio passaram a ser admitidos apenas como formação mínima (art. 62) e por um período transitório, até o final da década da educação (ano de 2007) (Título IX, art. 87, § 4º) (Brasil, 1996).

Destaque-se, ainda, que, para Libâneo (2008, p.43), a história dos cursos de Pedagogia no Brasil aponta para uma sucessão de indefinições e ambiguidades, com repercussões no desenvolvimento teórico da área e na formação do pedagogo. Ele também conclui que o levantamento histórico desses cursos explica por que o termo *pedagogia* atualmente é ligado à docência e a formação pedagógica está relacionada mais à preparação metodológica do professor, à prática de ensino e ao desenvolvimento de habilidade de ensino do que à teoria da educação (ibidem, p.133).

Os atuais cursos brasileiros para formação de professores

Atualmente, há no Brasil uma grande variedade de cursos destinados à formação de professores, os quais formam profissionais que atuarão em diferentes instituições e modalidades de ensino.

Tendo como parâmetro o Censo da Educação Superior realizado em 2008, verificou-se que, de um total de 24.719 cursos de graduação presenciais brasileiros, 6.242 são na área de educação, o que corresponde a cerca de 25% dos cursos superiores destinados a formar profissionais de educação.

Ainda, baseando-se no referido Censo da Educação Superior de 2008, observa-se que há quatro principais modalidades oferecidas na área de educação de nível superior, assim denominadas pelo Instituto Nacional de Estudos e Pesquisas Educacionais: (1) Ciências da educação; (2) Formação de professor da educação básica; (3) Formação de professor de disciplinas profissionais; e (4) Formação de professor de matérias específicas.

Em relação ao termo "ciências da educação", que constitui a primeira modalidade, Libâneo (2008) explica que, no decorrer da história, o estudo científico da educação passou por diferentes concepções. Atualmente, "a Pedagogia apoia-se nas ciências da educação sem perder sua autonomia epistemológica e sem reduzir-se a uma ou a outra, ou ao conjunto dessas ciências" (p. 111). Em consonância com esse entendimento, pode ser observado que o censo de 2008 considera o curso de Pedagogia como parte das ciências da educação.

A primeira modalidade – (1) Ciências da educação – abarca 1.656 cursos superiores. Cerca de 25% do total oferecido na área da educação são divididos em Administração Escolar; Ciência da Educação; Educação Infantil; Educação Organizacional; Pedagogia e Psicopedagogia. Aparentemente, tais cursos têm como foco a formação de profissionais da educação ligados tanto à gestão quanto ao ensino. Destaque-se que, dos 1.656 existentes nesta categoria, 1.636 são de Pedagogia, ou seja, representam quase a totalidade das ofertas, no país.

A segunda categoria – (2) Formação de professor da educação básica – conta com 426 cursos, o que representa apenas 6% do que é oferecido na área de educação. As propostas contemplam diferentes segmentos educacionais: formação de professor das séries iniciais do ensino fundamental (1º ao 5º ano); formação de professor das séries finais do ensino fundamental (6º ao 9º ano); formação de professor de educação infantil e séries iniciais do ensino fundamental; formação de professor de ensino médio, além de formação de professor para a educação básica e Normal Superior.

Observa-se que, do total desses cursos (426), 373 (quase 90%) são denominados Normal Superior. Conforme já destacado, trata-se de uma graduação na categoria licenciatura plena, criada no Brasil pela LDB n. 9.394/96 para formar profissionais da educação básica em nível superior, como consta em seus art. 61, 62 e 63. Apesar da semelhança com o curso superior de Pedagogia, esta categoria não dá habilitações em Gestão Escolar, Orientação Educacional, Orientação Vocacional e Supervisão Escolar, mas apenas para a docência, nos segmentos educação infantil e primeiras séries do ensino fundamental.

É interessante observar que na terceira categoria – (3) Formação de professor de disciplinas profissionais –, assim denominada no Censo da Educação Superior de 2008, foram apresentados outros cursos, tais como: formação de professor de Computação, de Educação Física, professores de profissões pertencentes ao setor primário, tais como Agricultura e Pecuária, dentre outros. A formação do professor de Artes e de Música entrou, também, nesta categoria.

Destaque-se que, ao considerar as Artes como "disciplinas profissionais", está se fazendo referência ao caráter utilitário das artes, o que é condizente com sua função na sociedade atual, em especial nos países em desenvolvimento. Essa função utilitária da arte é apontada por Koellreutter (1990, p.3):

> Estou convencido de que, nas culturas de massa, somente a transformação da arte em arte funcional – aplicada a atividades artísticas –, arte utilitária, portanto, poderá assegurar sua função social

no Terceiro Mundo e contribuir para a superação da crise cultural, que caracteriza todos os períodos de transição.

A terceira categoria – (3) Formação de professor de disciplinas profissionais – aparece em 739 cursos, sendo que apenas 51 deles dedicam-se à formação de professores de Música, o que corresponde a apenas 6% do total da categoria, na qual a modalidade com maior número de cursos é a de formação de professor de Educação Física, ministrada em 425 cursos, o que corresponde a 57% do total.

Na quarta categoria – (4) Formação de professor de matérias específicas –, que conta com 3.418 cursos, sendo, portanto, a maior dentre as quatro categorias, agrupam-se os cursos de formação de professores das áreas específicas: Biologia, Ciências, Letras, Matemática, Química, História, Geografia, entre outros. Desta categoria, as áreas que apresentam o maior número de cursos são a de Letras, com 912 cursos (26,6%), e a de Matemática, com 567 cursos (16,5%).

Não ficam claros os critérios da divisão entre "disciplinas profissionais" e "matérias específicas" apresentada na tabulação dos dados do Censo da Educação Superior de 2008. Uma questão que chama a atenção é que um único curso, intitulado "Formação do Professor de Desenho", é inserido na categoria "matérias específicas", enquanto todos os outros cursos ligados à formação de professores das diferentes áreas de Artes enquadram-se na categoria "disciplinas profissionais".

Verifica-se, também, por meio dos dados fornecidos pelo referido Censo da Educação Superior de 2008, que, dos 5.080.056 alunos de ensino superior no Brasil, 825.254 (16%) são matriculados em cursos da área de educação e, destes, 278.677 (33% dos 16%) são alunos de cursos de Pedagogia.

Os cursos de Pedagogia brasileiros e suas finalidades

Atualmente, há obrigatoriedade de formação em nível superior para os educadores das séries iniciais do ensino básico no Brasil.

Em relação à formação profissional do professor, Libâneo (1994, p.27) explica: "A formação profissional é um processo pedagógico, intencional e organizado, de preparação teórico-científica e técnica do professor para dirigir competentemente o processo de ensino".

Nos cursos de Pedagogia do país, há duas modalidades possíveis para o estudante completar sua graduação: bacharelado – voltado para a administração escolar – e licenciatura – que trata da formação de professores das séries iniciais do ensino básico. Na presente obra, enfocou-se a formação em Pedagogia na modalidade licenciatura, para que se possa refletir acerca da formação musical dos futuros professores do ensino básico brasileiro.

Libâneo (1994, p.25) enfatiza os campos de conhecimento que a Pedagogia contempla, os quais poderão ser observados nas diretrizes nacionais para esse curso:

> A Pedagogia, sendo ciência da e para a educação, estuda a educação, a instrução e o ensino. Para tanto compõe-se de ramos de estudo próprios, como a teoria da educação, a didática, a organização escolar e a história da educação e da Pedagogia. Ao mesmo tempo, busca em outras ciências os conhecimentos teóricos e práticos que concorrem para o esclarecimento de seu objeto, o fenômeno educativo.

Diante disso, segundo as diretrizes curriculares de 2005, o curso de Pedagogia, por meio de estudos teórico-práticos, investigação e reflexão crítica, propiciará:

> I – o planejamento, execução e avaliação de atividades educativas;
> II – a aplicação ao campo da educação, de contribuições, entre outras, de conhecimentos como o filosófico, o histórico, o antropológico, o ambiental-ecológico, o psicológico, o linguístico, o sociológico, o político, o econômico, o cultural. (Brasil, 2006, p.1)

Tais diretrizes ainda apontam para pontos fundamentais a serem privilegiados na estrutura dos cursos de Pedagogia: manter um "núcleo de estudos básicos", respeitando a diversidade nacional e a autonomia pedagógica das instituições. Assim, o sexto parágrafo apresenta as seguintes indicações:

a) aplicação de princípios, concepções e critérios oriundos de diferentes áreas do conhecimento, com pertinência ao campo da Pedagogia, que contribuam para o desenvolvimento das pessoas, das organizações e da sociedade;
b) aplicação de princípios da gestão democrática em espaços escolares e não escolares;
c) observação, análise, planejamento, implementação e avaliação de processos educativos e de experiências educacionais, em ambientes escolares e não escolares;
d) utilização de conhecimento multidimensional sobre o ser humano, em situações de aprendizagem;
e) aplicação, em práticas educativas, de conhecimentos de processos de desenvolvimento de crianças, adolescentes, jovens e adultos, nas dimensões física, cognitiva, afetiva, estética, cultural, lúdica, *artística*, ética e biossocial;
f) realização de diagnóstico sobre necessidades e aspirações dos diferentes segmentos da sociedade, relativamente à educação, sendo capaz de identificar diferentes forças e interesses, de captar contradições e de considerá-lo nos planos pedagógico e de ensino-aprendizagem, no planejamento e na realização de atividades educativas;
g) planejamento, execução e avaliação de experiências que considerem o contexto histórico e sociocultural do sistema educacional brasileiro, particularmente, no que diz respeito à educação infantil, aos anos iniciais do ensino fundamental e à formação de professores e de profissionais na área de serviço e apoio escolar;
h) estudo da didática, de teorias e metodologias pedagógicas, de processos de organização do trabalho docente;
i) decodificação e utilização de códigos de diferentes linguagens utilizadas por crianças, além do trabalho didático com conteúdos, pertinentes aos primeiros anos de escolarização, relativos a

Língua Portuguesa, Matemática, Ciências, História e Geografia, *Artes*, Educação Física;
j) estudo das relações entre educação e trabalho, diversidade cultural, cidadania, sustentabilidade, entre outras problemáticas centrais da sociedade contemporânea;
k) atenção às questões atinentes à ética, à estética e à ludicidade, no contexto do exercício profissional, em âmbitos escolares e não escolares, articulando o saber acadêmico, a pesquisa, a extensão e a prática educativa;
l) estudo, aplicação e avaliação dos textos legais relativos à organização da educação nacional. (Brasil, 2006, p.3-4, grifos nossos).

Ao observar tais orientações para a estrutura dos cursos de Pedagogia brasileiros, é possível identificar alguns pontos em que o ensino de Artes, do qual a Música faz parte, é apontado diretamente no documento, nos itens "e" e "i" citados anteriormente, em que as palavras *Artes* e *artística* estão destacadas em itálico. Além disso, podem-se estabelecer relações entre o ensino de Arte e Música com vários outros pontos apresentados. O ensino de Música pode contribuir diretamente para o "desenvolvimento de crianças, adolescentes, jovens e adultos, nas dimensões física, cognitiva, *afetiva, estética, cultural, lúdica, artística*, ética e biossocial", tal como é apresentado no item "e" do sexto parágrafo.

Perspectiva histórica da presença da música nos cursos de formação de professores de Pedagogia no Brasil

O ensino de Música nas escolas brasileiras foi considerado como conteúdo obrigatório, pela primeira vez, por meio do Decreto n. 331, de 17 de novembro de 1854.

Leonor Maria Tanuri (2000) constatou que, após mais de vinte anos desse decreto, a música vocal também se tornou obrigatória no curso Normal, já que esta fazia parte de uma das disciplinas instituídas pelo Decreto n. 7.247, de 19 de abril de 1879 (Reforma Leôncio de Carvalho):

> O currículo deveria abranger as seguintes matérias: Língua Nacional; Língua Francesa; Aritmética, Álgebra e Geometria; Metrologia e Escrituração Mercantil; Geografia e Cosmografia; História universal; História e Geografia do Brasil; elementos de ciências físicas e naturais e de fisiologia e higiene; Filosofia; princípios de Direito Natural e de Direito Público, com explicação da Constituição Política do Império; princípios de Economia Política; noções de Economia Doméstica (para as alunas); Pedagogia e prática do ensino primário em geral; prática do ensino intuitivo ou lição de coisas; princípios de lavoura e horticultura; Caligrafia e Desenho linear; *Música Vocal*; Ginástica; prática manual de ofícios (para os alunos); trabalhos de agulha (para as alunas); instrução religiosa (não obrigatória para os acatólicos). (p.67, grifo nosso)

Tanuri destaca que esse currículo serviu de modelo a algumas províncias e mesmo à primeira Escola Normal pública que se instalou na Corte, em 1880. A pesquisadora Vera Jardim constatou que a música foi incluída na Escola Normal em São Paulo pela primeira vez no ano de 1890, com a Reforma da Instrução Pública (Jardim, 2008). A disciplina Música foi instituída para "garantir a integralidade de estudos, e como processo de reprodução do pensamento e da expressão dos sentidos" (p.95).

Naquele período, uma das principais ênfases dadas ao ensino musical era o canto, que assumia a função de integração e comunicação. A educadora musical Rosa Fucks ressalta que, "apesar do despreparo musical da professoranda, esta seria a responsável pelas aulas de canto nas escolas primárias" (1991, p.46-8).

No período seguinte, após a proclamação da República, foi assinado um Decreto Federal – n. 981 –, de 28 de novembro de 1890, que visava à realização de um concurso público destinado a professores especialistas em música, a fim de atuarem na educação básica brasileira (Fonterrada, 2005, p.194).

Apesar deste importante espaço destinado ao professor especialista em música conquistado na época, a pesquisadora Vera Jardim (2003) destaca que, no período da República (1889-1930), já se entendia a importância da formação musical dos professores das séries iniciais e, assim, a música continuava a ser contemplada nos cursos de formação de professores.

O historiador Renato Gilioli (2003) afirma que, em 1898, o ensino de Música passou a ser de responsabilidade do auxiliar do diretor da escola, que, também, deveria promover, além do ensino musical, atividades relacionadas a trabalhos manuais, ginástica e exercícios militares. O pesquisador também constatou que, em 1904, o professor das séries iniciais tornou-se, novamente, o responsável pela educação musical de seus alunos (Gilioli, 2003, p.95).

A pesquisadora Diana Vidal (1995) informa que a música também estava presente no curso regular de formação do professor primário, realizado em dois anos, após a remodelação do currículo da Escola Normal, impulsionado pela reforma realizada por Anísio Teixeira, oficializada pelo Decreto n. 3.810, de 19 de março de 1932. Nesse curso, as seguintes disciplinas eram contempladas:

> [...] 1º ano: Biologia Educacional, Psicologia Educacional, Sociologia Educacional, História da Educação, *Música*, Desenho e Educação Física, Recreação e Jogos; 2º ano: Introdução ao Ensino – princípios e técnicas, matérias de ensino (Cálculo, Leitura e Linguagem, Literatura Infantil, Estudos Sociais, Ciências Naturais) e Prática de Ensino (observação, experimentação e participação). A Escola de Professores oferecia ainda cursos de especialização, aperfeiçoamento, extensão e extraordinários. (Vidal, 1995, p.67 apud Tanuri, 2000, p.73, grifo nosso)

No período subsequente, com a "Lei Orgânica do Ensino Normal" (Brasil, 1946), foram instituídos dois ciclos de formação na Escola Normal. O segundo ciclo do curso apresentava diversas disciplinas, dentre elas a Música:

Conforme o art. 8º do Dec.-Lei 8.530, de 2/1/1946, era o seguinte o currículo do curso Normal de segundo ciclo: Português (1ª), Matemática (1ª), Física e Química (1ª), Anatomia e Fisiologia Humanas (1ª), *Música e Canto Orfeônico*[9] (1ª, 2ª, 3ª), Desenho e Artes Aplicadas (1ª, 2ª, 3ª), Educação Física, Recreação e Jogos (1ª, 2ª, 3ª), Biologia Educacional (2ª), Psicologia Educacional (2ª, 3ª), Higiene e Educação Sanitária (2ª), Higiene e Puericultura (3ª), Metodologia do Ensino Primário (2ª, 3ª), Sociologia Educacional (3ª), História e Filosofia da Educação (3ª), Prática de Ensino (3ª). (Tanuri, 2000, p.76, grifo nosso)

Estudos indicam que, havendo ou não professores especialistas em música atuando no ensino básico brasileiro, o professor das séries iniciais assumiu, ao longo dos anos, importante papel na formação musical de seus alunos. Diante disso, os estudos de Fucks (1991) e Bellochio et al. (1998) apontam para o fato de que a música sempre foi contemplada nas matrizes curriculares da Escola Normal e na habilitação específica para Magistério e contava com a presença de um professor especialista em música para ministrá-la.

No entanto, tais estudos destacam que a presença da música se dava por meio de cantos de comando ou ligados às datas comemorativas e pelo ensino teórico da linguagem musical. Em relação à forte presença das músicas de comando nas escolas e nos cursos Normais, Fucks (1991, p.57-8) enfatiza que tal prática musical poderia ser considerada como um "poder-pudor", ou seja, "[...] um mecanismo de camuflagem do controle escolar, que atingindo em toda a sua plenitude, manifesta-se, principalmente, através das musiquinhas de comando [...]". A autora afirma que esse "disfarce para a ordem" é reforçado pelo uso de diminutivos e gestos, caracterizando uma prática generalizada de procedimentos de infantilização dos alunos.

---

9 Movimento de Educação Musical nas escolas públicas brasileiras, principalmente conhecimento pela atuação de Villa-Lobos como compositor regente de grandes corais.

No entanto, essa tradição musical, mesmo que, atualmente, não adequada, não foi repassada aos currículos dos cursos de Pedagogia. Estudos indicam que, com o surgimento do curso superior de Pedagogia, em 1939, a formação musical antes constante nos cursos Normais começava a perder seu espaço.

A partir dos anos 1980, com a reformulação dos cursos de Pedagogia, estes passaram a ter como foco a formação de professores das séries iniciais. No entanto, em sua maior parte, esses cursos não ofereciam disciplinas de ensino de Música em seu currículo, salvo algumas exceções (Bellochio, 2000, p.75).

Com a promulgação da LDBEN de 1996, a Arte passou a ser considerada campo de conhecimento, voltando a ter, novamente, importância no currículo escolar e alcançando posição de igualdade com as demais disciplinas do currículo. Assim, conforme apontam os estudiosos do tema, a partir de 1996 houve uma reformulação nas grades curriculares dos cursos de Pedagogia, nas quais a disciplina Artes foi inserida.

Atualmente, os cursos de Pedagogia brasileiros pretendem que o aluno, ao se formar, esteja apto para "ensinar Língua Portuguesa, Matemática, Ciências, História, Geografia, *Artes*, Educação Física, de forma interdisciplinar e adequada às diferentes fases do desenvolvimento humano" (Brasil, 2006, grifo nosso).

Entretanto, é importante destacar que, mesmo que a disciplina Artes – que compreende as quatro expressões artísticas: artes visuais, artes cênicas, música e dança – tenha sido inserida nos currículos escolares e nos cursos de Pedagogia, o espaço destinado à música ainda é muito restrito, podendo ser considerado potencial, mas não real. Maura Penna (2004, p.22) discute tal fato no que diz respeito à ausência da música no contexto escolar:

> [...] é essa a área em que a maior parte dos cursos – e consequentemente dos professores habilitados – se concentra, de modo que, em muitos contextos, arte na escola passa, pouco a pouco, a ser sinônimo de artes plásticas ou visuais. E isso persiste até os dias de hoje.

Essa situação relatada por Penna acerca da música na escola é também evidenciada nos cursos de Pedagogia brasileiros por Figueiredo (2001, p.2), que, ao pesquisar dezenove cursos de Pedagogia das regiões Sul e Sudeste do país, verificou que "a grande maioria das disciplinas oferecidas aborda várias linguagens artísticas, sendo que as mesmas são ministradas por um único professor. [...] De um modo geral, a música é pouco oferecida nas disciplinas mencionadas e é considerada específica demais".

Coleta de dados

Características gerais dos cursos de Pedagogia do estado de São Paulo

Traçou-se um panorama geral do espaço das artes e da música nos cursos de Pedagogia do estado, por meio de dados obtidos no site do MEC. Foram localizados 354 cursos presenciais de "Licenciatura em Pedagogia" no estado de São Paulo.

Note-se, pela Figura 1, que os 354 cursos são geridos por 256 instituições, pois algumas delas têm mais de uma unidade de ensino.

Figura 1 – Quantidade de cursos/unidades e de instituições que oferecem cursos de Pedagogia em São Paulo

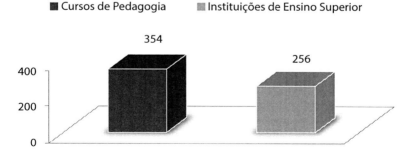

Observe-se que todos os cursos, mesmo quando pertencem a uma mesma instituição, apresentam determinadas particularidades, que condizem com sua realidade social e regional, metas, propósitos e, assim, fundamentam-se na própria filosofia que rege sua criação e instalação. Ao propor-se a estudar os cursos de Pedagogia do estado de São Paulo, entende-se ser fundamental conhecer a diversidade por eles apresentada, para melhor conhecer as bases e valores em que cada um deles se alicerça.

A partir dos dados coletados no site do MEC, verificou-se a presença de instituições de ensino superior que oferecem cursos em todo o estado de São Paulo, tanto da capital quanto do interior, sendo que algumas delas mantêm cursos em diversas localidades do estado. A Figura 2 apresenta a distribuição regional dos cursos de Pedagogia, no qual se pode observar que a maior concentração de cursos se encontra no interior, reunindo-se na capital quase 30% deles.

Figura 2 – Distribuição regional dos cursos de Pedagogia no estado de São Paulo

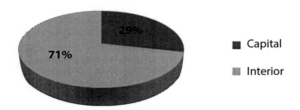

Pesquisas indicam que São Paulo é o estado com a maior população do Brasil – mais de 40 milhões de habitantes distribuídos em 645 municípios – e a terceira unidade administrativa mais populosa da América do Sul (São Paulo, 2010).

Os 354 cursos de Pedagogia do estado de São Paulo identificados neste estudo estão localizados em 135 municípios em diferentes regiões do estado, o que corresponde a apenas 20% de número total de cidades paulistas.

Sabendo que esses 354 cursos pertencem a 265 instituições, buscou-se saber quantos cursos elas mantêm. A maioria das instituições

(93%) tem apenas uma unidade de ensino, mas algumas têm mais; duas delas, em especial, mantêm mais de vinte unidades de ensino, conforme mostrado no Quadro 4, a seguir.

Quadro 4 – Quantidade de unidades de ensino por instituição

Quantidade de unidades de ensino por instituição	
Uma unidade de ensino	245
Duas unidades de ensino	10
Três unidades de ensino	2
Quatro unidades de ensino	3
Seis unidades de ensino	2
Treze unidades de ensino	1
Vinte e uma unidades de ensino	1
Vinte e cinco unidades de ensino	1

Outro aspecto considerado relevante a se destacar é o tipo de categoria administrativa das instituições. É possível notar que, do total de cursos levantados, as instituições privadas predominam sobre as públicas, como pode ser verificado na Figura 3, em que as instituições privadas correspondem a 92% do total de escolas, enquanto as instituições públicas não passam de 8% do total de escolas, o que corresponde a 29 cursos de um total de 354.

Esses 29 cursos mantidos por instituições de ensino público (8%) são tanto de âmbito federal e estadual como municipal, sendo que a maior parte é mantida pelo poder municipal.

Figura 3 – Instituições públicas e privadas que oferecem cursos de Pedagogia em São Paulo

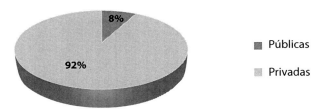

Esses dados podem ser relacionados com as informações apresentadas pelo censo de 2008 em relação à categoria administrativa das instituições de ensino superior do estado de São Paulo. Conforme apontado nessa obra, "5% das instituições públicas são federais, 28% são estaduais e 39,3% são municipais". Assim, encontrou-se uma proporção parecida com a dos dados aqui apresentados (Figura 4), em que a maior parte dos cursos públicos é municipal e a menor, federal.

Figura 4 – Tipos de instituições de ensino público que oferecem cursos de Pedagogia em São Paulo

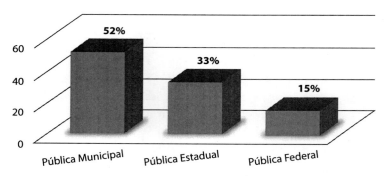

Ao observar a Figura 5, a seguir, pode-se perceber que as instituições paulistas que mantêm cursos de Pedagogia são muito diferentes entre si, tanto no que se refere às suas vocações acadêmico-profissionais como a seu formato institucional – centros universitários, escolas superiores, institutos superiores de educação, faculdades e universidades –, envolvendo, assim, desde centros de ensino e pesquisa bastante complexos até pequenas e isoladas escolas, voltadas basicamente para atividades de ensino, espalhadas pelas diversas regiões do estado.

Figura 5 – Tipos de instituições de ensino superior que oferecem cursos de
Pedagogia em São Paulo

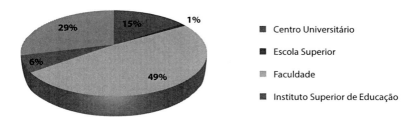

Os cursos paulistas de "Licenciatura em Pedagogia" encontrados fazem parte dos seguintes tipos de organizações acadêmicas: centro universitário, escola superior, faculdade, instituto superior de educação e universidade. Ao observar a Figura 5, é possível verificar que a maior parte desses cursos está inserida em instituições organizadas como faculdades (49%), e as universidades correspondem a 29% dos cursos.

A presença de disciplinas "Artes" e "Música" nos currículos dos cursos de Pedagogia

Nesta obra foram estudados os cursos de Pedagogia do estado, que apresentam seus dados disponíveis na internet. Nos sites dessas instituições, foi possível encontrar o currículo de 251 cursos, isto é, 71% dessa população (Figura 6).

Além das consultas aos sites das instituições de ensino superior, também foram enviados e-mails às que não disponibilizavam seus dados no site institucional, solicitando o currículo dos cursos; obteve-se resposta de apenas nove delas. Assim, somados esses nove currículos aos das 251 instituições que disponibilizavam seus dados pela internet, obteve-se um total de 260 cursos.

Figura 6 – Disponibilidade dos currículos nos sites

Foram consultadas as 260 grades curriculares dos referidos cursos, e para identificar a presença, ou não, das disciplinas Artes e Música nos currículos utilizou-se a ferramenta da internet "localizar", para procurar as palavras "artes" e "música" no título das disciplinas dos currículos.

Sabe-se que esse critério pode não dar conta de algumas disciplinas, pois é possível que existam algumas que trabalhem conteúdos de artes e música, embora não explicitem esses conteúdos em seus títulos. Se é que existem tais disciplinas, pelo tipo de coleta adotado, elas não foram consideradas.

Por meio da coleta de dados realizada, verificou-se que a maioria dos cursos (77%) possui disciplinas Artes em seu currículo (Figura 7). Pensa-se que esse grande número de instituições que oferecem disciplinas artísticas possa ser decorrente do fato de a disciplina "Artes" fazer parte no "núcleo de estudos básicos" da estrutura do curso de Pedagogia (Brasil, 2005).

Figura 7 – Presença da disciplina Artes nos currículos dos cursos de Pedagogia paulistas

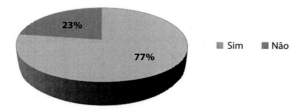

Esses 199 cursos (77%) dizem respeito tanto às disciplinas intituladas genericamente "Artes" como àquelas ligadas a uma das quatro áreas de expressão artística. Os nomes das disciplinas são muito variados, pois elas estão ligadas a diferentes filosofias e concepções de ensino de Arte, o que corrobora os estudos realizados pelos pesquisadores Silva e Araújo (2007, p.5), que afirmam que, ao considerar a história do ensino de Artes no Brasil, é possível identificar diferentes concepções de ensino da Arte, ao longo da trajetória histórica da arte-educação no Brasil. Esses estudos indicam que:

> Na Tendência Pré-Modernista, encontraremos a concepção de ensino da Arte como técnica; já na Tendência Modernista, vamos encontrar a concepção de ensino da Arte como expressão e também como atividade; e finalmente na Tendência Pós-Modernista, a concepção de ensino da Arte como conhecimento.

Esses estudos também ressaltam que essas concepções de ensino de Artes não estão limitadas aos períodos históricos em que surgiram e não ocorrem de forma isolada na prática educativa dos professores, podendo, por vezes, ser identificada, em uma mesma prática, a presença de concepções de ensino de Arte antagônicas.

De igual modo, as disciplinas Arte dos cursos paulistas de Pedagogia estão fundamentadas em diferentes filosofias e concepções de ensino de Artes; para conhecê-las, decidiu-se estudá-las a partir de suas práticas pedagógicas.

Optou-se pela classificação das disciplinas artísticas que integram a grade curricular a partir de seus títulos, a fim de se obter um quadro geral dos diferentes tipos de ensino de Arte presentes nestes cursos. Segue o Quadro 5, com a categorização das disciplinas Arte, de acordo com sua recorrência nos currículos.

Analisando-se o Quadro 5, é possível confirmar o que foi dito anteriormente, isto é, que existe uma grande variedade de modalidades de disciplinas, que foram agrupadas em quinze grupos distintos. É possível observar algumas influências das diferentes concepções do ensino de Arte, como, por exemplo, na categoria de "Artes e

Quadro 5 – Categorização das disciplinas Artes dos cursos de Pedagogia paulistas

Disciplinas de Arte categorizadas por seus títulos	Porcentagem
Fundamentos, Conteúdos e Metodologias do Ensino de Arte	32%
Arte e Educação	14%
Arte e Movimento	11%
Artes nos Diferentes Segmentos Educacionais	8%
Prática do Ensino de Artes	6%
Linguagens Artísticas Específicas: Artes Visuais, Música e Artes Cênicas	7%
Projetos/Tópicos Especiais/Oficinas de Artes	5%
Artes e Expressão/Comunicação	4%
Artes e Outras Disciplinas	4%
Artes: Ensino e Aprendizagem/Didática	3%
Arte como Linguagem	2%
Artes e Criatividade/Atividades Lúdicas	1%
Saberes em Artes/História da Arte/Estética	1%
Artes e Jogos/Recreação	1%
Arte e Cultura	1%

Jogos/Recreação", a concepção de Arte como expressão e como atividade, muito marcante na época moderna (Silva; Araújo, 2007, p.5) e, como se observa, ainda encontrada nas práticas educativas atuais.

Por meio deste levantamento, é possível observar que a maioria dos cursos dá ênfase aos "Fundamentos, Conteúdos e Metodologias do Ensino de Artes", o que representa 32% das disciplinas de Arte, e aponta para um provável caráter teórico dos cursos. Ainda observa-se que apenas 6% dos cursos têm como título a "Prática do Ensino de Artes", o que vai ao encontro da hipótese de que grande parte dos cursos é de cunho teórico.

Kishimoto (2005) destaca que tal ênfase nas questões teóricas também pode ser observada nas demais disciplinas presentes nos cursos de Pedagogia brasileiros. Tendo como base doze relatórios de avaliação de *Cursos de Pedagogia com Magistério em educação infantil* encaminhados ao MEC no período de 1998 a 2001, referentes aos projetos acadêmicos de instituições privadas de ensino superior em diferentes regiões do país, a autora verifica que:

> Em nenhum projeto de formação docente se notou mais que 10% da carga horária total para atividades práticas, o que mostra o caráter eminentemente teórico dos cursos. [...] Um projeto de formação docente deve ter a clareza de que o(a) professor(a) se forma no contexto da prática, ou seja, no contato com as unidades infantis. (Kishimoto, 2005, p.6-7)

O número de disciplinas Arte e Música nos currículos é bastante variado: alguns apresentam disciplinas em que artes e música se conjugam, outros se restringem apenas às artes visuais, enquanto outros, ainda, trabalham disciplinas específicas para cada linguagem artística. No entanto, a maioria dos cursos de Pedagogia apresenta apenas uma disciplina da área de Artes no currículo. Desse modo, das 199 disciplinas localizadas nos cursos de Pedagogia, aproximadamente 70% correspondem a apenas uma disciplina no currículo, conforme mostra o Quadro 6.

Quadro 6 – Disciplinas Arte nos currículos dos cursos de Pedagogia paulistas

Disciplinas da área de Arte nos currículos		
	Quantidade de cursos	Porcentagem
Cursos que oferecem uma disciplina	139	69,8%
Cursos que oferecem duas disciplinas	46	23,11%
Cursos que oferecem três disciplinas	6	3,01%
Cursos que oferecem quatro disciplinas	5	2,51%
Cursos que oferecem cinco disciplinas	1	0,50%
Cursos que oferecem seis disciplinas	1	0,50%
Cursos que oferecem oito disciplinas	1	0,50%

É importante destacar que algumas dessas disciplinas são de caráter optativo, o que aponta para o fato de que, em alguns cursos, as Artes ainda não são valorizadas e, algumas vezes, consideradas "não tão importantes" como outras disciplinas. Sabe-se, também, que tal tratamento dado às artes nos cursos de formação de professores reflete-se na prática pedagógica dos educadores. A arte-educadora Ana Angélica Albano Moreira (1999, p.76) apresenta o relato de uma professora das séries iniciais que ilustra a afirmação: "'Se eu der tempo para artes e música, fico atrasada com a programação.' [...] É interessante notar por essa fala que, para a professora, artes e música nem ao menos fazem parte da programação".

Ao refletir acerca dos currículos dos cursos de Pedagogia, outro fator observado é que eles parecem ser "fechados", pois, em alguns casos, as disciplinas da grade são ministradas separadamente, sem que haja conexão aparente entre elas. De modo geral, a matriz curricular do curso de Pedagogia segue o modelo curricular da educação básica, que também é bastante compartimentado.

Paulo Freire (1977, p.24) discute a questão no que diz respeito à educação básica e o que ele diz pode ser estendido aos currículos dos cursos de formação para professores:

> [...] cada matéria está destinada a ser cuidadosamente arrumada em sua gavetinha: uma para Gramática, outra para Geografia etc., e cada gaveta não se comunica com as outras. Elas se abrem, uma de cada vez na hora certa... Algumas guardam coisas de maior valor. Na escola primária, por exemplo, uma das maiores riquezas que se pode arrumar numa gaveta é a ortografia. Segundo o domínio que se tenha dela é que se poderá prosseguir nos estudos. Outras gavetas são menos consideradas. Pouco importa à escola que se tenha uma gaveta repleta de boa música ou belos desenhos.

A observação de Paulo Freire ajusta-se perfeitamente à problemática trazida nesta obra no que se refere ao ensino de Música e Arte, via de regra desconsideradas ou, na melhor das hipóteses, valorizadas como recursos de entretenimento, que produzem bem-estar à população escolar. Raras vezes a disciplina Música é tomada como parte importante do currículo escolar.

Outro dado a ser considerado é que as disciplinas Música ou Arte em geral são semestrais e, na maior parte das vezes, têm sua duração bastante reduzida. A Figura 8, a seguir, traz a carga horária de Artes/Música por curso. Destaque-se que, como se buscou identificar o tempo destinado às disciplinas artísticas em cada curso, no caso daqueles que apresentaram dois ou mais componentes curriculares da área de artes, suas cargas horárias foram somadas.

Algumas grades curriculares não trazem as cargas horárias de suas disciplinas, assim, dos 199 cursos que têm Artes e Música em seu currículo, foi possível localizar a carga horária de apenas 114 cursos, o que corresponde a 57% desse total.

Figura 8 – Carga horária das disciplinas Arte nos currículos dos cursos de Pedagogia paulistas

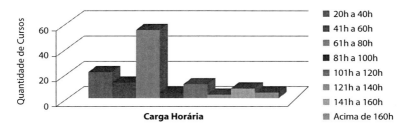

Em relação à divisão de tempo dos currículos, Moreira (1999, p.75) afirma que "com a divisão do tempo fica claro que todas as matérias que cuidam de desenvolver o pensamento lógico, a objetividade, têm sempre um número maior de horas do que as matérias que envolvam também o aspecto afetivo, o emocional".

No que diz respeito ao tempo destinado às linguagens artísticas nas escolas, e que, aqui, é comparado aos cursos de formação para professores, lança-se mão do estudo de Moreira (1999, p.79), que diz: "O tempo destinado à expressão artística é um tempo destinado a si próprio. [...] este é um tempo que há muito a vida urbana engoliu". Dentro dessa perspectiva, Jorge Larrosa (2002, p.158) traz importantes considerações acerca da falta de tempo na atual sociedade e nas escolas e que, em decorrência disso, "nada nos acontece".

Cada vez estamos mais tempo na escola (e a universidade e os cursos de formação do professorado são parte da escola), mas cada vez temos menos tempo. Esse sujeito da formação permanente e acelerada, da constante atualização, da reciclagem sem fim, é um sujeito que usa o tempo como um valor ou como uma mercadoria, um sujeito que não pode perder tempo, que tem sempre de aproveitar o tempo, que não pode protelar qualquer coisa, que tem de seguir o passo veloz do que se passa, que não pode ficar para trás, por isso mesmo, por essa obsessão por seguir o curso acelerado do tempo, este sujeito já não tem tempo. E na escola o currículo se organiza em pacotes cada vez mais numerosos e cada vez mais curtos. Com isso, também em educação estamos sempre acelerados e nada nos acontece.

Larrosa (2002), ao usar a expressão "nada nos acontece", está se referindo à falta de experiência na vida das pessoas. Para o autor, "experiência é aquilo que nos passa, ou nos toca, ou nos acontece, e ao nos passar nos forma e nos transforma" (ibidem, p.163). Dentro dessa perspectiva, ele destaca que a atual sociedade tem nos privado das oportunidades de termos experiências, já que:

> [...] ao sujeito do estímulo, da vivência pontual, tudo o atravessa, tudo o excita, tudo o agita, tudo o choca, mas nada lhe acontece. Por isso, a velocidade e o que ela acarreta, a falta de silêncio e de memória, são também inimigas mortais da experiência. (ibidem, p.157)

Outra questão que merece ser destacada é o fato de as disciplinas artísticas identificadas no levantamento de dados desta obra serem separadas por áreas em apenas 7% dos cursos estudados. Tais disciplinas são destinadas ao ensino de cada uma das linguagens artísticas específicas: Artes Visuais, Música e Artes Cênicas, tratadas separadamente e sem que, aparentemente, se estabeleça qualquer vínculo com as demais. Destaque-se, aqui, que em nenhuma das 199 disciplinas o ensino de Dança foi mencionado. Assim, observa-se uma predominância do ensino polivalente em Artes e, também, em contrapartida, nos poucos cursos que oferecem disciplinas individualizadas de alguma linguagem artística, essa prática é esquecida, ou mesmo evitada, predominando a opção por uma das linguagens expressivas.

No caso específico do ensino de Música, dos 199 cursos de Pedagogia que apresentam disciplinas artísticas, a Música aparece como disciplina específica[10] em apenas 14% desses cursos, isto é, em 27 cursos. Aqui, além das disciplinas apontadas no item "linguagens artísticas específicas: Artes Visuais, Música e Artes Cênicas", também foram consideradas disciplinas em que a música aparece atrelada a outras disciplinas e outras áreas do conhecimento (Figura 9).

Figura 9 – Presença da disciplina específica Música em cursos de Pedagogia paulistas

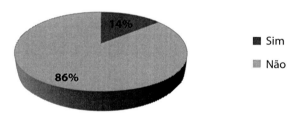

Em relação a tal situação, Kishimoto (2002, p.109) questiona: "Como justificar que, na maioria dos cursos de formação profissional, a arte está ausente ou fica restrita às artes visuais? Onde estão a música, a dança, o teatro, ou melhor, qual o espaço destinado às linguagens expressivas?". Ainda nesse sentido, a autora discute o reflexo dessa falta de formação na prática docente:

---

10 Entende-se por "disciplina específica" a disciplina que contém a palavra "música" em seu nome.

A falta de conteúdos sobre as linguagens expressivas (música, dança, teatro, artes visuais e plásticas) resulta na incapacidade dos professores de fazer emergir a cultura infantil. Como introduzir a riqueza da fauna e da flora, das danças e músicas, dos contos e da diversidade das pessoas e dos modos de vida sem o auxílio das linguagens expressivas? Não basta dotar as escolas de materiais de artes visuais e plásticas ou mesmo de livros sobre os pintores brasileiros, pois falta o essencial: a formação do(a) professor(a). Em muitas unidades infantis tais recursos materiais ficam guardados nos armários, porque não se sabe utilizá-los. (idem, 2005, p.5)

Para maior clareza da presença da Arte e da Música em cursos de Pedagogia paulistas, criou-se um quadro resumo (Quadro 7) com os dados obtidos:

Quadro 7 – Presença da Arte e da Música em cursos de Pedagogia paulistas

Presença da Arte e da Música em cursos de Pedagogia paulistas	
Quantidade de cursos de Licenciatura em Pedagogia em São Paulo	354 cursos
Cursos de que disponibilizaram seus dados na internet	251 cursos
Cursos que enviaram seus currículos via e-mail	9 cursos
Total de currículos para análise	260 cursos
Presença da disciplina Arte	199 cursos
Presença da disciplina específica Música	27 cursos
Presença da música como conteúdo de Artes	6 cursos (dentre 15)

Música como conteúdo de Artes: discussão a partir das ementas e conteúdos programáticos

Outra questão considerada é se a música aparece como conteúdo das disciplinas Artes presentes em 199 cursos de Pedagogia paulistas. Esse é um dado muito importante a ser analisado, pois a Lei n. 11.769/08 estabelece que "a música deve ser conteúdo obrigatório, mas não exclusivo de que trata o § 2º deste artigo". A lei não diz que a música deve ser disciplina obrigatória, mas sim conteúdo obrigatório de Artes.

Ressalte-se que foi possível ter acesso às ementas e conteúdos programáticos referentes a apenas quinze instituições, o que corresponde a 7,5% do total. Foi possível identificar a presença da música em seis das disciplinas (40%) (Figura 10).

Figura 10 – Presença da música como conteúdo de Artes em 15 cursos de Pedagogia paulistas

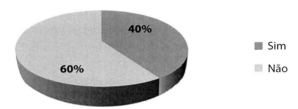

Observou-se que a linguagem musical é considerada pertinente ao currículo desses cursos em, ao menos, 40% dos cursos, o que é um dado bastante positivo. A partir das ementas e de alguns conteúdos programáticos identificados, é possível conhecer um pouco das propostas dessas aulas de Artes, utilizando-se como dados as informações contidas nesse material. Tais ementas trazem as propostas do curso e, partindo dessas informações, estabeleceram-se reflexões acerca da concepção de ensino de Arte existente por trás dos dados apresentados, e do modo pelo qual a educação musical é compreendida e abordada nos cursos.

Disciplina "Educação, Comunicação e Artes"

Box 1 – Ementa disciplina "Educação, Comunicação e Artes"

EMENTA: Analisa práticas, teorias e histórico do ensino e aprendizagem da arte. Enfoca questões e reflexões sobre a produção de comunicação e educação em e através da arte. Discute as diferentes formas de expressão artística (artes visuais, dança, música, teatro) e sua relação com a educação. Desenvolve reflexões críticas sobre o papel da arte dentro de um projeto educacional.

Pela análise da ementa dessa disciplina (Box 1), observa-se que a pretensão é apresentar uma visão histórica do ensino e aprendizagem da arte. A arte é concebida como linguagem expressiva, e as diferentes linguagens são todas consideradas e apresentadas em diálogo com a educação. Destaque-se que, no projeto educacional, é estabelecida a relação da arte com as outras disciplinas do currículo e procura-se descobrir qual é seu papel no contexto da educação, o que é muito válido, já que a arte, neste caso, é entendida como um elemento de formação do ser humano.

Aparentemente essa é uma disciplina de caráter teórico e reflexivo e não prática. Como a oferta da disciplina ocorre apenas em um semestre, a proposta do curso é oferecer a seus alunos uma concepção geral das linguagens artísticas e não desenvolver um trabalho específico em cada uma das linguagens expressivas. Assim, pode-se concluir que, nessa disciplina, a linguagem musical não é desenvolvida em suas especificidades e que não parece haver evidência de se trabalhar a expressão artística dos alunos.

Box 2 – Ementa disciplina "Conteúdos e Métodos do Ensino de Artes"

EMENTA: Partindo do pressuposto da arte na educação enquanto área de conhecimento humano, intenta-se possibilitar aos alunos um contato mais aprofundado com as linguagens de dança, *música*, teatro e artes plásticas, a partir do desenvolvimento de projetos específicos da área de arte, tendo como eixo a comunicação e expressão em língua portuguesa, pautado em literatura infantil (grifo nosso).

Disciplina "Conteúdos e Métodos do Ensino de Artes"

Nessa disciplina (Box 2), fica clara a concepção atual de artes como área de conhecimento e identifica-se, também, a especificidade das quatro linguagens artísticas. No entanto, ao propor como eixo "a comunicação e expressão em língua portuguesa, pautado em literatura infantil", percebe-se, aqui, uma preocupação em utilizar as artes como meio para desenvolvimento de outra linguagem específica, que não as linguagens artísticas. Ou seja, aparentemente, a música é tratada como ferramenta para o ensino de outros conteúdos, neste caso, a língua portuguesa.

Ao analisar as Referências Bibliográficas dessa disciplina, não se encontra nenhum livro ou artigo ligado à música na "Bibliografia básica" adotada, encontrando-se apenas um artigo relacionado especificamente à música, na "Bibliografia complementar": "Permanecendo fiel à música na educação musical", de Keith Swanwick (1993). Por ser este o único texto da área de música apresentado nas referências e ser um artigo de caráter mais reflexivo e filosófico do que prático, considera-se que essa fundamentação, embora pertinente, não seja suficiente para alunos de Pedagogia.

Disciplina "Educação e Arte"

Essa disciplina não apresenta ementa em seu site, nem os conteúdos programáticos a serem desenvolvidos. No entanto, é apresentado um plano semanal das aulas de Artes. Dentro deste planejamento, a linguagem musical aparece em uma das aulas do semestre com a seguinte abordagem "A música como recurso alfabetizador na sala de aula".

Nessa disciplina, fica clara a utilização da música como ferramenta para o ensino de outras disciplinas, sendo, nesse caso, um recurso pedagógico para alfabetização. Nesse sentido, Souza et al. (2002), ao se referirem a essa forma secundária de utilização da música, usam a expressão "música na aula", que é diferente de educação musical.

Diante disso, considera-se tal abordagem inadequada em relação ao que se espera de um trabalho em educação musical, ou seja, um trabalho diretamente relacionado à própria linguagem musical. Além de o tempo destinado à música, nessa disciplina, ser mínimo – apenas uma aula com provavelmente duas horas de duração –, o seu uso apresenta-se inadequado.

Disciplina "Fundamentos e Metodologia do Ensino da Arte"

Box 3 – Ementa disciplina "Fundamentos e Metodologia do Ensino da Arte"

> A disciplina discute questões de ensino e aprendizagem da Arte na educação, relacionadas à sociedade em que se inserem. Apresenta propostas contemporâneas para o ensino da Arte, que contemplam três ações: o fazer, o apreciar e o refletir sobre a arte, como produto cultural e histórico. Contempla estágios supervisionados na educação infantil e nos anos iniciais do ensino fundamental.

Percebe-se nessa disciplina (Box 3) uma relação com a proposta apresentada nos Parâmetros Curriculares Nacionais (Brasil, 1997), no que diz respeito à "Abordagem Triangular" do ensino de Arte, proposto por Ana Mae Barbosa (1998), em que assumem papel básico as ações: fazer, apreciar e contextualizar. Ao analisar o conteúdo programático dessa disciplina, identificaram-se também os objetivos gerais e específicos do curso, a saber:

Gerais

– Desenvolver compreensão atuante e analítica acerca dos processos que envolvem as linguagens da arte e seus fundamentos, sua dimensão metodológica, suas práticas, sua história e os processos criativos na escola.

Específicos

– Instigar a inventividade e a sensibilidade na busca de aprimoramento constante na formação do educador que atua com arte e educação.
– Buscar na diversidade das linguagens da arte elementos para construir um repertório artístico que subsidie a formação pedagógica nos âmbitos da educação infantil e do ensino fundamental I.
– Subsidiar a troca de experiências na produção de conhecimentos teórico-práticos.
– Analisar a realidade dos estágios frente à teoria estudada.

Por meio desses dados, percebe-se uma proposta bem fundamentada e relacionada com a prática e com propostas reflexivas, o que se considera fundamental.

Em relação ao conteúdo programático proposto, um de seus itens – "Os territórios de arte e cultura" – apresenta como um de seus aspectos "a escuta, o canto e as explorações sonoras" como conteúdos a serem desenvolvidos.

Como Bibliografia fundamental, são apresentados os Parâmetros Curriculares Nacionais (Brasil, 1997), o Referencial Curricular Nacional para a Educação Infantil (Brasil, 1998) e o livro *Teoria e prática do ensino de Arte*, de Martins (2010). Consideram-se essas referências bastante adequadas ao público a que se destina.

Além disso, ao observar as Referências Bibliográficas complementares do curso, nota-se que foram indicados autores importantes, que se constituem como referenciais no ensino de Artes no Brasil como, por exemplo, Barbosa (1998, 2005); Bondía (2004); Christov (2006); Derdyk (2010); Dewey (2010); Hernándes (2006); Ostrower (1996), Stokoe (1987), dentre outros, demonstrando que os proponentes encontram-se afinados com a produção intelectual da área.

No campo da educação musical, são apresentados como referências as obras de Brito (2003), Fonterrada (2005) e Schafer (1991), que também são referências na área e, assim, de extrema importância, por serem escritas em linguagem acessível e apresentarem propostas atuais na área de educação musical.

Apesar de, assim como os outros cursos, a música ter um espaço mínimo dentro da disciplina Arte, aqui percebe-se um tratamento mais adequado e mais bem fundamentado do que em outras disciplinas analisadas, no que diz respeito às concepções atuais de arte e educação musical.

Disciplina "Prática Pedagógica de Artes"

Box 4 – Ementa disciplina "Prática Pedagógica de Artes"

> EMENTA: Panorama do ensino da Arte no Brasil. O Ensino da Arte na pré-escola e nos anos iniciais do ensino fundamental. A expressão da criança. A criança e o imaginário. Função e princípio da arte-educação. Etapas do desenho infantil x idade evolutiva. *Musicalização* e expressão dramática na educação infantil. O fazer criativo e processo de alfabetização. Principais correntes do ensino da Arte. Métodos do ensino da Arte. Áreas da expressão artística. Materiais expressivos: desenho, pintura, modelagem, construção, recorte/colagem (grifo nosso).

A ementa dessa disciplina (Box 4), em vez de apresentar os objetivos gerais desejados, apresenta somente os conteúdos a serem desenvolvidos, considerados bastante pertinentes; no entanto, parecem ser de cunho teórico e não prático, opondo-se, assim, ao título da disciplina.

Observa-se, também, uma predominância do ensino de Artes Visuais, sendo que a música, nessa ementa, aparece atrelada às artes cênicas: "Musicalização e expressão dramática na educação infantil", o que, mais uma vez, reflete o pouco conhecimento acerca dessa linguagem nos meios educacionais não específicos da área de música.

Nessa disciplina é possível observar novamente o uso da arte como ferramenta para o ensino de outros conteúdos, pois aqui aparece, também, como recurso pedagógico para alfabetização: "O fazer criativo e processo de alfabetização".

Como Bibliografia básica do curso, são sugeridos os Parâmetros Curriculares Nacionais (Brasil, 1997), o Referencial Curricular Nacional para a Educação Infantil (Brasil, 1998) e o livro *Didática do ensino de Arte* (Martins, 1998), os mesmos referenciais que a disciplina 1.3.3.4 – "Fundamentos e Metodologia do Ensino da Arte". Conforme já destacado, consideram-se esses referenciais adequados e com linguagem acessível aos alunos de Pedagogia.

Disciplina "Metodologia do Ensino de Arte nos Anos Iniciais do Ensino Fundamental"

Box 5 – Ementa disciplina "Metodologia do Ensino de Arte"

EMENTA – Abordagem das concepções de arte vigentes nas práticas de educação formal e não formal. Estudo da arte como expressão da linguagem; a arte como forma de comunicação por meio do fazer (práxis) e da apreciação (fruição). Seleção e estruturação dos conteúdos de arte-educação. Materiais e procedimentos didáticos. A importância da arte no desenvolvimento da criatividade e na construção da cidadania.

Nessa ementa (Box 5), observa-se a concepção de arte como comunicação e apreciação. Aborda-se o fazer e o apreciar, mas não o refletir/contextualizar, conforme propõe a Proposta Triangular do Ensino de Arte (Barbosa, 1998), apresentada nos Parâmetros Curriculares Nacionais (Brasil, 1997). Fala-se da arte como expressão, mas não como forma de conhecimento, ligada à tendência "ensino de arte como expressão", relacionada à linha modernista (Silva; Araújo, 2007, p.5).

Todos os referencias apresentados na Bibliografia básica são da área de artes visuais: Barbosa (2000), Cavalcanti (1995) e Moreira (1994). Na Bibliografia complementar também há predominância de autores de artes visuais, embora conte, também, com a indicação de um livro da área de artes cênicas – Reverbel (1989) –, um na área de dança – Marques (1999) – e um na área de "música" – Camargo (1994).

Observa-se que o livro indicado para a área de música, intitulado *Música/movimento: um universo em duas dimensões: aspectos técnicos e pedagógicos na Educação Física*, de Camargo (1994), na realidade só aparentemente contempla a área, pois não trata a música como linguagem, mas sim como recurso didático para aulas de Educação Física.

Após ter analisado as ementas e programas de ensino das seis disciplinas da área de artes que apresentam a música como conteúdo curricular, foi possível perceber que essa linguagem tem sido pouco abordada e ainda encontra-se subordinada a outras linguagens artísticas ou áreas do conhecimento; algumas vezes, tem sido utilizada como ferramenta pedagógica para o ensino de outros conteúdos.

2
Perfil dos cursos de Pedagogia que oferecem ensino de Música

Este capítulo dedica-se a examinar informações acerca dos cursos de Pedagogia paulistas que oferecem ensino musical a seus alunos. Inicialmente, são apresentadas as características gerais desses cursos. Na análise, levou-se em conta: a localização, o tipo de organização acadêmica, a categoria administrava do estabelecimento, a quantidade de disciplinas ligadas à música e sua classificação.

Dos 27 cursos analisados, extraíram-se 5 para um estudo aprofundado. Como critérios de escolha, buscou-se contemplar contextos educacionais diversos, de modo que os cursos selecionados fossem representativos.

A partir das informações referentes às instituições selecionadas, da observação de aulas das disciplinas específicas da área de música, de informações colhidas junto a seus professores e alunos, construiu-se o perfil desses cinco cursos, apresentado na segunda parte deste capítulo.

Características gerais dos cursos que oferecem ensino de Música

Ao observar a distribuição regional dos 27 cursos de Pedagogia paulistas que oferecem ensino de Música (Figura 11), percebe-se que a maioria deles (85%) encontra-se no interior do estado, distribuídos em 21 municípios de São Paulo: Araraquara, Barretos, Carapicuíba, Engenheiro Coelho, Garça, Guarujá, Guarulhos, Hortolândia, Itapeva, Itápolis, Jales, Lençóis Paulista, Marília, Olímpia, Ribeirão Pires, Ribeirão Preto, Santos, São José do Rio Preto, São Paulo, São Vicente e Sorocaba.

Figura 11 – Distribuição regional dos cursos de Pedagogia que oferecem ensino de Música em São Paulo

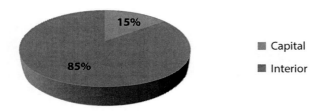

Esses cursos organizam a disciplina Música a partir de diferentes critérios e utilizam para ela diferentes denominações, que, até certo ponto, fornecem pistas acerca do conteúdo abordado e de que sistema de valores suporta o ensino e aprendizagem dessa linguagem no curso.

Em relação à organização acadêmica, observa-se que há quatro tipos de instituições: centros universitários, faculdades, instituições de ensino superior e universidades, como se vê no Quadro 8.

Quadro 8 – Organização acadêmica das instituições paulistas que oferecem ensino de Música em seu curso de Pedagogia

Tipos de instituições	Porcentagem
Centro universitário	25%
Faculdade	43%
Instituição de ensino superior	7%
Universidade	25%

Pelo exame dos dados (Quadro 8), verificou-se que, na maior parte, as instituições que oferecem ensino de Música em disciplinas específicas são faculdades (43%). Os dados relativos às 27 instituições estudadas têm aproximadamente a mesma proporção dos diferentes tipos de organização administrativa encontrados nos 354 cursos de Pedagogia de São Paulo estudados, em que 49% são faculdades.

Observa-se, também, que 26 dos 27 cursos (96%) que oferecem ensino de Música em seus currículos são mantidos por instituições de ensino privado. Destaque-se que, mais uma vez, esses dados são similares ao que foi observado nos 354 cursos de Pedagogia paulistas, nos quais 92% das instituições são de ensino privado. Diante disso, observa-se que a predominância do ensino musical nas instituições de ensino privado decorre do fato de esse tipo de categoria administrativa ser responsável pela manutenção da maior parte dos cursos de Pedagogia paulistas – 96%, contra apenas 4% oferecidos por instituições públicas (Figura 12).

Figura 12 – Categoria administrativa das instituições paulistas que oferecem ensino de Música em seu curso de Pedagogia

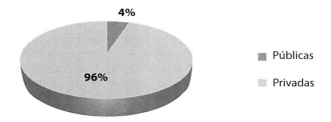

Verificou-se também que 71% dos cursos apresentam apenas uma disciplina que trata do ensino e aprendizagem de Música no currículo, e 29% apresentam duas disciplinas, conforme se pode observar na Figura 13.

Figura 13 – Quantidade de disciplinas Música nos currículos dos cursos de Pedagogia paulistas

Em relação à carga horária das disciplinas, verificou-se que o número de horas-aula é muito variado entre elas. É importante destacar que foram localizadas as cargas horárias referentes a apenas nove disciplinas, já que a maioria dos cursos não disponibiliza tal informação em seus sites institucionais.

Nesta obra, elas foram dividas em três grupos: as que têm menos de 40 horas-aula por período, as que oferecem entre 40 e 60 horas-aula e aquelas que têm uma carga horária superior a 60 horas-aula. Pelo exame da Figura 14 é possível verificar que a maior parte dos cursos oferece a disciplina com carga horária situada entre 40 a 60 horas-aula de Música em seu currículo.

Figura 14 – Carga horária das disciplinas Música presentes nos cursos de Pedagogia paulistas

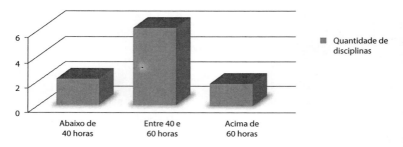

Os títulos das 27 disciplinas que oferecem conteúdos específicos de música apresentam grande diversidade entre si, o que denota grande diferenciação entre as propostas de ensino:

- Educação e Arte: Música
- Arte e Música na Educação
- Arte e Música na Educação Infantil
- Arte e Música no Processo de Ensino e Aprendizagem no Ensino Fundamental
- Arte, Música e Movimento na Educação Infantil
- Artes B: Musicalização Infantil
- Artes III: Música
- Artes Visuais, Músicas, Projetos, Oficinas
- Conteúdo e Metodologia do Ensino da Arte e da Música I/Conteúdo e Metodologia do Ensino da Arte e da Música II
- Fundamentos da Expressão Artística, Corporal, Plástica e Musical na Educação Infantil e Ensino Fundamental
- Música e Arte no Ensino e na Aprendizagem
- Fundamentos Metodológicos do Ensino de Arte e de Música I/Fundamentos Metodológicos do Ensino de Arte e de Música II
- Laboratório: Teatro, Música e Dança – I/Laboratório: Teatro, Música e Dança – II[1]
- Linguagem do Movimento, Musical e Arte Visual I/Linguagem do Movimento, Musical e Arte Visual II
- Linguagem Musical
- Linguagem Musical e Plástica
- Metodologia do Ensino da Música
- Movimento e Música na Educação Infantil
- Movimentos, Música e Artes na Educação Infantil
- Música e Artes no Ensino e na Aprendizagem
- Música e Artes no Ensino e na Aprendizagem
- Música e Educação
- Música e Expressão Corporal
- Música I/Música II
- Música, Teatro e Dança nas Séries Iniciais do Ensino Fundamental

---

1 Disciplina oferecida para a habilitação "Educação e Arte na Inclusão Social".

- Prática Musical na Formação Docente
- Prática Pedagógica de Música

Como se pode ver, há uma grande variedade de títulos, o que aponta, por um lado, para as diferentes propostas de educação musical, mas, por outro lado, indica uma possível falta de critérios em relação aos fundamentos necessários para a formação musical de um futuro professor das séries iniciais.

Pode-se, também, atribuir tal diversidade ao fato de o campo de educação musical ainda não se constituir como uma área de conhecimento sólida, estando em processo de construção. Segundo Bourdieu (2000, p.13), um campo científico "se define entre outras coisas, definindo os objetos em questão e interesses específicos, que são irredutíveis aos objetos em jogo e aos interesses próprios de outros campos [...]". Essa citação corrobora a afirmação de, nos cursos de Pedagogia, a educação musical ainda não ter seus espaços bem definidos. Como se pode observar nos títulos das disciplinas, elas ainda se encontram, em alguns casos, atreladas a outras áreas do conhecimento.

A categorização das disciplinas limitou-se ao que seus títulos poderiam sugerir. Neste estudo, agruparam-se as 27 disciplinas em cinco categorias, listadas a seguir, que foram classificadas pela semelhança de propósitos sugeridos pelos próprios títulos:

- Música nos diferentes segmentos educacionais/Música no processo de ensino e aprendizagem
- Música e outras linguagens artísticas e/ou movimento
- Música/Musicalização
- Música e educação/Conteúdo, metodologia e prática do ensino de Música
- Arte e música

No Quadro 9, a seguir, está apontada a quantidade de vezes em que cada uma das cinco categorias foi identificada no título das disciplinas.

Quadro 9 – Categorização das disciplinas Música

Disciplinas Música categorizadas por seus títulos	Quantidade
Música nos diferentes segmentos educacionais/Música no processo de ensino e aprendizagem	10
Música e outras linguagens artísticas e/ou movimento	8
Música/Musicalização	4
Música e educação/Conteúdo, metodologia e prática do ensino de Música	8
Arte e música	8

Destaque-se que algumas disciplinas estão inseridas em mais de uma categoria; por exemplo, a disciplina intitulada "Arte e Música na Educação Infantil" faz parte tanto da categoria 1,"Música nos diferentes segmentos educacionais", como da categoria 5, "Arte e música".

É interessante observar que oito disciplinas apresentaram o termo "arte e música", o que pode indicar que a música não é considerada arte. Segundo esse entendimento, arte e música seriam áreas distintas. Entende-se, pelo uso adotado pelo senso comum, que a utilização do termo "arte" no singular provavelmente remete-se às "artes visuais".

Dentre as 27 "disciplinas específicas da área de música", é possível observar que, muitas vezes, estão relacionadas a outras linguagens artísticas ou a outras áreas do conhecimento. Verificou-se que, aparentemente, em apenas nove disciplinas (33%) a música está sendo tratada como autônoma:

- Educação e Arte: Música
- Artes B: Musicalização Infantil
- Artes III: Música
- Linguagem Musical
- Metodologia do Ensino da Música
- Música e Educação
- Música I/Música II
- Prática Musical na Formação Docente
- Prática Pedagógica de Música

A fim de discutir as metodologias de ensino musical dos cursos de Pedagogia paulistas, considerou-se necessário um estudo aprofundado de alguns casos particulares, representados pelos cinco cursos selecionados, que, por sua vez, representam as características gerais dos cursos que mantêm a música como disciplina curricular.

Um dos critérios de escolha desses cursos baseou-se nas categorias criadas acerca da natureza das disciplinas Música. A seguir, apresenta-se o nome das cinco disciplinas selecionadas correspondentes (Quadro 10).

Quadro 10 – Disciplinas Música selecionadas para o estudo

Categorização das disciplinas Música	Disciplinas selecionadas
Música nos diferentes segmentos educacionais/Música no processo de ensino e aprendizagem	"Arte e Música no Processo de Ensino e Aprendizagem no Ensino Fundamental"
Música e outras linguagens artísticas e/ou movimento	"Música, Teatro e Dança nas Séries Iniciais do Ensino Fundamental"
Música/Musicalização	"Artes B: Musicalização Infantil"
Música e Educação/Conteúdo, metodologia e prática do ensino de Música	"Educação e Arte: Música"
Arte e música	"Arte e Música na Educação Infantil"

As disciplinas selecionadas contemplam pelo menos uma das categorias estabelecidas, e algumas delas, como a categoria "Arte e música", aparecem em mais de uma disciplina.

Para a escolha dos cinco cursos, também foram levados em consideração outros critérios que ajudassem a determinar um "perfil representativo" das instituições que oferecem ensino de Música. Foi considerada, como se pode verificar no Quadro 11, a diversidade no que diz respeito a organização acadêmica, categoria administrativa, localização e nome da disciplina Destaque-se, ainda, que as cinco instituições selecionadas são de ensino privado, pois, como foi verificado anteriormente, das 27 instituições que oferecem ensino de Música, apenas uma é pública. Dessa forma, considerou-se pertinente estudar as instituições privadas.

Quadro 11 – Características dos cinco cursos de Pedagogia selecionados

Cursos	A	B	C	D	E
Tipo de organização acadêmica	Faculdade	Faculdades integradas	Centro universitário	Centro universitário	Centro universitário
Categoria administrativa	Privado	Privado	Privado	Privado	Privado
Localização	Litoral paulistano	Região metropolitana de São Paulo	Região de Campinas	Região metropolitana de São Paulo	São Paulo – Capital
Nome da disciplina	Arte e Música no Processo de Ensino e Aprendizagem no Ensino Fundamental	Música, Teatro e Dança nas Séries Iniciais do Ensino Fundamental	Musicalização Infantil	Educação e Arte: Música	Arte e Música na Educação Infantil

Perfil dos cinco cursos selecionados

Características gerais das instituições e das disciplinas
Música

Instituição A

Faculdade privada localizada no litoral Sul do estado de São Paulo. Segundo os dados apresentados na página principal do site da instituição, sua proposta consiste em ser "uma instituição de ensino superior qualificada, socialmente responsável, atualizada e que oferece formação voltada para resultados, formando os profissionais que o mercado tanto necessita" (*On-line,* acesso em: 12 fev. 2010).

Segundo a coordenadora do curso de Pedagogia, essa faculdade era uma instituição de ensino superior destinada à terceira idade, mas foi vendida para um grupo e tem crescido muito nos últimos anos, tendo atualmente uma população de 3 mil alunos em média.

O curso de Pedagogia é oferecido no período noturno e a faculdade atende alunos de "classe C", considerando-se que a mensalidade desse curso é de cerca de 200 reais. No site da instituição essa preocupação em atender às classes menos privilegiadas também é enfatizada:

> A motivação da [nome da instituição] é a crença no potencial de desenvolvimento de [nome da cidade] e da Baixada Santista. Oferece condições de acesso e ascensão para os milhares de jovens que não dispunham até então de um projeto educacional ao alcance dos seus desejos e com o comprometimento e visão de futuro da [nome da Instituição]. (*On-line,* acesso em: 12 fev. 2010)

A faculdade tem dez anos de existência e oferece onze cursos de graduação, sendo um deles o curso de Licenciatura em Pedagogia. Segundo a coordenadora do curso de Pedagogia, o curso é muito renomado na região e foi eleito como melhor curso da Baixada Santista pelo *Guia do Estudante,* da Editora Abril.

A coordenadora do curso de Pedagogia da instituição é doutoranda em Educação pela PUC-SP e muito engajada em providenciar melhorias para o curso, coordenado por ela desde 2008. Essa faculdade tem dado grande ênfase ao ensino musical de seus alunos e professores. Segundo a coordenadora, muitos alunos de Pedagogia, inclusive, têm desenvolvido trabalhos de conclusão de curso utilizando a música como temática. Na instituição são ministradas as seguintes atividades ligadas à música:

– aulas de coral para alunos e professores, duas vezes por semana, como atividade extracurricular;
– aulas de Música para os alunos da instituição, uma vez por semana, como atividade extracurricular;
– aulas de Música para os professores da instituição, uma vez por semana, como atividade optativa;
– aulas de "Arte e Música no Ensino e na Aprendizagem no Processo de Ensino Fundamental" como disciplina curricular do curso de Pedagogia.

Segundo a coordenadora, tal disciplina já existe há nove anos no currículo desse curso. A disciplina é ministrada no 2º semestre do curso de Licenciatura em Pedagogia e conta com uma média de 35 alunos.

Instituição B

Escola de ensino superior privada, localizada na região metropolitana de São Paulo, que apresenta "mais de trinta anos de tradição". A faculdade oferece dez cursos de graduação, sendo um deles o de Licenciatura em Pedagogia.

Segundo os dados contidos na parte destinada ao curso de Pedagogia no site da instituição, o curso apresenta as seguintes características:

O curso de Pedagogia da [nome da Instituição], com três anos de duração, destina-se à formação de professores para o exercício das funções de Magistério na educação infantil e nas séries iniciais do ensino fundamental, simultaneamente. Ao mesmo tempo em que oferece a Licenciatura Plena em Pedagogia para trabalhar com crianças, jovens e adultos na educação infantil e nas séries iniciais do ensino fundamental, prepara também para outras áreas nas quais estejam previstos conhecimentos pedagógicos. (*On-line*, acesso em: 29 jan. 2010)

O curso é oferecido no período noturno e proporciona oitenta vagas por semestre, atendendo jovens de classe "C"; sua mensalidade está em torno de 320 reais. Segundo a coordenadora do curso de Pedagogia, que atua há três anos e meio na função, o curso é muito procurado na região e apresenta alguns diferenciais, como estudo de Artes, Música, Libras, Braille, dentre outros. Além disso, ela também destaca que a instituição proporciona atividades culturais aos alunos, como idas ao teatro, por exemplo.

Segundo a coordenadora, apesar de o curso existir há mais de trinta anos, sua proposta atual é recente e foi reestruturada após reformulação orientada pelo MEC. A coordenadora também destacou que muitos alunos de Pedagogia ingressam em concursos públicos da região e que o curso ainda atende alguns alunos que já atuam como professores, mas que não têm formação superior, pois cursaram Magistério, de nível médio.

A instituição dá grande importância ao ensino musical e proporciona duas disciplinas curriculares ligadas à área de música, que fazem parte do currículo há quatro anos:

- Música, Teatro e Dança nas Séries Iniciais do Ensino Fundamental
- Música e Movimento na Educação Infantil

A disciplina "Música, Teatro e Dança nas Séries Iniciais do Ensino Fundamental" é ministrada no 3º semestre do curso de

Licenciatura em Pedagogia, apresenta uma carga horária de quarenta horas-aula, e conta com uma média de 45 alunos.

Destaque-se que, além dessas duas disciplinas ligadas ao ensino de Música, o curso de Pedagogia ainda apresenta outras disciplinas da área de artes em seu currículo:

– Artes Visuais I
– Artes Visuais II

As disciplinas "Artes Visuais I" e "Artes visuais II" são oferecidas no 1º ano do curso, sendo, portanto, cumpridas anteriormente às disciplinas que tratam do ensino de Música. Essas quatro disciplinas artísticas são semestrais e cada uma apresenta a carga de quarenta horas-aula, distribuídas em duas aulas semanais.

Instituição C

Uma das principais representantes de uma grande rede educacional privada mundial, é mantida por ordem religiosa e possui três unidades no estado de São Paulo. A unidade selecionada está localizada na região de Campinas, no interior do estado.

O site da instituição ressalta: "Localizado no interior de São Paulo, região metropolitana de Campinas, o [nome da Instituição] investe para tornar a vida dos seus estudantes confortável, eficiente e saudável, oferecendo um ambiente de estudo tranquilo e em conexão com o restante do mundo" (*On-line*, acesso em: 22 fev. 2010).

A instituição tem mais de 26 anos; seu lema é "educar e servir", sua missão é "educar no contexto dos valores bíblico-cristãos para o viver pleno e para a excelência no servir!" e sua visão é "ser um centro universitário reconhecido pela excelência dos serviços prestados, pelos seus elevados padrões éticos e pela qualidade pessoal e profissional de seus egressos!".

A boa estrutura do *campus* e dos cursos também é enfatizada em seu site, bem como as altas médias conceituais no MEC. Outro diferencial do centro universitário é a opção que os alunos têm de internato, o que lhes proporciona um tempo maior para se dedicarem às atividades acadêmicas (*On-line,* acesso em: 22 fev. 2010).

As características do curso de Pedagogia também são enfatizadas:

> O curso de Pedagogia do [nome da Instituição] oferece uma sólida formação teórica e prática. Está organizado, do 1º ao 4º ano, em eixos temáticos com disciplinas que estudam os fundamentos da educação e aquelas que abordam a intervenção, de modo integrado. Durante todo o curso, o aluno tem aprendizado teórico e prático nas diferentes áreas de uma instituição de ensino e todos os procedimentos e possibilidades pedagógicas. (*On-line,* acesso em: 22 fev. 2010)

Sua duração é de oito semestres e é ministrado nos períodos matutino e noturno. Outro diferencial do curso é a parceria com prefeituras, escolas e institutos das cidades vizinhas. Tal parceria oferece experiências e estágios em projetos sociais e possibilidade de emprego antes mesmo da conclusão do curso.

O currículo do curso de Pedagogia oferece uma disciplina intitulada "Arte-Educação" com carga horária de 72 horas-aula, divida em dois semestres: 1º semestre – Artes Visuais, e 2º semestre – Musicalização Infantil.

Pelo fato de essa instituição ser ligada a uma Igreja Protestante, a música encontra-se muito presente no centro universitário, pois é notório o valor que as religiões protestantes conferem à música. Além de o ensino de Música estar presente no currículo do curso de Pedagogia, há também um curso de Licenciatura em Educação Artística com habilitação em Música. Além disso, observe-se que a prática da música é intensa, especialmente pela oferta de possibilidades de canto coral na instituição, que mantém vários grupos em atividade.

Instituição D

Localiza-se na região metropolitana do estado de São Paulo, tem 45 anos de existência e teve seu início na década de 1960, com a fundação da faculdade de Direito, primeira escola superior da região.

Atualmente o centro universitário oferece 21 cursos presenciais de graduação, nas modalidades bacharelado e licenciatura. A instituição tem como missão:

> Promover o ser humano pelo saber, como a sociedade, pela educação, sintetiza a "missão" da [nome da Instituição], determinada a se concentrar no ensino ordenado, a fim de buscar a formação integral do indivíduo, despertando-lhe o senso crítico, o critério ético, a capacidade de julgar e agir corretamente e, dessa forma, formar cidadãos conscientes e capacitados para a vida profissional e cívica, conforme as exigências da sociedade moderna. (*On-line*, acesso em: 6 jun. 2010)

O curso de Licenciatura em Pedagogia dessa escola, por meio de estudos teórico-práticos, investigação e reflexão crítica, propicia:

> Planejar, executar e avaliar atividades educativas; orientar e mediar o ensino para a aprendizagem dos alunos; comprometer-se com o sucesso da aprendizagem dos alunos; assumir e saber lidar com a diversidade existente entre os alunos; incentivar atividades de enriquecimento cultural; desenvolver práticas investigativas, entre outras metas. (*On-line*, acesso em: 6 jun. 2010)

Outras informações obtidas no site da instituição informam que há dois projetos vinculados ao curso: 1) o Projeto Brinquedoteca, composto por duas unidades, a da instituição e a do Hospital Saúde, da cidade; 2) o Projeto Alfa – Alfabetização de Jovens e Adultos, oferecido à comunidade gratuitamente.

O curso conquistou a primeira colocação no Exame Nacional de Desempenho de Estudantes (ENADE-SP) e alcançou o nível de excelência. Sua coordenadora é mestre e doutoranda em Educação, membro de um grupo de pesquisa vinculado a uma importante universidade do estado de São Paulo e autora de livro sobre jogos e brincadeiras no ensino infantil e fundamental.

A disciplina que trabalha conteúdos musicais é "Educação e Arte: Música", ministrada no 2º semestre do curso de Pedagogia, com carga horária de quarenta horas-aula. Além dela há, ainda, outras disciplinas artísticas: "Educação e Arte: Teatro" e "Educação e Arte: Artes Visuais", ambas com carga horária de quarenta horas-aula.

Instituição E

Foi criada em 1968 e apresenta nove *campi* na cidade de São Paulo. Sua missão consiste em:

> Promover a formação científica, cultural, tecnológica e humanística dos seus alunos (sob a segura orientação dos seus professores), produzir e difundir novos conhecimentos e prestar serviços em prol da melhoria de vida da comunidade. A qualidade das ações acadêmicas da [nome da Instituição] está fundamentada em nobres valores e ideais que exaltam a democracia, a liberdade, o comportamento ético, o rigor científico, a responsabilidade social, o espírito de solidariedade, o respeito às diferenças individuais, a prática da cidadania e o profundo comprometimento com os problemas da realidade brasileira. (*On-line,* acesso em: 21 jun. 2010)

O curso de Pedagogia, em funcionamento desde 1968, é oferecido durante sete semestres, em dois *campi*. Segundo informações no site da instituição, a formação do pedagogo fundamenta-se nas

> bases de conhecimentos científicos, humanistas, sociais, éticos e das novas tecnologias e conhecimentos específicos necessários à sua formação profissional, bem como na produção, construção e mediação dos conhecimentos com base teórica, fundamentando-se nos saberes pedagógicos, nas práticas educativas e na pesquisa. (*On-line,* acesso em: 21 jun. 2010)

Destaque-se, também, no mesmo texto, que "o futuro docente precisa transcender seus conhecimentos acadêmicos (teóricos e práticos) por meio da investigação, que ofereça oportunidades de conhecimento e vivências em espaços escolares e não escolares" (*On-line,* acesso em: 21 jun. 2010).

Há no currículo uma disciplina destinada à formação artística e musical de seus alunos, intitulada "Arte e Música na Educação Infantil", ministrada no 3º semestre do curso, com carga horária de quarenta horas-aula.

As professoras de Música

Instituição A

A docente que ministra a disciplina "Arte e Música no Ensino e na Aprendizagem do Ensino Fundamental" é formada em Educação Artística, com habilitação em Artes Visuais, e atua como docente dessa instituição desde 2009.

A professora relata que sua formação musical ocorreu apenas durante a graduação e, posteriormente, no curso de especialização realizado na USP, em que teve contato com o educador musical Pedro Paulo Salles, professor livre-docente da Escola de Comunicações e Artes (ECA) da universidade.

Pela observação de suas aulas, pode-se perceber que tem uma formação bastante sólida em Artes Visuais, mas, apesar de ter tido algum tipo de formação musical em sua trajetória, reconhece suas limitações no que diz respeito à educação musical.

Ela relata que, apesar de ser muito curto o tempo destinado às aulas de Artes no curso de Pedagogia, muitas alunas a procuram no final da disciplina, interessadas em fazer aulas de Artes. Este é um ponto importante a destacar, e sugere que a sensibilização artística que a professora propõe surte efeito em alguns graduandos.

A docente, além de ministrar aulas nessa instituição e em outros cursos de Pedagogia, também é professora de Artes da educação básica e possui um ateliê. Essa forte experiência em artes visuais pôde ser vista nas aulas observadas, em que a professora relata diversas práticas pedagógicas realizadas com seus alunos de ensino básico.

Instituição B

Por meio de diálogos estabelecidos entre a professora de Música e a autora desta obra antes e após as aulas, foi possível conhecer alguns aspectos referentes à experiência da docente no que diz respeito ao ensino de Artes e Música. Ela é responsável por diversas disciplinas ligadas à metodologia de ensino e ao ensino de Artes.

A professora relatou que é supervisora da rede estadual de Educação e que ministra cursos para formação de professores em Artes. Destacou que tem usado os *Cadernos de Artes* da Proposta Curricular do Estado de São Paulo para a educação básica, que engloba as disciplinas curriculares em áreas relacionadas –,[2] mas que tem tido dificuldades em desenvolver algumas das atividades musicais propostas, já que essa não é sua área de formação.

A disciplina "Música, Teatro e Dança nas Séries Iniciais do Ensino Fundamental", ministrada pela docente, é de caráter polivalente e está de acordo com a abordagem adotada por ela, baseada no uso das diferentes linguagens artísticas. A professora também ministrou as disciplinas "Artes Visuais I" e "Artes Visuais II" no curso de Pedagogia da mesma instituição, o que demonstra, mais uma vez, sua atuação polivalente.

Em relação às disciplinas ligadas às artes visuais, a professora ressaltou que os alunos fizeram muitas exposições e, inclusive, realizaram um desfile de moda, em que eles próprios criaram suas roupas e adereços.

Para ela, essa experiência foi muito significativa para os alunos, que, a partir dessa atividade, ficaram mais desinibidos e expressivos do que demonstravam anteriormente. Com este relato, observa-se que a docente tem uma postura prioritariamente voltada ao fazer

---

[2] A disciplina Arte é integrante do volume que trata da *Linguagem, códigos e suas tecnologias*.

artístico, o que foi, também, identificado nas aulas de Música analisadas.

Instituição C

A docente dessa instituição é a única profissional formada em curso superior de Música, entre os docentes das cinco instituições estudadas. Ela é bacharel em Música com habilitação em Piano, licenciada em Educação Artística, com especialização em docência universitária e mestre em Educação. A formação musical da docente se iniciou quando ela tinha cinco anos, por meio do estudo de piano. Ela também participou de corais, orquestra e banda. Em resposta ao questionário, comentou que "cresceu em um ambiente religioso com muita música e sua formação escolar, desde a pré-escola, foi sempre *recheada* com música".

A docente atua nessa escola há seis anos e exerce os cargos de professora de Música no curso de Pedagogia e de coordenadora da área de música do curso de Educação Artística. Ela é, também, professora de Musicalização Infantil e regente de coral no ensino básico da instituição. A professora compartilhou com seus alunos de Pedagogia sua experiência como professora de Musicalização Infantil e ofereceu a oportunidade de eles observarem suas aulas para crianças de 0 a 6 anos. Ressalte-se a importância desse referencial prático, considerado fundamental para a formação de futuros professores.

O fato de essa docente ter sólida formação musical contribuiu para os resultados que alcança com seus alunos nas disciplinas que ministra. Além disso, tal formação também contribui tanto para a profundidade das discussões e reflexões acerca de questões específicas da área, como para auxiliar seus alunos nas dificuldades relacionadas ao fazer musical, encontradas durante as aulas.

A docente é muito dinâmica nas aulas e facilita e motiva o envolvimento dos alunos. Ela tem procurado atualizar-se por meio de cursos e participação em congressos da área da educação musical. Uma questão que merece ser ressaltada é o fato de ela ter escrito um artigo para a segunda edição da revista *Música na Educação Básica*, editada pela Abem, em 2010, e destinada a professores especialistas e não especialistas em música que atuam no ensino básico. Tal fato demonstra o comprometimento da docente com a área e, também, seu respaldo teórico para atuar junto à formação de professores não especialistas em música. Sua produção está em consonância com o que dizem Ferraz e Fusari (2009, p.142), quando afirmam:

> No ensino de Arte, as ações dos professores mostram, consequentemente, os compromissos, perspectivas e valores assumidos por eles em seu trabalho escolar. Mostram ainda a competência e o conhecimento atualizado da área, por suas pesquisas e compromissos com seu desenvolvimento pessoal e profissional.

Instituição D

A docente é formada pelo Instituto de Artes da Unesp no antigo curso de Educação Artística, com habilitação em Artes Cênicas. Sua formação musical deu-se por meio de aulas de piano em conservatório e curso livre de canto.

Apesar de a docente não ter formação superior em música, é importante ressaltar que, por ter feito cursos de instrumentos, piano e canto, e tido aulas de Música em seu curso de graduação, apresentou firmeza na apresentação dos conteúdos específicos da linguagem musical, durante as aulas observadas.

Ela ministra as seguintes disciplinas: "Música e Teatro", "Atividades Complementares", "Princípios e Fundamentos da Educação Infantil", "Educação e Arte: Música" e "Educação e Arte: Teatro". A professora explicou que a primeira disciplina – "Música e Teatro" – foi substituída pelas duas últimas – "Educação e Arte: Música" e "Educação e Arte: Teatro".[3] Ressalte-se a importância

---

3 Pelo fato de a mudança das disciplinas fazer parte do currículo novo – a partir de 2010 –, os alunos ingressantes em anos anteriores continuam cursando a disciplina "Música e Teatro".

dessa separação das áreas artísticas, o que aponta para uma maior valorização das duas linguagens.

A docente relatou que tem uma ligação muito forte com a música, pois, além de sua formação musical formal, faz parte de uma família de tradição portuguesa e que, por essa razão, costumava participar de festas familiares repletas de música e dança portuguesa. Apesar de essa rica experiência cultural da professora não ter sido diretamente transmitida a seus alunos, certamente influenciou sua prática pedagógica. Nesse sentido, concorda-se com Libâneo (1994, p.56), quando diz que "o professor não é apenas professor":

> O professor não é apenas professor, ele participa de outros contextos de relações sociais onde é também aluno, pai, filho, membro de sindicato, de partido político ou de um grupo religioso. Esses contextos se referem uns aos outros e afetam a atividade prática do professor.

A docente também é professora de Artes da rede estadual de São Paulo, atuando com alunos de ensino fundamental II e ensino médio. Pelos relatos de sua experiência na rede pública, e pelo fato de ela abordar os conteúdos referentes às quatro linguagens artísticas presentes nos *Cadernos de Artes,* do estado de São Paulo, pode-se perceber que atua segundo uma concepção de ensino artístico pautada no uso simultâneo de várias linguagens expressivas.

Para ela, é importante que o aluno possa transitar em várias linguagens artísticas, e considera a fixação em apenas uma linguagem empobrecedora. Tal postura, provavelmente, é proveniente de sua formação superior em Educação Artística, ainda na época da Lei n. 5.692/71, que enfatizava a expressão artística em várias linguagens, com caráter polivalente.

No entanto, apesar desse discurso, ressalte-se que a docente trabalhou especificamente com a linguagem musical nas aulas de Música observadas, fazendo alguns paralelos com artes cênicas, mas privilegiando o conhecimento e desenvolvimento da música.

Instituição E

A docente é formada em Pedagogia e atua há três anos como professora de diversas disciplinas no curso de Pedagogia: "Arte e Música na Educação Infantil", "Alfabetização Social", "Alfabetização e Letramento", "Políticas Públicas e Legislação", "Jogos e Brinquedos".

Ela não tem formação artística e musical formal, mas trabalhou com o Referencial Curricular Nacional para a Educação Infantil (Recnei) (Brasil, 1998) com desenvoltura, apresentando conteúdos musicais e propondo atividades pertinentes ao desenvolvimento musical de seus alunos de Pedagogia. O fato de a docente ter ministrado os conteúdos de maneira adequada é, provavelmente, devido à grande experiência que ela tem como professora, conforme destaca: "Não tenho formação na área de música, tenho muita experiência de sala de aula".

Observou-se grande experiência da docente no que diz respeito ao desenvolvimento infantil; ela mostrou bom domínio do que é possível desenvolver em cada faixa etária e a importância de respeitar as fases do desenvolvimento. Tal experiência, provavelmente, é devida ao fato de a docente já ter atuado como professora de educação infantil. Pode-se atribuir esse foco no desenvolvimento infantil atrelado à faixa etária a uma possível abordagem piagetiana, pela qual a docente foi formada, fundamentando seu trabalho na Teoria dos Estágios do Desenvolvimento Infantil.

Nas aulas observadas, a docente incentivou a participação de todos os alunos, respeitando seus pontos de vista e valorizando suas experiências artísticas e musicais. Observou-se que a docente mantém uma postura semelhante à proposta de se integrar a uma "comunidade de aprendizes" (Schafer, 1991, p.280), pois troca experiências com seus alunos e analisa e comenta cada uma das questões ligadas ao desempenho deles na disciplina.

Os alunos de Pedagogia

A fim de conhecer alguns aspectos relativos à formação dos alunos participantes do estudo, levou-se em conta "quem são" e qual é sua formação musical. Diante disso, concorda-se com Libâneo (1994, p.56) quando afirma que o "aluno não é apenas aluno":

> O aluno, por sua vez, não existe apenas como aluno. Faz parte de um grupo social, pertence a uma família que vive em determinadas condições de vida e de trabalho, é branco, é negro, tem uma determinada idade, possui uma linguagem para expressar-se conforme o meio em que vive, tem valores e aspirações condicionados pela sua prática de vida.

Apesar de não terem sido realizadas perguntas ligadas a aspectos pessoais, algumas informações acerca do grupo social a que pertencem e de seus modos de expressão ficaram evidentes nas respostas. Tais aspectos ajudaram a compreender o perfil dos alunos, auxiliando na compreensão da postura deles diante das aulas de Música observadas. Nesse sentido, relembre-se do que diz Luckesi (2005, p.29) a esse respeito: "É preciso compreender quem é o educando e como ele se expressa, a fim de, consequentemente, definir como atuar com ele para auxiliar em seu processo de autoconstrução".

Foram entregues questionários abertos aos alunos, professores de Música e coordenadores de cinco cursos. O questionário entregue aos alunos continha 22 questões dissertativas, divididas em três partes: "A) A relação dos alunos com a música; B) As aulas de Música no curso de Pedagogia; e C) A música na atuação do aluno no papel de professor".

A fim de apresentar ao leitor o perfil dos alunos, optou-se por apresentar as respostas dadas por eles às questões que dizem respeito à sua formação musical. A seguir (Box 6), são relacionadas as perguntas destinadas a descobrir o perfil dos alunos, que não aparecem em sequência no questionário:

Box 6 – Fragmento de questionário a respeito da educação musical dos alunos

> 3 – Como foi sua educação musical?
> 4 – Você possui algum outro curso de formação de professores? Em caso afirmativo, o ensino musical fazia parte das aulas?
> 5 – Você participa de alguma prática musical coletiva, como coral, banda, ou qualquer outro tipo de grupo musical? Qual?
> 6 – Você toca algum instrumento musical?
> 15 – Você já atua como professor? Em caso positivo, para que faixa etária você leciona?

Em relação à formação musical, poderão ser observados nas respostas, basicamente, dois tipos: formal, "intencional", e informal, "não intencional". O uso dessa terminologia ampara-se em conceitos definidos por Libâneo (1994, p.17); por esse motivo, as aulas de Música ministradas em espaços escolares foram consideradas intencionais: "A *educação intencional* refere-se a influências em que há intenções e objetivos definidos conscientemente, como é o caso da educação escolar e extraescolar".

Em relação à *educação não intencional*, presente nas respostas de alguns alunos, Libâneo (1994, p.17) explica:

> A *educação não intencional* refere-se às influências do contexto social e do meio ambiente sobre os indivíduos. Tais influências, também denominadas de educação informal, correspondem a processos de aquisição de conhecimentos, experiências, ideias, valores, práticas, que não estão ligados especificamente a uma instituição e nem são intencionais e conscientes.

Instituição A

Em um grupo de aproximadamente 30 alunos, somente 3 responderam ao questionário, entregue a toda a sala. Diante disso, as características apresentadas não constituem uma amostragem representativa, mas apenas ilustram o perfil de alguns alunos do curso, o que não deixa de ser significativo. Pelas respostas, foi possível identificar algumas tendências presentes em sua formação musical (Quadro 12). Quanto a essa questão, houve equilíbrio nas respostas dadas; um deles atribuiu sua formação musical ao convívio familiar, de caráter informal; outro afirmou que sua formação musical se deu na escola formal; enquanto o terceiro não esclareceu como e onde aprendeu música, embora qualificasse de "boa" essa aprendizagem:

Quadro 12 – Tipo de formação musical dos alunos – Instituição A

Formação musical dos alunos	Quantidade de alunos
Local de formação	
Escola	1
Ambiente familiar	1
Não definido	1
Qualidade da formação	
"Boa"	1
Não informado	2

- Escola – presença de brincadeiras musicais infantis e "músicas de comando":

Quando era pequena brincava de roda e as cantigas folclóricas fizeram parte a minha infância. Depois disso, as filas nas escolas antes de iniciar as aulas, geralmente, tinham música.

- Ambiente familiar:

[Minha formação musical foi] engraçada, muito engraçada, ouvi de tudo, desde ter influência de meus pais (músicas repentistas) à influência de meu irmão (funk), escolhi o que era bom para mim.

- "Boa": o aluno diz que sua educação musical foi boa, mas não traz elementos que ajudem a entender como ela se deu.

Pelas respostas, também se identificou que nenhum dos três alunos frequentou outro curso de formação para professores, nem atua como professor das séries iniciais (Quadros 13 e 14).

Quadro 13 – Alunos que possuem outro curso de formação para professores – Instituição A

Possui outro curso de formação para professores	Quantidade de alunos
Não	3

Quadro 14 – Alunos que atuam como professores – Instituição A

Atua como professor	Quantidade de alunos
Não	3

Como se pode observar nos Quadros 15 e 16, dois dos três alunos participam de práticas musicais coletivas e um deles toca dois instrumentos musicais.

Quadro 15 – Prática musical coletiva dos alunos – Instituição A

Participação em prática musical coletiva	Quantidade de alunos	Tipo de prática	Quantidade de alunos
Sim	2	Orquestra	1
		Canto na igreja	1
Não	1	–	–

Quadro 16 – Alunos que tocam instrumentos musicais – Instituição A

Toca instrumento musical	Quantidade de alunos	Tipo de instrumento
Sim	1	Saxofone alto em mi e "arranho um violão"
Não	2	–

Instituição B

Dentre cerca de 40 alunos que cursaram as aulas de Música na instituição B, 13 responderam ao questionário. Destaque-se que, nessa disciplina, a docente motivou a participação dos estudantes, o que resultou em um número expressivo de questionários respondidos, em relação às demais instituições. Também pode-se considerar que, pelo fato de os alunos terem apresentado grande envolvimento no decorrer das aulas de Música, eles podem ter se sentido estimulados a escrever a respeito de tal experiência.

Pelo Quadro 17 é possível observar as diferentes formas de educação musical presentes nas respostas dos alunos.

Quadro 17 – Formação musical dos alunos – Instituição B

Formação musical dos alunos	Quantidade de alunos
"Não teve/Não existiu"	4
Tipo de formação	
Aprendizado informal/pela escuta	2
Local de formação	
Na escola	2
Na igreja	2
Ambiente familiar	2
No curso de Pedagogia	2
Qualidade da formação	
"Boa"	1
"Regular"	1

Algumas respostas colhidas:

– "Não teve/não existiu": quatro alunos consideram que não tiveram educação musical. Um deles relata a influência de sua família, mas não considera tal processo como educação musical:

A minha educação musical nem existiu [...]. Não me lembro de aprender música na escola, só mesmo com minha mãe: ela cantava fazendo alguns trabalhos domésticos; na minha infância não tive rádio nem televisão e isso também me prejudicou.

- Aprendizado informal/pela escuta: dois alunos consideram que a música presente em seu cotidiano faz parte de sua formação musical. Um dos alunos respondeu que:

> Na escola e em casa nunca tive influências musicais, porém na adolescência aprendi a apreciar certos ritmos musicais, a ler a mensagem que a canção queria passar; daí por diante, a música me acompanha sempre.

O segundo aluno destacou também seu processo de aprendizado pela escuta:

> [...] uma educação técnica não tive, apenas músicas ouvidas de rádio, DVD, CD, vinil e fita cassete.

- Na escola: dois alunos destacam que tiveram aulas de Música na escola; um deles considerou essa formação incompleta, com algumas defasagens:

> [...] principalmente na escola (educação infantil); porém, [...] somente músicas infantis (não havia utilização e nem conhecimento de instrumentos musicais). Já no ensino médio e fundamental continuei com esta defasagem (*não havia aula de Música*). Lembro somente que pude conhecer um pouco mais alguns instrumentos e tocá-los na aula de Música na 1ª série e na 2ª série. (grifo do aluno)

O segundo aluno relata que teve aulas de flauta doce na escola.

- Na igreja: dois alunos destacam que foi na igreja que tiveram oportunidade de desenvolver-se musicalmente. O primeiro destacou que: "[participou] do coral de uma igreja, [foi] líder de um grupo de dança também". O segundo aluno ressaltou que, por meio do canto e do aprendizado adquirido na igreja, hoje "toca de ouvido":

Jamais frequentei uma escola de música; meus conhecimentos musicais foram adquiridos na igreja; eu participava de grupos infantis, jovens e adultos, participei do coral, onde aprendi algumas técnicas de canto e aprendi a tocar violão e guitarra praticamente sozinha, apenas observando os músicos em seus ensaios na igreja. [...] Ao chegar à casa, tentava ir pegando no violão; hoje toco de "ouvido".

— Ambiente familiar: dois alunos destacam a importância da família em seu processo de educação musical. O primeiro atribui esse incentivo ao fato de fazer parte de uma família de músicos e o segundo relata a influência musical de sua mãe, que cantava enquanto realizava os trabalhos domésticos.

— No curso de Pedagogia: dois alunos consideram que o curso contribuiu para sua formação musical. Um deles, ao falar sobre sua aula de Música na escola, diz que "aprofundamento, mesmo, somente na faculdade". O segundo aluno destacou que seu único contato com música foi na faculdade: "Só agora no curso de Pedagogia é que estou conhecendo a história da música". Uma aluna respondeu que sua formação foi muito boa, pois "[teve] contato com a música desde pequena por ter uma família de músicos". Outro respondeu que sua formação musical "tem sido boa", reconhecendo que a educação musical é um processo de aprendizado ao longo da vida.

— Um aluno considerou sua educação musical regular, mas não justificou sua resposta.

Identificou-se, também, que, dos 13 alunos que responderam ao questionário, apenas 1 realizou outro curso para formação de professores, de curta duração, do qual a música fez parte (Quadro 18). O aluno respondeu:

> Sim. Fiz um curso no ano passado (2009) na PUC-SP e participei da oficina "Arte com criança", e a música esteve presente na oficina (diversos instrumentos musicais e as diversas formas de utilizar e fazer com produtos recicláveis).

Quadro 18 – Alunos que possuem outro curso de formação para professores – Instituição B

Possui outro curso de formação para professores	Quantidade de alunos	Presença da música
Sim	1	Sim
Não	12	–

Desses 13 alunos, apenas 2 já atuam como professores, ambos de educação infantil (Quadro 19).

Quadro 19 – Alunos que atuam como professores – Instituição B

Atua como professor	Quantidade de alunos	Faixa etária	Quantidade de alunos
Sim	2	Crianças de 1 a 2 anos e 9 meses.	1
		2 anos e 5 meses até 3 anos	1
Não	11	–	–

Como se pode observar no Quadro 20, dos 13 alunos, 2 participam de práticas musicais coletivas; 2 já participaram; e 9 não participam. É possível observar que 3 das 4 práticas relatadas (75%) foram realizadas em igrejas, o que aponta para a forte influência da igreja na prática musical de crianças, jovens e adultos.

Quadro 20 – Prática musical coletiva dos alunos – Instituição B

Participação em prática musical coletiva	Quantidade de alunos	Tipo de prática	Quantidade de alunos
Sim	2	Orquestra da igreja	1
		Coral de jovens	1
Já participou	2	"No louvor" e coral de uma igreja	1
		Grupo de mulheres wesleyanas, como regente e vocalista	1
Não	9	–	–

Verificou-se, também, que, entre os 13 alunos, 3 deles tocam instrumentos musicais (Quadro 21).

Quadro 21 – Alunos que tocam instrumentos musicais – Instituição B

Toca instrumento musical	Quantidade de alunos	Tipo de instrumento	Quantidade de alunos
Sim	3	Clarinete	1
		Violão e guitarra	1
		Pífaro	1
Não	10	–	–

Instituição C

Diferentemente das demais instituições, a maioria dos alunos respondeu ao questionário. Dentre os cerca de 40 alunos, foram obtidas respostas de 29 alunos do curso. Entende-se que essa grande participação dos alunos foi motivada pelo apoio da docente da disciplina.

Além disso, a maioria dos alunos dessa instituição estuda no sistema de internato, tendo, portanto, um tempo maior para se dedicar às atividades requeridas em seu curso de graduação. Acredita-se que o fato de os alunos terem uma relação próxima com a música, impulsionada pelo próprio ambiente da instituição, que é bem "musical" (com ensaios dos corais e grupos instrumentais), também pode ter motivado a maior participação deles.

Quadro 22 – Formação musical dos alunos – Instituição C

Formação musical dos alunos	Quantidade de alunos
"Não teve"/nunca estudou	10
Destaca a presença da música, mas não explica como foi sua formação	4
Tipo de formação	
Aprendizado informal	1
Estudo de instrumentos musicais	4
Projeto de música	1
Musicalização	1
Local de formação	
Na escola	4
Na igreja	1
Ambiente familiar	2
No curso de Pedagogia	1
Qualidade da formação	
"Boa"	1
"Ruim/Pobre/Pouca/Fraca"	4

Relatos de alunos:

– "Não teve"/nunca estudou: pelo Quadro 22 é possível observar que dez alunos afirmaram não terem tido educação musical. Esses dados apontam para uma concepção tradicional, geralmente atrelada ao ensino de instrumentos musicais ou a ambientes formais de ensino. Algumas respostas dos alunos apontam para esse sentido: "Na escola não tinha"; "Nunca tive aulas de Música, nunca toquei nenhum instrumento".

Um dos alunos considera "educação musical" como algo diferente de aula de instrumento, o que aponta para outra compreensão do que é educação musical: "Não tive educação musical, o máximo que fiz foi uma aula de violão, mas, como não tive incentivo, logo parei".

- Destaca a presença da música, mas não há explicação de como foi sua formação: quatro alunos destacaram que a música foi, ou é, muito importante em suas vidas; um deles diz ter tido uma experiência pequena durante a infância e adolescência, mas não dá indícios de como foi sua educação musical.

- Aprendizado informal: apenas um aluno destacou seu aprendizado, informal, na igreja: "Infelizmente não tive professor, aprendi com os hinos".

- Estudo de instrumentos musicais: quatro alunos destacaram que sua educação musical se deu por meio de instrumentos. Os instrumentos citados pelos alunos foram piano, órgão e violão, e o tempo de estudo, entre aqueles que especificaram, variou de três a cinco anos. A fala dos alunos revela que alguns deles não concluíram os estudos: "Comecei a estudar alguns instrumentos, mas não concluí"; "Desde meus 7 anos fiz aulas de piano, mas desisti aos 13. Porém, sinto falta disso hoje".

- Projeto de música: apenas um aluno afirmou que participou de um projeto de formação musical. O aluno fez o seguinte relato:

A partir dos meus 12 anos, ingressei em um projeto de música para crianças. Aprendi a parte teórica da música (ler e entender partituras) e aprendi a tocar instrumentos. Permaneci neste projeto até os 21 anos. Gostei muito, me ajudou intensamente em várias áreas da minha vida.

- Musicalização: apenas um aluno relatou ter feito aulas de Musicalização, destacando: "Fiz Musicalização, piano e violão".

- Na escola: pelas respostas dos alunos foi possível verificar que a música esteve presente na escola, na formação de quatro alunos. No entanto, observou-se que três das experiências relatadas não foram positivas:

Na escola municipal onde estudei era oferecido aos alunos aulas de instrumento por algum tempo, mas logo ela foi retirada.

No meu período escolar, a educação musical era bem superficial, tinha uma bandinha na escola, e era um momento de muita bagunça.

Quando pequena, eu era muito desafinada. Tentei entrar no coral da escola por três anos consecutivos e nunca passava no teste. Estava decepcionada. Por muita insistência com a professora ela finalmente me deixou entrar. Me dediquei tanto a aprender que no final daquele mesmo ano já fiz meu primeiro solo. Daí em diante, comecei a cantar em grupos, outros corais, duetos e etc. Amo cantar!

- Na igreja: apenas um aluno apontou esse espaço como local de aprendizado de música e deu valor à influência que teve na igreja.

- Ambiente familiar: apenas dois alunos destacaram ter influência de suas famílias para o estudo e relação deles com a música:

Houve incentivo por parte dos meus pais, mas por diversos motivos eu não levei adiante.

[...] sempre fui incentivada a gostar dela [música]. Pois minha família toda gosta muito. Sou de família gaúcha, portanto aprendi a gostar deste estilo.

- No curso de Pedagogia: apenas um aluno atribuiu o aprendizado musical ao curso que frequenta, considerando essa prática parte de sua educação musical: "Na escola em que estudei não tinha Musicalização, só agora na [...]".

- "Boa": um aluno considerou sua educação musical boa, mas não explicou como ela se deu. O aluno apenas destacou que "foi boa, sem muitos estudos prolongados".

- "Ruim/Pobre/Pouca/Fraca": quatro alunos consideram que sua educação musical não foi boa e para isso usaram os termos "ruim", "pobre", "pouca", "fraca", mas não explicaram o porquê.

Conforme é possível observar no Quadro 23, a maior parte dos alunos não possui outro curso de formação para professores. Apenas dois alunos fizeram curso de Magistério, e a música estava presente em um deles.

Quadro 23 – Alunos que possuem outro curso de formação para professores – Instituição C

Possui outro curso de formação para professores	Quantidade de alunos	Presença da música
Sim: Magistério	2	Sim: 1
		Não: 1
Não	21	–
Não respondeu	6	–

Verificou-se, também, que, dos 29 alunos que responderam ao questionário, apenas 1 já atua como professor (Quadro 24). Provavelmente, tal fato é decorrente de o curso ser no período matutino e em uma região afastada do centro, o que dificulta a inserção dos alunos no mercado de trabalho. Observou-se, também, que alguns são bolsistas e trabalham no próprio centro universitário, em funções administrativas.

Quadro 24 – Alunos que atuam como professores – Instituição C

Atua como professor	Quantidade de alunos	Faixa etária
Sim	1	5 e 6 anos
Não	28	–

É possível notar, pelo Quadro 25, que quase metade dos alunos (45%) participa ou já participou de práticas musicais coletivas, o que é um dado bastante positivo no que diz respeito à formação musical dos alunos. Observa-se, também, que a maioria das práticas citadas é de canto coral, prática fundamental para um futuro professor de séries iniciais, que trabalhará diariamente com o uso de voz e com o canto.

Quadro 25 – Prática musical coletiva dos alunos – Instituição C

Participação em prática musical coletiva	Quantidade de alunos	Tipo de prática	Quantidade de alunos
Sim	8	Coral	5
		Banda	1
		Grupo de Libras	1
		Canto conjunto na igreja	1
Não, mas já participou	5	Coral	2
		Quarteto	1
		Banda	1
		Não especificou	1
Não	16	–	–

Observou-se, também, conforme se pode verificar no Quadro 26, que a maioria dos alunos (70%) não toca instrumentos musicais. É interessante notar que, dos 21 alunos que não tocam instrumentos musicais, 2 responderam "infelizmente não", sugerindo ter o desejo de tocar. Um dos alunos ainda destacou que "gostaria de aprender piano e *cello*".

Outra questão que merece ser destacada é o fato de dois alunos terem afirmado ter tido aulas de instrumento em sua formação musical – piano e órgão –, mas responderam não tocar instrumentos musicais. Além disso, um aluno que toca piano considera que toca "bem mal". Tais respostas sugerem que a metodologia de ensino adotada talvez não tenha possibilitado o domínio do instrumento, o que pode ter abalado sua autoconfiança e gerado barreiras emocionais.

Outro aspecto que pode ser observado é a presença de alguns instrumentos, como o órgão e os sinos,[4] que podem ser considerados litúrgicos, o que remete a uma provável atuação musical destes alunos em igrejas.

Quadro 26 – Alunos que tocam instrumentos musicais – Instituição C

Toca instrumento musical	Quantidade de alunos	Tipo de instrumento	Quantidade de alunos
Sim	5	Piano	2
		Teclado	1
		Violão	1
		Clarinete	1
Não	21	–	–
Já tocou	4	Violoncelo	1
		Sinos	1
		Piano	1
		Órgão	1

Instituição D

Assim como aconteceu em outras instituições, poucos alunos responderam ao questionário – dentre cerca de 30, apenas 5. Pelo fato de este ter sido entregue nas últimas aulas do semestre, e pela coincidência da data de entrega de trabalhos e provas, muitos alunos desculparam-se por não terem respondido ao questionário, em virtude do excesso de compromissos escolares que precisavam cumprir.

Em relação à formação musical dos cinco alunos, observaram-se diferentes abordagens (Quadro 27):

---

4 Ao dizer que já tocou sinos, provavelmente o aluno referiu-se à "orquestra de sinos", tradicional na prática musical dos protestantes. A orquestra é formada por sinos com diferentes alturas, tocados com luvas.

Quadro 27 – Formação musical dos alunos – Instituição D

Formação musical dos alunos	Quantidade de alunos
Tipo de formação	
Aprendizado informal/pela escuta	1
Aulas de instrumento	4
Aulas de música na infância	2
Local de formação	
Na igreja	1
No curso de Pedagogia	1
Qualidade da formação	
"Básica/mínima"	1

- "Aprendizado informal/pela escuta": um dos alunos afirmou que seu aprendizado se deu "sempre ouvindo até me interessar pela bateria".
- Aulas de instrumento: 4 dos 5 alunos relataram ter estudado os seguintes instrumentos musicais: bateria, piano, teclado e órgão.
- Aulas de música na infância: duas alunas relatam que iniciaram a estudar música na infância, com aprendizado de instrumentos musicais.
- Na igreja: um dos alunos relata que "começou quando era ainda criança, e [entrou] nas aulas de órgão, então [se envolveu] muito com a música, logo após entrar no coral da igreja".
- No curso de Pedagogia: um dos alunos afirma que "agora na universidade [aprende] mais sobre a música".
- "Básica/mínima": o aluno que considerou sua informação musical mínima, básica, a qualificou, mas não explicou como se deu.

Pelas respostas ao questionário, também se identificou que 1 dos 5 alunos frequentou um curso para formação de professores – Licenciatura em Educação Física –, em que a música foi contemplada nas aulas de Dança do curso (Quadro 28).

Quadro 28 – Alunos que possuem outro curso de formação para professores – Instituição D

Possui outro curso de formação de professores	Quantidade de alunos	Presença da música
Sim: Educação Física	1	Sim: Aulas de Dança
Não	4	–

Pelo Quadro 29, também é possível observar que nenhum deles atua como professor das séries iniciais.

Quadro 29 – Alunos que atuam como professores – Instituição D

Atua como professor	Quantidade de alunos
Não	5

Como se pode observar nos Quadros 30 e 31, 2 dos 5 alunos participam de práticas musicais coletivas.

Quadro 30 – Prática musical coletiva dos alunos – Instituição D

Participação em prática musical coletiva	Quantidade de alunos	Tipo de prática	Quantidade de alunos
Sim	2	Banda de rock	1
		Coral	1
Não	3	–	–

Também é possível observar que 3 dos 5 alunos tocam instrumentos musicais.

Quadro 31 – Alunos que tocam instrumentos musicais – Instituição D

Toca instrumento musical	Quantidade de alunos	Tipo de instrumento	Quantidade de alunos
Sim	3	Bateria	1
		Órgão e teclado	1
		Piano	1
Não	2	–	–

Instituição E

Dentre cerca de 25 alunos, apenas 2 responderam ao questionário. Pensa-se que essa pequena porcentagem é devida ao fato de terem sido dedicadas poucas aulas da disciplina à linguagem musical – apenas duas – e também ao fato de estas terem sido as últimas aulas do semestre, coincidindo com a data de entrega de trabalhos e provas.

Em relação à formação musical das alunas, uma delas afirma que "não [tem] muitas habilidades, porém ela (a música) sempre [a] acompanha", e que fez aulas de canto e teclado. A segunda aluna escreve uma poesia para contar sobre sua "história musical":

Utilizando a linguagem do rap ou do reggae

Menina negra da pele preta
Cabelo black, seu estilo é rap.
Ioio ai Ioio IOio ai IOIO

Sonha em crescer, ser alguém.
Sonha em criar ou encantar alguém.
OH OH É a TRUPE DA Ioio
Ah Ah que veio pra abalar
OH OH mostrando seu valor
Com história pra contar...

Apesar de a segunda aluna ter sido muito criativa ao ter exposto um pouco sobre si, de forma poética, não foi possível identificar como se deu sua formação musical. Mas, pelo fato de ela não ter especificado seu processo de educação musical, acredita-se, pelas respostas dadas às outras questões, que este tenha ocorrido de maneira informal, por influência de sua família e/ou outros contextos socioeducativos (Quadro 32).

Quadro 32 – Formação musical dos alunos – Instituição E

Formação musical dos alunos	Quantidade de alunos
Tipo de formação	
Aulas de instrumento: teclado e canto	1
Provavelmente informal	1

Pelas respostas ao questionário, também identificou-se que nenhuma das duas alunas possui outro curso de formação para professores e que ambas não atuam como professoras das séries iniciais (quadros 33 e 34).

Quadro 33 – Alunos que possuem outro curso de formação para professores – Instituição E

Possui outro curso de formação de professores	Quantidade de alunos
Não	2

Quadro 34 – Alunos que atuam como professores – Instituição E

Atua como professor	Quantidade de alunos
Não	2

Como se pode observar no Quadro 35, uma das alunas participa de um grupo de contação de histórias que, segundo ela, se constitui como uma prática musical coletiva. A aluna explica:

Tenho uma companhia, que chama-se Trupe da IOIO, eu sou a IOIO e trabalhamos com contação de histórias, em quase todos os meus contos tem uma música ou uma cantiga em que tocamos e cantamos com instrumentos.

Quadro 35 – Prática musical coletiva dos alunos – Instituição E

Participação em prática musical coletiva	Quantidade de alunos	Tipo de prática
Sim	1	Grupo de contação de histórias
Não	1	–

O Quadro 36 mostra que as duas alunas tocam instrumentos musicais.

Quadro 36 – Alunos que tocam instrumentos musicais – Instituição E

Toca instrumento musical	Quantidade de alunos	Tipo de instrumento	Quantidade de alunos
Sim	2	Pandeiro, caxixi, um pouco de berimbau	1
		Canto e teclado	1

A partir dos dados coletados, foi possível observar que as instituições selecionadas apresentam diferentes concepções em relação à sua missão e visão. Consequentemente, os cursos de Pedagogia apresentam diferentes propostas de ensino e educação musical.

Ressalte-se que apenas 1 dos 5 professores de Música é especialista na área, e os outros quatro são formados em outras áreas artísticas ou em Pedagogia.

Em relação aos alunos dos cursos estudados, verificaram-se diferentes tipos, locais e qualidades de formação musical. Destaque-se, também, que muitos afirmaram não ter recebido educação musical (27,4% dos alunos), e a maioria dos alunos que qualificaram sua formação musical consideraram-na negativa.

Dos 51 alunos participantes do estudo, pertencentes a cinco instituições, 12 tocam instrumentos musicais (23,5%) e 4 deles já tocaram (7,8%), ou seja, 31% têm ou já tiveram contato com a aprendizagem de instrumentos musicais. Um dado muito interessante é o fato de 24 alunos, quase metade dos participantes, atuarem ou já terem participado de grupos musicais com distintas formações.

Com os dados coletados acerca da formação musical dos alunos, formal ou informal, atesta-se a importância de considerá-lo como sujeito, conforme aponta Luckesi (1994, p.118):

> [...] o educando não deve ser considerado, pura e simplesmente, como massa a ser informada, mas sim como sujeito, capaz de contruir-se a si mesmo, através da atividade, desenvolvendo seus sentidos, entendimentos, inteligências etc. [...] há uma continuidade dos elementos anteriores e, ao mesmo tempo, uma ruptura, formando o novo.

Verificou-se, também, que apenas quatro alunos (7,8%) fizeram outros cursos de formação para professores e que, nestes, a música estava presente em três deles, ou seja, 75% dos cursos ofereciam formação musical a seus alunos. Interessante observar, também, que apenas três alunos (5,8%) atuam como professores, e que os três trabalham como educadores do segmento educação infantil.

3
REFLEXÕES SOBRE CINCO CONCEPÇÕES DE ENSINO MUSICAL NOS CURSOS DE PEDAGOGIA PAULISTA

O presente capítulo pretende trazer informações e reflexões acerca do ensino musical oferecido em cinco cursos de Pedagogia paulistas.

As cinco instituições são designadas nesta obra como A, B, C, D e E. São discutidas as temáticas abordadas e os conteúdos desenvolvidos nas aulas, bem como as metodologias e métodos de ensino utilizados pelas docentes. Quando for o caso, buscar-se-á apontar as filosofias ou autores que dão amparo à organização das aulas e as escolhas do professor da sala observada. Também são trazidos exemplos de algumas atividades práticas desenvolvidas e apresentadas, considerações acerca do espaço físico, dos materiais e mídias utilizados em aula. Por fim, são feitas reflexões acerca do processo de avaliação nas aulas de Música dos cursos de Pedagogia observados.

Temáticas abordadas e conteúdos desenvolvidos

Neste tópico apresentam-se os diferentes conteúdos desenvolvidos nas aulas de Música de cinco instituições. Conforme se mostra a seguir, cada educador privilegiou diferentes aspectos musicais a serem desenvolvidos com seus alunos. Destaque-se que as reflexões realizadas partem do pressuposto de que os conteúdos devem ser significativos aos alunos, conforme afirmado por Libâneo (1994, p.100):

[...] os conteúdos deixam de ser apenas matérias a serem repassadas da cabeça do professor para a cabeça dos alunos; antes, são meios de formar a independência de pensamento e de crítica, de meios culturais para se buscar respostas criativas a problemas postos pela realidade.

Instituição A

As cinco aulas de Música observadas na disciplina "Arte e Música no Processo de Ensino e na Aprendizagem no Ensino Fundamental" foram de caráter reflexivo e contaram com a participação efetiva dos alunos, que propunham assuntos a serem discutidos. Em geral, pode-se considerar que o foco principal das aulas foi tratar da importância das artes e da música no desenvolvimento da criança e de seu papel na escola. A partir desse eixo central, foram discutidas algumas temáticas, como, por exemplo, música e mídia, diversidade cultural, interdisciplinaridade, as inteligências múltiplas e o conceito de dom, dentre outras.

Em relação à temática "música e mídia", a docente enfatizou a importância de aceitar o universo musical do aluno, mas, também, a necessidade de ampliá-lo, proporcionando uma diversidade musical e cultural e, consequentemente, um alargamento da visão de mundo dos educandos.

A fim de fundamentar as discussões levantadas nas aulas, a docente apresentou um breve histórico da arte-educação no Brasil e ressaltou que uma das grandes dificuldades encontradas é entender o papel da arte na escola.

Ao falar sobre a importância da música no desenvolvimento das crianças, enfatizou-se que a arte é fundamental, pois trabalha o "ser". Nesse sentido, pode-se fazer um paralelo com os pilares da educação apresentados no livro *Educação: um tesouro a descobrir* (Delors, 2004), que são: aprender a conhecer, aprender a fazer, aprender a conviver e aprender a ser. Ao ressaltar a importância de desenvolver o *"ser"*, a professora encontra-se em consonância com a proposta de *aprender a ser*: "A educação deve contribuir para o desenvolvimento total da pessoa – espírito e corpo, inteligência, sensibilidade, sentido estético, responsabilidade social, espiritualidade" (ibidem, p.99).

A docente também enfatizou a importância de trabalhar a música em si, e não apenas utilizá-la como fundo para outras atividades escolares. Foi destacado o fato de que a música deve estar no mesmo patamar de importância das demais disciplinas. Com essa atitude, a docente critica uma postura bastante comum na escola, que costuma priorizar algumas disciplinas em detrimento de outras.

Outra temática surgida nas aulas observadas foi a interdisciplinaridade. Para essa professora, é preciso que, na escola, a música seja trabalhada interdisciplinarmente, isto é, mantenha o diálogo com outras disciplinas do currículo, de modo a desenvolver projetos interdisciplinares.

No que diz respeito ao uso desse termo, considera-se importante destacar que a interdisciplinaridade não consiste apenas em juntar disciplinas, métodos ou conteúdos, mas sim propiciar "uma nova atitude diante da questão do conhecimento, de abertura à compreensão de aspectos ocultos do ato de aprender e dos aparentemente expressos, colocando-os em questão" (Fazenda, 2001, p.11). A autora ainda destaca que a educação só tem sentido quando há encontro:

> Se há interdisciplinaridade, há encontro, e a educação só tem sentido no encontro. A educação só tem sentido na "mutualidade", numa relação educador-educando em que haja reciprocidade, amizade e respeito mútuo.

Observou-se tal preocupação em promover o encontro e a reciprocidade nas aulas, com isso, pode-se considerar que houve interdisciplinaridade no decorrer da disciplina (idem, 2003, p.39).

Ressalte-se que, nas aulas, a professora toma cuidado em motivar seus alunos a desenvolverem o "espírito democrático", não privilegiando aqueles que demonstram maior capacidade para fazer música em detrimento dos que não têm a mesma musicalidade. Diante disso, entende-se ser necessário discutir brevemente uma questão tão importante apresentada pela professora: o "dom". O termo talento significa "dom natural; qualidade inata de inteligência; engenho; capacidade". (Luft, 1999, p.627).

A visão do músico como um "ser especial", herança do Romantismo do século XIX, ainda é bastante presente em nossa sociedade. Segundo Penna e Alves (2001, p.64), "esta mistificação em nada contribui para a compreensão da arte ou de seu ensino, pois os fatores que, segundo esta concepção, determinam a atividade artística independem totalmente de uma ação pedagógica".

Como fundamentação teórica para a disciplina, foram utilizados os textos *Educação musical: território para produção musical infantil*, da educadora musical Teca Alencar de Brito (*On-line*, acesso em: 2 nov. 2010) e o texto *Maneiras de ouvir*, de J. J. de Moraes (1983).

Considera-se a escolha desses dois textos, discutidos em aula, muito adequada ao que a disciplina propõe, pois o primeiro texto (Brito, *On-line*, acesso em: 2 nov. 2010) explora o conceito de criatividade e expressividade musical da criança, enquanto o segundo (Moraes, 1983) trata da importância da escuta, questão em consonância com as reflexões e atividades práticas propostas pela professora.

Uma questão interessante a ser destacada, presente no texto *Educação musical: território para produção musical infantil*, é que "a música não é exclusiva dos músicos; ela tem vários níveis, variando seu grau de complexidade". Tal questão vai ao encontro do objetivo da docente, de preparar os seus alunos, futuros professores das séries iniciais, para trabalharem com música.

Também surgiram outros temas pontuais nas aulas, como, por exemplo: música para bebês, resgate da música folclórica, "cantinho musical",[1] o uso da música nas datas comemorativas, dentre outros.

---

1 "Cantinho" é um termo utilizado para a organização de espaços da sala de aula com diferentes temáticas e/ou áreas do conhecimento, comumente usado nas

Para finalizar o trabalho com a linguagem musical na disciplina, a professora propôs um momento de expressão individual dos alunos, e pediu que cada aluno falasse, brevemente, do sentido da música para si, ou sobre a relação dele com a música, incentivando-os a falar o que desejassem em relação à música.

Instituição B

No decorrer das aulas de Música assistidas, a docente deixou claro para os alunos que o objetivo central de sua disciplina era fazer com que tivessem clareza ao trabalhar com os parâmetros do som e a criação de arranjos musicais. A seguir, o resumo do que foi desenvolvido nas cinco aulas observadas.[2]

- Aula 1: Assunto:
  - Parâmetro do som "timbre"
  - Atividade: História sonora

- Aula 2: Assuntos:
  - Compasso quaternário
  - Desenho rítmico
  - Timbre
  - Acento métrico
  - Pulsação
  - Atividade: Montar um arranjo com os parâmetros do som para a música *O jipe do padre*.

- Aula 3: Assuntos:
  - Densidade
  - Intensidade

---

escolas de educação infantil. Podem existir o "Cantinho da Leitura", "Cantinho dos Brinquedos", "Cantinho da Massinha", "Cantinho das Artes", "Cantinho Musical", dentre outros.

2 Foi transcrito o que foi escrito na lousa pela professora em cada aula.

- Altura
- Cânone
- Atividade: Aplicar os parâmetros do som em arranjo da música *São João Dararão* (folclore português).

— Aula 4: Assuntos:
- Intensidade
- Densidade
- Cânone
- Atividade: Arranjo com utilização de intensidades, densidades e exploração da forma cânone na música *Lugar comum*, de João Donato e Gilberto Gil.

— Aula 5: Apresentação da produção musical dos alunos.

Ao final das cinco aulas de Música observadas, segundo a indicação da professora, foram desenvolvidos os seguintes conteúdos musicais: pulsação, acento métrico, desenho rítmico, timbre, densidade, intensidade e cânone.

Tais propriedades do som e a exploração da forma cânone[3] serviram de base para a atividade avaliativa da disciplina. Para essa avaliação, os alunos deveriam criar um arranjo musical para qualquer música escolhida pelo grupo, utilizando os conteúdos descritos anteriormente.

Além dos conteúdos e atividades mencionados, a docente também utilizou parte de uma das aulas para classificar a voz dos alunos. Como o foco das atividades propostas pela professora eram os arranjos vocais, em que ela explorou diferentes possibilidades de invenção, tais como as técnicas de imitação, o uso de contracanto e a exploração da forma cânone, a professora considerou importante

---

3 Cânone: a forma mais rigorosa de imitação contrapontística, em que a polifonia é derivada de uma única linha melódica, através da imitação estrita em intervalos fixos ou (menos frequentemente) variáveis de altura e de tempo; o termo vem sendo usado desde o séc. XVI para designar obras compostas no gênero (Sadie, 1994, p.163).

realizar a divisão de vozes dos alunos, para que eles soubessem explorar as diferentes tessituras vocais e tivessem mais possibilidades para a realização de seus arranjos.

Considera-se a proposta de trabalhar com os parâmetros do som bastante adequada, porque estes são a base para o entendimento da linguagem musical e para o processo de criação em música.

O processo de criação musical e construção de arranjos foi muito bem desenvolvido e pode ter propiciado um aprendizado significativo aos alunos. Entende-se que a aprendizagem tenha sido significativa, pelo fato de os alunos terem escolhido músicas contextualizadas com sua realidade para a construção de estruturas musicais e, para isso, também utilizaram conhecimentos prévios em música.

Com isso, o fazer musical partiu da experiência musical dos alunos, o que contribui para a construção de uma aprendizagem com significado, conforme aponta Libâneo (1994, p.128): "Os próprios conteúdos devem incluir elementos da vivência prática dos alunos para torná-los mais significativos, mais vivos, mais vitais, de modo que eles [os alunos] possam assimilá-los ativa e conscientemente".

Instituição C

Nas cinco aulas observadas, foram abordados fundamentos teóricos e atividades práticas referentes ao ensino da Música na educação infantil. Inicialmente foi apresentada e discutida a questão "O que é musicalizar?" e, a partir disso, foi explicada a importância da música no desenvolvimento infantil, e a professora acentuou as características de cada uma das fases. Além dessa questão, a docente também abordou outros tópicos com seus alunos, como: "a função da musicalização", "os objetivos do professor", "as maneiras de organização de uma aula", "o perfil do professor de musicalização" e "a escuta musical".

As aulas eram divididas em momentos de fundamentação e reflexão e em momentos de atividades práticas, as quais ocupavam a maior parte da aula. Nos períodos destinados à exposição dos fundamentos teóricos e às reflexões, a professora apresentava os conteúdos projetados no *data show*. Como complementação, eram sugeridas leituras de texto em casa.

Além dos conteúdos trabalhados em aula, foi utilizado como referencial teórico o texto "Música na infância" (Silva, 2006, p.2), que trata da relação entre a criança e a música desde seu nascimento e apresenta um "mapa cronológico das idades pré-natais (entre 4 meses e os 12 anos de idade) com ligações diretas ao mundo sonoro-musical e expressivo".

O texto de Silva (2006) também trata da importância da música no desenvolvimento das crianças, o que gerou a discussão, em sala, acerca da função do ensino musical na sociedade pós-moderna. Os alunos enfatizaram que, na sociedade atual, em que tudo é instantâneo, é preciso que existam atividades que desenvolvam a concentração e a dedicação, em que se "gaste tempo" aprendendo. Com isso, a importância do estudo da música torna-se fundamental, já que este exige tempo.

Durante as aulas, a professora apresentou exemplos práticos de organização de uma aula, abrindo espaço para diferentes atividades, que ela denomina "partes da aula de Música". Essa maneira de dividir a aula em múltiplas atividades foi criada por ela a partir de uma proposta de Josette Feres (1998):

1) Brinquedo livre;
2) Canto de entrada;
3) Atividade de locomoção;
4) Atividade rítmica;
5) Percepção auditiva;
6) Canto de roda;
7) Desenhos e pinturas (opcional);
8) Relaxamento;
9) Canto de despedida.

A professora destacou que não é preciso seguir exatamente essa ordem, pois, como os alunos não atuarão como professores de Música, poderão adequar tais atividades em sua rotina escolar, mas enfatizou a importância de organizar a aula em diferentes segmentos.

Grande parte das atividades propostas pode ser encontrada no livro *Bebê: música e movimento,* da educadora musical Josette Feres (1998), que é referência no ensino de Música para bebês.

Destaque-se que tal proposta é importante, em virtude de o tempo de atenção das crianças ser muito reduzido. Portanto, o uso de várias atividades curtas é bastante adequado, principalmente nos primeiros anos do desenvolvimento infantil. Conforme as crianças vão se desenvolvendo, pode-se realizar em uma aula um número menor de atividades, com maior tempo de duração, pois a concentração delas aumenta conforme vão crescendo e, também, pela influência da prática musical.

O procedimento metodológico de se usar pequenas atividades diferenciadas na primeira infância também é válido pelo fato de abarcar diversas possibilidades de trabalho em música, ou seja, atividades de canto, de escuta, com o corpo, com objetivos sonoros, com instrumentos musicais. Essa diversidade pode propiciar uma ampliação das possibilidades de se fazer música para as crianças. A educadora musical brasileira Beatriz Ilari (2003, p.14) aponta para a importância de propiciar tal variedade às crianças, pois também pode auxiliar o bom desenvolvimento do cérebro:

> É importante que o educador utilize uma grande variedade de atividades e tipos de música. Cantar canções em aula, bater ritmos, movimentar-se, dançar, balançar partes do corpo ao som de música, ouvir vários tipos de melodias e ritmos, manusear objetos sonoros e instrumentos musicais, reconhecer canções, desenvolver notações espontâneas antes mesmo do aprendizado da leitura musical, participar de jogos musicais, acompanhar rimas e parlendas com gestos, encenar cenas musicais, participar de jogos de mímica de instrumentos e sons, aprender e criar histórias musicais, compor canções, inventar músicas, cantar espontaneamente, construir

instrumentos musicais; essas são algumas das atividades que devem necessariamente fazer parte da musicalização das crianças. Todas essas atividades são benéficas e podem contribuir para o bom desenvolvimento do cérebro da criança.

Pelo fato de a docente ser professora de Música e ter grande experiência com musicalização infantil, apresentou grande diversidade de atividades práticas aos seus alunos, tendo sido realizadas cerca de dez músicas ou atividades musicais por aula. As músicas eram tocadas pela professora ao teclado, suas partituras eram projetadas na tela pelo *data show*, e os alunos participavam cantando, tocando e se movimentando.

Destaque-se, também, a utilização de técnicas de ensino a distância nessa disciplina. A docente sugeriu que os alunos assistissem, como atividade avaliativa, ao filme *Mr. Holland: adorável professor*, de Stephen Herek, e entregassem pelo portal uma resenha reflexiva, discutindo como esse filme se relaciona com a música na escola brasileira. Tal questão merece ser ressaltada, pois aponta para o fato da disciplina estar bem atualizada no que diz respeito às propostas de complementação entre educação presencial e educação a distância. Observou-se que a professora é capaz de transitar com desenvoltura entre os dois procedimentos, utilizando o que cada um tem de mais eficaz e unindo suas forças para propiciar um aprendizado mais amplo aos seus alunos.

Conforme já destacado, a docente propôs muitas atividades práticas em aula e incentivou a participação dos alunos para realização das propostas, bem como para a criação de alternativas de trabalho musical com crianças de educação infantil, a partir de músicas folclóricas.

Instituição D

Nas aulas da disciplina "Educação e Arte: Música" foram apresentadas múltiplas possibilidades de se trabalhar música com alunos de educação infantil e ensino fundamental.

Inicialmente, a docente realizou uma "anamnese"[4] dos alunos, para levantar dados a respeito de sua formação musical. Por meio dessa entrevista, a professora verificou que a maior parte dos alunos teve contato com música nas igrejas evangélicas que frequenta. Ressalte-se que a atitude da docente pode ser relacionada com o pensamento de Libâneo (1994, p.153) no que diz respeito à importância de se considerar os conhecimentos prévios dos alunos:

> Nenhum ensino pode ser bem-sucedido se não partir das condições prévias dos alunos para enfrentar conhecimentos novos. É, portanto, indispensável investigar a situação individual e social do grupo de alunos, os conhecimentos e experiências que eles já trazem, de modo que, nas situações didáticas, ocorra a ligação entre os objetivos e conteúdos propostos pelo professor e as condições de aprendizagem dos alunos.

As primeiras aulas da disciplina foram destinadas à apresentação de conceitos básicos acerca da linguagem musical, como, por exemplo, as propriedades do som, e para fundamentação utilizou-se o livro *Explorando o universo da música* (Jeandot, 1993).

Como complemento, a docente elaborou uma apostila e solicitou que os alunos lessem as páginas iniciais, que abordavam as seguintes temáticas: "A pré-história e a música", "O som", "Desde quando eu ouço?", "A prática", "A música no Brasil" e "História da música". Destaque-se que, na apostila, foram apenas pontuados alguns aspectos acerca desses assuntos, que são muito complexos por si só.

Consideram-se, ainda, alguns desses pontos inadequados para uma disciplina de curta duração, como, por exemplo, o estudo acerca

---

4 Anamnese – a.nam.ne.se *sf* (*gr anámnesis*) 1. Reminiscência, recordação. 2. *Liturg.* Oração que, na missa, é dita após a elevação e que recorda a paixão do Redentor. 3. *Ret.* Figura pela qual o orador simula lembrar-se, na ocasião, de coisas que iria esquecendo, para assim chamar a atenção sobre elas. 4. *Med.* Reaquisição da memória, regresso da memória. 5. *Med.* Histórico dos antecedentes de uma doença (doenças anteriores, caracteres hereditários, condições de vida etc.) (Michaelis, 2009).

da história da música, que apresenta múltiplos campos de estudo e mereceria um estudo aprofundado a seu respeito.

Outro texto estudado em aula, "Um universo sonoro que nos envolve", faz parte do livro *O ensino das artes* (Ferreira, 2001, p.79-114). O texto aborda vários assuntos, ligados ao ensino da Música, às teorias que embasam os processos de ensino e à apresentação dos principais educadores musicais da Europa e do Brasil, incluindo, ainda, discussões a respeito do uso da tecnologia em música.

Esse texto é muito bem fundamentado e apresenta importantes questões, que são próximas da realidade dos alunos e puderam ser debatidas em sala. No entanto, em uma disciplina de curta duração, consideram-se alguns tópicos, como os métodos de musicalização infantil, por exemplo, mais apropriados para o professor especialista do que ao professor das séries iniciais, pois tratam de questões muito específicas da linguagem musical e de seu ensino.

Por conta disso, a docente apenas comentou sobre a existência de tais metodologias, não havendo, portanto, discussão ou debate acerca delas, nem mesmo práticas baseadas nos métodos apresentados.

Nas aulas observadas, foi dada maior ênfase à leitura e à discussão dos textos, mas também foram realizadas algumas atividades práticas e escutas críticas.

As aulas finais da disciplina foram dedicadas à elaboração de uma criação musical coletiva, em grupos, um *jingle*, que transmitisse uma mensagem à classe.

Pelo fato de alguns alunos terem assistido à notícia veiculada no *Jornal Nacional,* da Rede Globo, acerca da obrigatoriedade do ensino de Música na educação básica do país, Lei n. 11.769/08, a questão foi debatida em sala e a docente aproveitou a oportunidade para reforçar a importância da formação musical dos alunos do curso, que atuarão no ensino básico de São Paulo. Nesse caso, há de se ressaltar a importância e influência dos meios de comunicação de massa.

Instituição E

As aulas da disciplina "Arte e Música na Educação Infantil" foram fundamentalmente pautadas no que propõe o Referencial Curricular Nacional para a Educação Infantil (Recnei) (Brasil, 1998), no eixo que trata do ensino de Música. Na disciplina observada, com duração de um semestre, foram destinadas apenas duas aulas ao desenvolvimento de conteúdos musicais, sendo os demais dias destinados aos conteúdos de artes visuais. Tal fato se deu por razões diversas, como feriados, eventos escolares e outros imprevistos, que atrasaram o calendário da disciplina. No entanto, ressalte-se que as aulas eram duplas, das 19h30 às 22h30, o que foi fundamental para o bom desenvolvimento dos conteúdos ministrados nessas duas aulas.

Inicialmente, a docente apresentou questões relativas à presença e à importância da música na educação infantil. A professora enfatizou que a música tem sido frequentemente utilizada para atender objetivos alheios às questões da própria linguagem e pediu que os alunos do curso dessem exemplos que evidenciassem essa afirmação.

A seguir, a professora explicou as características das propriedades do som (altura, duração, timbre, intensidade e densidade), sua aplicação na música, além de caracterizar um evento sonoro e trabalhar o significado de interpretar, improvisar e compor. A docente também destacou que a linguagem musical tem características próprias e deve ser considerada como produção, apreciação e reflexão. Tal abordagem é baseada na Proposta Triangular de Ensino de Arte, que considera esses três aspectos fundamentais para as aulas de Artes (Barbosa, 1998, p.35).

Conforme já apontado, foi possível identificar nos conteúdos apresentados pela docente muitos fundamentos presentes no Recnei (Brasil, 1998). A professora também informou aos alunos que utilizou como referencial para suas aulas o livro *Aprendendo arte* (Coll; Teberosky, 2004).

Foram apresentados os objetivos e conteúdos, divididos em fazer musical e apreciação musical, a serem desenvolvidos com crianças de 0 a 3 anos e de 4 a 6 anos, também presentes no Recnei (Brasil, 1998).

A professora também destacou a importância de propiciar a ampliação do repertório cultural dos alunos, e destacou a possibilidade de se trabalhar com materiais sonoros diversos, mostrando, por meio de fotos, a diferença entre instrumentos tradicionais e construídos com sucata ou materiais alternativos. Considera-se que teria sido mais apropriado se o conhecimento de instrumentos musicais tivesse sido realizado pela escuta e exploração de seus sons e não por fotos.

A docente também propôs algumas atividades práticas, como, por exemplo, construção de instrumentos de sucata e criação de paródias, e também escutou criticamente com seus alunos algumas gravações musicais.

Metodologias de ensino educacional e musical utilizadas

Neste tópico são discutidas as metodologias educacional e musical utilizadas pelas docentes das cinco instituições. Para isso, buscou-se suporte no conceito de metodologia adotado por Libâneo (1994, p.53):

> A *metodologia* compreende o estudo dos métodos, e o conjunto dos procedimentos de investigação das diferentes ciências quanto aos seus fundamentos e validade, distinguindo-se das técnicas que são a aplicação específica dos métodos. [...] A metodologia pode ser *geral* (por ex., métodos tradicionais, métodos ativos, métodos da descoberta, método da solução de problemas etc.) ou *específica,* seja a que se refere aos procedimentos de ensino e estudo das disciplinas do currículo (alfabetização, Matemática, História etc.), seja a que se refere a setores da educação escolar ou extraescolar (educação de adultos, educação especial, educação sindical etc.).

Em relação aos métodos, o autor explica que estes são determinados pela relação objetivo-conteúdo, e referem-se aos meios para se alcançar os objetivos específicos do ensino, ou seja, o "como" do processo de ensino (ibidem, p.149); ele ainda diz que, em outras palavras, os métodos de ensino são as ações dos professores.

Em relação à metodologia de ensino artística, Ferraz e Fusari (2009, p.141) afirmam:

> A metodologia específica na área artística inclui, portanto, escolhas pessoais e profissionais do professor quanto aos *conteúdos de arte,* que são contextualizados e organizados para que o aluno possa fazer, sentir, apreciar e refletir sobre a arte. Refere-se também à determinação de *métodos educativos,* ou seja, de trajetórias pedagógicas, como procedimentos e proposições de atividades para se ensinar arte. Abrange ainda princípios, objetivos educacionais e as opções de *materiais, técnicas e meios de comunicação* para a *produção artística e estética* nas aulas.

Com base nesses conceitos, foram feitas reflexões acerca das metodologias educacionais, a "metodologia geral", e as metodologias de ensino musical, as "metodologias específicas", percebidas por meio da observação não participante e pelas respostas dadas aos questionários, destacando-se alguns métodos de ensino específicos utilizados pelas professoras.

Instituição A

Em resposta à questão referente ao tipo de metodologia de ensino musical utilizado pela docente, que faz parte do questionário entregue aos professores de música, a professora respondeu que não adota nenhuma metodologia, mas que segue o que é proposto nos Parâmetros Curriculares Nacionais (Brasil, 1997).

Ao observar a abordagem de ensino da docente, realmente percebe-se que há referências às propostas dos PCNs, principalmente no que diz respeito ao conceito de arte como área de conhecimento e ao respeito à multiculturalidade, questões muito enfatizadas nos referidos documentos.

Por outro lado, apesar de a professora não ter citado outros fundamentos que dão base à sua metodologia de ensino, podem ser identificadas influências de outros educadores e educadores musicais em suas aulas.

Fica evidente a relação entre as atividades apresentadas nas aulas com a proposta do educador musical contemporâneo Murray Schafer, que trata da importância da escuta e do trabalho com a *paisagem sonora*. Este educador e compositor canadense diz que "em primeiro lugar, precisamos ensinar as pessoas como ouvir mais cuidadosamente a paisagem sonora" (Schafer, 1991, p.12).

Fica claro que a docente conhece a proposta de Schafer, pois, além de usar algumas atividades práticas apresentadas por este educador em seus livros, como exercícios de sons da infância, concertos da natureza, exploração da folha de papel sulfite, verifica-se, também, uma aproximação com as reflexões apresentadas por este autor. Por exemplo, a professora propôs a discussão acerca do que é música, questão esta que pode ser encontrada no livro *O ouvido pensante*, que é uma das principais obras traduzidas para o português do referido autor, a qual, provavelmente, foi lida pela docente.

Além da influência dos PCNs e das propostas de Schafer, observa-se também que a docente se pauta em concepções pedagógicas atuais, o que pode ser identificado no espaço dado aos alunos para se expressarem e à abertura para reflexões em sala de aula. Nesse sentido, pode-se considerar que demonstra aproximação com a abordagem proposta por Paulo Freire (1981, p.79), que afirma que "ninguém educa ninguém, ninguém se educa a si mesmo, os homens se educam entre si, mediatizados pelo mundo".

Nesse sentido, observou-se nas atividades práticas que a professora também revela basear-se no que se espera de um "professor reflexivo". O conceito "professor reflexivo", trazido pela docente em aula, é fundamentado no chamado *ensino reflexivo* proposto por Donald Schön, que fundamenta seu trabalho na teoria de John Dewey, a qual enfatiza a aprendizagem por meio do fazer. Segundo sua proposta, o estudante tem de:

[...] enxergar, por si próprio e à sua maneira, as relações entre meios e métodos empregados e resultados atingidos. Ninguém mais pode ver por ele, e ele não poderá ver apenas "falando-se" a ele, mesmo que o falar correto possa guiar seu olhar e ajudá-lo a ver o que ele precisa ver. (Dewey apud Schön, 2000, p.25)

Alarcão (2004) explica que é necessário que o "professor reflexivo" reflita a respeito das suas ações dentro e fora da sala de aula. Assim sendo, é necessário que ele não reproduza apenas o que sabe, mas tenha criatividade para formar opiniões decorrentes de sua prática de ensino, construídas a partir de sua reflexão. Contudo, é preciso que o professor tenha condições para isso e que essa reflexão não ocorra de maneira isolada, para não incorrer em *praticismo* e *individualismo*. Montaño (1998, p.36 apud Silva, 2008, p.17) explica que a ideia do praticismo trata das práticas rotineiras do profissional, baseadas no senso comum, enquanto o individualismo diz respeito à alienação e trabalho individual.

Relacionando a importância da participação dos alunos com as propostas contemporâneas de ensino musical, também é possível estabelecer um paralelo com a área da Sociologia da educação musical. Nesse sentido, podem-se estabelecer paralelos entre sua postura em aula e o que a professora Jusamara Souza (2004, p.8) destaca, quando afirma que o "centro da aula de música seria as relações que os alunos constroem com a música, seja ela qual for", destacando, assim, a importância de, ao ensinar, partir-se da experiência do aluno.

Discutindo a questão de planejamento das aulas, a professora destacou a importância de se exigir qualidade musical nas atividades propostas, e argumentou que, para que isso se dê, é preciso dedicação, busca e pesquisa. Ela explicou a seus alunos que o professor tem de ter a autoria de suas aulas e, portanto, precisa pesquisar, refletir e analisar. Para essa docente, os livros didáticos engessam o professor e não lhe dão liberdade, embora destaque a presença de algumas boas propostas na revista *Nova Escola*, por exemplo. No entanto, insiste em que elas não se tornem o único referencial dos professores.

Em relação aos livros didáticos, Luckesi (1994, p.116) também ressalta as limitações desse material:

> Não é apenas com os rudimentos de conhecimentos adquiridos nos livros didáticos que um educador exerce com adequação o seu papel. O livro didático é útil no processo de ensino, mas ele nada mais significa do que uma cultura científica estilizada. É muito pouco para o educador que deseja e necessita deter os conhecimentos de sua área.

Tratando especificamente de metodologias de ensino musical, a professora, em sua prática docente, enfatiza muito a questão da criatividade e expressividade das crianças. Assim, pode-se perceber em seu trabalho a influência de vários educadores musicais contemporâneos, como Brito (2001; 2003), Gainza (2002a; 2002b), Koellreutter (1990), dentre outros. Que, do mesmo modo, dão primazia às questões ligadas à criatividade. Pode-se, mesmo, estabelecer um paralelo com a "educação musical humanizadora" proposta por Koellreutter (apud Brito, 2001, p.20): "[...] uma educação musical significativa, que privilegia o espírito criador, a reflexão, o questionamento", já que tais fundamentos estavam presentes nas aulas observadas.

Destaque-se, também, que as aulas de Música assistidas na instituição A aproximam-se da filosofia praxial de ensino musical, proposta por Elliott, que se apoia na crítica reflexiva e em ações interdependentes de executar e escutar, improvisar e escutar, regular e escutar e, finalmente, dirigir e escutar (1995). A crítica reflexiva, proposta por Elliott, foi muito marcante nas aulas assistidas, já que foi dada grande abertura às considerações e reflexões por parte dos alunos; observou-se, ainda, a escuta como eixo central do fazer musical, conforme prevê essa filosofia.

Instituição B

A professora apresenta algumas características em sua metodologia de ensino, que podem ser diretamente relacionadas ao que se encontra nas escolas de ensino fundamental. Por exemplo: enquanto os alunos estão entrando na aula, a docente passava na lousa o que seria realizado naquele dia, para que todos copiassem. Avaliando essa postura, é possível estabelecer uma relação direta com as aulas tradicionais das escolas de ensino fundamental, em que isso acontece frequentemente. Tal atitude corrobora o fato de que muitos cursos de Pedagogia são quase uma "transposição" das aulas ministradas no ensino básico para as suas disciplinas de curso superior.

Destaque-se, no entanto, que, apesar dessa postura tradicional, as aulas de Música assistidas foram totalmente práticas, aproximando-se assim da filosofia praxial de ensino musical proposta por Elliott (1995). Elliott propõe um modelo de educação musical, *Praxial Music Education,* baseado no conceito aristotélico de práxis, que entende a educação como uma ação humana prática que é reflexiva e visa ao "bem" para o homem, isto é, seu autoconhecimento e autodesenvolvimento (idem, 2005, p.10) Assim, entende-se que o fazer musical observado foi desenvolvido nessa perspectiva: visando ao "bem" e desenvolvimento do "ser" dos discentes.

Uma questão que chamou muito a atenção foi a ênfase na qualidade das produções musicais, que, por vezes, levavam cerca de uma hora para serem construídas. Como havia cuidado musical nas produções, os alunos ficavam extasiados com os resultados obtidos, que eram bem interessantes. Essa questão merece ser destacada, pois demonstra como o fazer musical coletivo pode ser significativo para os alunos. Nesse sentido, pode-se utilizar o que ensinam Benedetti e Kerr (2009, p.13), ao dizerem que "o elemento execução ou performance, quando coletivo, é um dos que apresentam maior poder de envolver e dar sentido à música" e, pode-se complementar, a seus executantes.

A proposta dessa disciplina, centrada no fazer musical, também está em consonância com o pensamento de Bellochio (2005, p.116) acerca do que deve ser privilegiado na formação musical de alunos de Pedagogia:

> A experiência direta com música, tocando, cantando, ouvindo, compondo, improvisando, é de fundamental importância na realização da educação musical. Não podemos pensar num processo de formação em que a música seja resumida à atividade de falar sobre ela [...] é preciso empreender esforços em experiências musicais diretas. Para quem vai trabalhar com música na escola, é preciso saber fazer.

Uma das propostas apresentadas pela docente, a criação de histórias sonoras por meio de sons corporais, aproxima-se do que propõem vários educadores musicais, além de ser um aspecto sugerido no Referencial Curricular Nacional para a Educação Infantil (Brasil, 1998, p.62).

A docente também trabalha com a aplicação das propriedades do som em arranjos musicais. Para o melhor entendimento do termo "aplicar", apresenta-se a definição de Libâneo. O autor afirma que "a aplicação é a culminância relativa do processo de ensino" e que a sua função pedagógico-didática é "avançar da teoria para a prática" (1994, p.189). Ao transpor a atividade ao plano da prática, a docente atende a esse requisito e consegue um real avanço de seus alunos tanto em relação à teoria quanto à prática.

Em geral, observou-se uma grande ênfase na expressão musical e na criatividade, questões essenciais para o desenvolvimento musical de qualquer indivíduo. Nesse sentido, observa-se uma proximidade com o pensamento da educadora musical argentina Violeta Gainza (1998 apud Góes, 2009, p.5):

> [...] nas aulas de Música, a criança deverá ter múltiplas oportunidades para expressar-se livremente, para apreciar e aprender dentro de um marco de ampla liberdade criadora. A educação através da arte proporciona à criança a descoberta das linguagens sensitivas e do seu próprio potencial criativo, tornando-a mais capaz de criar,

inventar e reinventar o mundo que a circunda. A criatividade é essencial em todas as situações. Uma criança criativa raciocina melhor e inventa meios de resolver suas próprias dificuldades.

Identificaram-se, também, semelhanças com as propostas do educador musical inglês Keith Swanwick (2003). Este educador enfatiza questões fundamentais do ensino da Música que, segundo sua visão, precisam ser privilegiadas; para isso, ele criou a sigla CLASP: *C (composition), L (literature studies), A (audition), S (skill aquisition)* e *P (performance)*, que em português foi traduzida como TECLA: T (técnica), E (execução), C (composição), L (literatura) e A (apreciação). Segundo ele, há três atividades principais no ensino de Música, que são compor (C – composição), ouvir música (A – apreciação) e tocar (E – execução). Essas três atividades devem ser entremeadas pelo estudo da história da música (L – literatura) e pela aquisição de habilidades (T – técnica).

É possível identificar que as aulas de Música da instituição B privilegiaram as três principais atividades musicais consideradas por ele, ou seja: compor, ouvir e tocar (e cantar). Pelo fato de a disciplina dispor de um tempo muito reduzido, não foram abordados conteúdos de literatura e técnica. Assim, o que se pretende ressaltar, aqui, é que, ao ter de fazer escolhas em relação ao que desenvolver, em um tempo tão curto, considera-se que a docente optou por questões bastante pertinentes, ligadas ao fazer musical e, consequentemente, muito significativas para seus alunos.

Pelo fato de ter proposto uma atividade de criação musical para a avaliação prática, a partir dos conteúdos desenvolvidos, entende-se, baseando-se no pensamento de Luckesi, que essa docente contribui para a construção de uma aprendizagem com significado: "[...] o conhecimento escolar só poderá vir a ser um conhecimento significativo e existencial na vida dos cidadãos se ele chegar a ser incorporado pela compreensão exercitação e utilização criativa" (1994, p.131).

Instituição C

Nas aulas de Música ministradas pela docente, podem ser observadas influências de vários educadores musicais, como, por exemplo, Carl Orff (1895-1962), Zoltán Kodály (1882-1967) e Émile Jaques--Dalcroze (1869-1950), conforme respondido pela própria professora na questão referente à metodologia de ensino utilizada:

> Não adoto um método específico, mas alguns deles, como: Kodály, Dalcroze, Williams, Orff e outros. Acredito que a mistura de métodos é importante, porque podemos pegar o que tem de melhor de cada um e fazer uma adaptação para a realidade do Brasil, e das escolas.

Fica clara a influência do educador musical Kodály, principalmente, no uso constante de pequenas canções utilizando o intervalo de terça menor descendente. A professora sugeriu, inclusive, que os alunos cumprimentassem seus colegas, cantando uma pequena frase de boas-vindas diretamente a eles dirigida, utilizando esse intervalo. Segundo Orff, que compartilha com Kodály esse interesse pelo intervalo de terça menor, este é encontrado nas primeiras manifestações musicais do ser humano, em muitas culturas. Por essa razão, ele insiste na importância de fixar tal intervalo, a partir do que considera essencial – o resgate da "música elemental". Em aula, a docente também afirmou que concorda com o que diz Kodály sobre acreditar que a música deve ser para todos e alertou seus alunos a não privilegiarem as crianças que apresentam maior musicalidade em detrimento das que possam apresentar alguma dificuldade no processo de musicalização.

Nesse ponto observa-se, também, uma aproximação com o pensamento de Elliott (1995), que afirma que o desenvolvimento da musicalidade deve ser considerado o centro da educação musical. Segundo o educador, a musicalidade é passível de ser educada e, para ele, é possível que a maioria dos estudantes faça música com competência (p.75). Pelo fato de as aulas de Música observadas terem tido grande foco na prática e na reflexão, também se observou uma filosofia de ensino musical praxial, conforme a proposta desse educador.

A influência de Dalcroze e Orff também é observada, principalmente, na ênfase em exercícios que utilizavam todo o corpo para fazer música. Ressalte-se que a docente transita muito bem pelos diferentes métodos, adaptando-os não só para a realidade brasileira, conforme ela destaca, mas também, especificamente, para sua sala de alunos de Pedagogia.

É importante enfatizar que as atividades musicais propostas podem ser consideradas, em certa medida, como tradicionalistas, já que estão fundamentadas nas propostas de educadores do início do século XX – Émile Jaques-Dalcroze, Edgar Willems (1890-1978), Zoltán Kodály, Carl Orff e Shinichi Suzuki (1898-1998) –, os chamados educadores da primeira geração de educadores musicais.

Nesse sentido, observa-se que foi dada ênfase ao canto, afinação, movimento, utilização de músicas folclóricas, reprodução de padrões rítmicos e de gestos, em detrimento de atividades de improvisação e composição, conforme propõem os representantes da segunda geração de educadores musicais. Assim, identificou-se o foco na reprodução e não na criação, o que reforça a ideia de que as aulas eram, em alguns momentos, tradicionais.

Conforme já observado, é possível identificar também grande influência da educadora musical brasileira Josette Feres, principalmente no que diz respeito ao planejamento das aulas e à utilização de músicas e atividades criadas por ela. Em relação à proposta das aulas, a docente criou uma sequência de atividade baseada no esquema elaborado por Feres (1998): (1) brinquedo livre; (2) canto de entrada; (3) atividade de locomoção; (4) atividade rítmica; (5) percepção auditiva; (6) canto de roda; (7) desenhos e pinturas (opcional); (8) relaxamento; e (9) canto de despedida.

É importante enfatizar que, nas aulas, puderam ser encontradas influências de estudos acerca da Psicologia da educação musical, que têm pesquisado como se dá o desenvolvimento musical em diferentes fases do desenvolvimento infantil. Tendo como fundamento os estudos realizados por Hargreaves e Zimmerman (2006), acerca da

Psicologia da música, é possível verificar certa influência da teoria piagetiana dos estágios do desenvolvimento, relacionada ao ensino musical, já que a docente procurou circundar as possibilidades de trabalho musical com cada fase do desenvolvimento infantil.

Pode-se, também, identificar influências da metodologia de Willems, conforme destaca a própria docente, no que diz respeito à divisão do desenvolvimento infantil em estágios:

> Como Piaget, Willems divide o desenvolvimento infantil em estágios, que vão do material/sensorial ao intelectual, passando pelo afetivo; para ele, esse tipo de estrutura está presente na música, no ser humano e na vida. Sua teoria baseia-se, por um lado, na ciência e, por outro, na psicologia, que lhe fornece as bases para a compreensão do ser humano. (Fonterrada, 2005, p.136)

Em relação ao repertório, a docente enfatiza que busca apresentar diversidade musical a seus alunos e a necessidade de atualização:

> Eu não sigo nenhum material específico de um autor só, porque, devido aos muitos anos de experiência na área de musicalização infantil, formei um material a partir de sugestões de vários educadores musicais. E acredito na importância de estar sempre buscando em cursos e congressos atualizações e inovações de materiais para que possa apresentar aos alunos o que o mercado oferece.

Uma questão que merece ser ressaltada é a proposta da docente de relacionar teoria e prática. Ao ter proposto que os alunos assistissem, como atividade avaliativa, a aulas de Musicalização Infantil, de 0 a 6 anos – a mesma fase de desenvolvimento estudada pelos alunos em aula –, a docente propiciou uma forte relação entre teoria e prática, concretizando os conteúdos trabalhados em aula.

Libâneo (1994, p.27-8) ressalta a importância da relação entre teoria e prática nas disciplinas de formação técnico-prática, como é o caso da disciplina em questão.

As disciplinas de formação técnico-prática não se reduzem ao mero domínio de técnicas e regras, mas implicam também os aspectos teóricos, ao mesmo tempo que fornecem à teoria os problemas e desafios da prática. A formação profissional do professor implica, pois, uma contínua interpenetração entre teoria e prática, a teoria vinculada aos problemas reais postos pela experiência prática e a ação prática orientada teoricamente.

A observação das aulas, que pode ser considerada como estágio de observação, gerou alguns conflitos nos alunos que ainda não atuam como docentes (no caso, a maioria), mas é um processo de aprendizado fundamental. Nesse sentido, afirmam Sanches e Silva (1998, p.91 apud Bellochio, 2002, p.46):

> Aprender a ensinar significa implicar-se num processo de desenvolvimento contínuo, gerador de tensões, de medos e incertezas, de dificuldades e de dilemas até então desconhecidos dos recém-chegados ao ensino. Sendo parte do processo de crescimento profissional, aos estagiários abrem-se caminhos complexos em que a pessoa e o profissional em crescimento se misturam indissociavelmente na descoberta do que é ser professor.

Instituição D

Ao observar as aulas de Música ministradas e pelas respostas da docente ao questionário, foi possível conhecer um pouco sobre sua metodologia e filosofia de ensino. Em resposta à questão "O senhor adota algum método ou filosofia de ensino musical específicos? Pode descrevê-los?", a docente respondeu:

> Sim. Adoto as propostas de Márcia Visconti e Nicole Jeandot. Também não excluo Murray Schafer. Enquanto Visconti formula propostas práticas com base na teoria e técnicas musicais, Jeandot e Schafer exploram o universo sonoro e a capacidade de percepção do entorno como repertório musical.

Nas aulas observadas foi possível notar grande influência de Schafer, conforme confirmado pela docente, já que ela enfatizou a importância do entorno sonoro e propôs um questionário avaliativo, baseado na escuta dos alunos, propondo uma "abertura de ouvidos". Nesse sentido, a docente colabora com a conscientização de seus alunos, futuros professores, acerca da ecologia acústica, conforme propõe Schafer (1991, p.13):

> Somente através da audição seremos capazes de solucionar o problema da poluição sonora. Clariaudiência nas escolas para eliminar a audiometria nas fábricas. Limpeza de ouvidos em vez de entorpecimento de ouvidos. Basicamente, podemos ser capazes de projetar a paisagem sonora para melhorá-la esteticamente – o que deve interessar a todos os professores contemporâneos.

Também foi possível observar nas aulas o uso do livro *Explorando o universo da música*, de Nicole Jeandeot (1993). Seu livro apresenta importantes questões, tais como "A música e a criança", "Instrumentos musicais", "Jogos envolvendo música" e "Música brasileira". Apesar de apresentar questões fundamentais para o ensino de Música, pensa-se não ser possível considerar a abordagem da autora como uma metodologia de ensino específica.

Apesar de a docente ter citado a obra de Visconti e Biagioni (2002) como referencial metodológico, nas aulas observadas não se notou nenhuma influência das propostas dessa educadora musical.

Ressalte-se, ainda, que a docente parece estar bem atualizada em relação às possibilidades de trabalhos musicais "alternativos", baseadas em propostas de grupos contemporâneos que utilizam formas diversas de se fazer música, mas também ressalta a importância de se utilizar a música tradicional da infância. Nesse sentido, a docente afirma:

> Os grupos Barbatuques, Stomp, Voca People e Blue Man são excelentes para o entendimento de que é possível musicar com poucos recursos e que o instrumento tradicional pode ser substituído

inclusive pelo corpo. As tradicionais músicas infantis, incluindo as de roda e de ninar, são interessantes justamente pelo fato de já estarem internalizadas, pela interação e relaxamento, mas há que se atentar ao valor pedagógico.

Nas aulas ministradas pela docente D, também é possível identificar influência do que propõe Swanwick (2003) em relação ao que deve ser privilegiado em um processo de ensino-aprendizagem musical, ou seja, a apreciação, a execução e a criação. Tais habilidades puderam ser observadas nas propostas práticas propostas pela docente, que se basearem, principalmente, em uma escuta crítica e no processo de composição musical.

Destaque-se, ainda, que, ao propor a criação de *jingles* como avaliação prática final da disciplina, a docente estimulou uma invenção que partiu do repertório cultural dos próprios alunos. Assim, percebe-se que eles foram sujeitos da própria aprendizagem, conforme propõe Libâneo (1994, p.128).

Instituição E

A principal referência utilizada pela docente foi o Referencial Curricular Nacional para a Educação Infantil (Recnei) (Brasil, 1998). Observou-se o uso desse documento tanto na apresentação de conteúdos como na realização de atividades práticas.

A docente adota a Proposta Triangular do Ensino de Arte – fazer, apreciar e contextualizar –, criada pela arte-educadora Ana Mae Barbosa (1998, p.35), também apresentada no Referencial Curricular.[5]

Ao propor a construção de instrumentos musicais com sucata e escutar criticamente com seus alunos gravações musicais, nota-se

---

5 Na realidade, foi realizada uma adaptação para o ensino musical do que Barbosa (1998) propunha para o ensino de Artes Visuais: criação (fazer artístico), leitura da obra de arte e contextualização.

uma aproximação com as propostas contemporâneas de ensino musical e, novamente, influência das recomendações do Recnei.

Observou-se, também, em alguns momentos, a influência da proposta de Murray Schafer (1991). Ao lado da faculdade havia um bar que tocava música, em geral funk e techno, em um volume muito elevado e que, algumas vezes, atrapalhava o desenvolvimento das aulas. Aproveitando a intolerância da sala para com essa situação, a docente discutiu com seus alunos a questão da poluição sonora e a importância de se ter uma escuta atenta ao nosso entorno sonoro.

Em uma das aulas, a docente propôs que os alunos fechassem os olhos e após um minuto relatassem os sons que haviam ouvido. Nessas duas situações foi possível notar influências do pensamento de Schafer (1991) no que diz respeito à "limpeza de ouvidos". É interessante notar que Murray Schafer, em *O ouvido pensante*, sugere essa "limpeza de ouvidos" aos alunos de Magistério, que possui função similar ao curso de Pedagogia. Ou seja, Schafer considera esse trabalho com a escuta adequado à formação do professor das séries iniciais.

Observa-se que tanto a atividade "Eu vou andar de trem" como a criação de paródias, propostas pela docente, apresentam objetivos alheios ao próprio desenvolvimento da linguagem musical, que seriam o desenvolvimento da lateralidade e da consciência corporal e da criação de textos, respectivamente, ou seja, a música faz parte dessas atividades, mas não é seu centro. Diante disso observa-se que, conforme observam Souza et al. (2002), há a utilização da "música na aula" e não um processo de educação musical.

Assim como foi possível observar na concepção de ensino da docente da instituição D, também se notou maior preocupação com o conteúdo das letras das músicas a serem desenvolvidas com os alunos do que com a sua estrutura musical. Em uma das aulas a docente advertiu seus alunos a trocarem a letra da música folclórica *Atirei o pau no gato* para "Não atire o pau no gato, pois o gato é nosso amigo [...]". Observa-se, nesse exemplo, que a docente não considera importante transmitir uma música de tradição infantil brasileira, mantendo viva nossa cultura, mas, antes, preocupa-se apenas com o valor "pedagógico" das músicas, que, segundo ela, "devem ser educativas". Isso é reflexo do atual "politicamente correto", que tem trazido mais malefícios do que benefícios à educação.

Observou-se, em contrapartida, uma postura considerada adequada no que diz respeito à participação efetiva dos alunos, pela relação muito próxima estabelecida com eles, o que propiciava um ambiente de muita troca e reflexão. Nesse sentido, notou-se uma aproximação com o pensamento de Madalena Freire quando diz que "o ato de refletir é libertador porque instrumentaliza o educador no que ele tem de mais vital: o seu pensar" (apud Weffort, 1995, p.39).

O espaço dado à troca de experiências em sala de aula pode ser relacionado com o que o Libâneo (1994, p.168) denomina "conversação didática".

> A conversação didática atinge os seus objetivos quando os temas da matéria se tornam atividades de pensamento dos alunos e meios de desenvolvimento das suas capacidades mentais, a conversação tem um grande valor didático, pois desenvolve nos alunos as habilidades de expressar opiniões fundamentadas, e verbalizar a sua própria experiência, de discutir, argumentar e refutar opiniões dos outros, de aprender a escutar, contar fatos, interpretar etc. além, evidentemente, de proporcionar a aquisição de novos conhecimentos.

Exemplos de algumas atividades práticas desenvolvidas

Neste tópico são apresentados exemplos de algumas atividades musicais práticas desenvolvidas nas aulas observadas nas cinco instituições, acompanhados das reflexões que suscitaram.

Instituição A

As atividades musicais realizadas nessa disciplina são baseadas em concepções atuais de ensino musical, fundamentadas nas propostas dos educadores musicais da chamada segunda geração, que surgiu a partir de 1960 (Fonterrada, 2005, p.164). Foi identificada, principalmente, a influência de Murray Schafer (1991) nas propostas apresentadas pela docente.

"De quantos modos diferentes pode-se fazer soar uma folha de papel?"

O objetivo era que os alunos explorassem as diversas possibilidades sonoras que uma folha de papel oferece e a única regra era não repetir o que havia sido feito pelo colega. Esse exercício é proposto por Schafer no livro *O ouvido pensante* (1991, p.104), embora a docente não fizesse referência a esse autor em aula.

Os alunos desenvolveram a atividade com muita criatividade e interesse. Na exploração realizada por eles, foi possível identificar diferentes sons produzidos na folha de papel, tais como: o som do papel sendo rasgado, amassado, dobrado, alisado, balançado, soprado, batido, dentre várias outras possibilidades.

A professora destacou que, segundo seu planejamento para a aula seguinte, os alunos produziriam uma música a partir dos sons explorados no papel, no entanto, tal atividade não foi realizada por falta de tempo.

Reunião de sons

Para a realização dessa atividade, foi solicitado que os alunos, em grupo, recordassem os sons que fizeram parte de suas vidas. Cada grupo definiu que sons iriam usar (sons ou músicas da infância, da adolescência ou de outro período vivido) e cada integrante escolheu uma parte desse entorno sonoro relembrado individualmente para executar na classe: sons de choro, de risada, uma velha canção, dentre outros.

A docente orientou os alunos para que, em grupos de cinco ou seis, realizassem a produção, no máximo, em dez minutos. Assim, os alunos organizaram os sons escolhidos no grupo que tiveram o seguinte resultado:

- Grupo 1: *Sons da Infância:* sons de chocalho, "sons de bebês", "nana nenê" em boca *chiusa*, estalar de língua...
- Grupo 2: *Sons de Silêncio:* Shiuuu... Pssss....
- Grupo 3: *Sons da Adolescência:* sons de beijo, assobio, buzina de carro...
- Grupo 4: *Sons da Fazenda:* sons de cachoeira, pássaros...

Após cada grupo apresentar sua criação, a professora pediu que explicassem suas escolhas. Durante esse momento, os alunos sentiram-se um tanto constrangidos e, aparentemente, duvidaram da seriedade da proposta. Percebendo a reação deles, a professora os provocou, perguntando se aqueles pequenos improvisos poderiam ser considerados música, ao que todos responderam "sim".

No entanto, uma certa contradição pode ser observada, pois, ao verificar as respostas dos alunos ao questionário que fez parte deste estudo, ao menos na resposta de um dos alunos observou-se certo desprezo pela atividade proposta e a negação de que aqueles sons fossem música. Em resposta à primeira questão – "O que é música para você?" –, o aluno escreveu:

> É algo que posso ouvir com prazer, seja só um instrumento, uma voz, que toque no interior, é diferente das aulas de Artes que tenho na faculdade (Barulho), tá loko. Rs.[6]

Nessa resposta, pode-se identificar que o conceito de música para ele ainda está preso aos moldes tradicionais, de música tonal e instrumental, provavelmente ligado à sua experiência prática até o momento das aulas, o que lhe causou certo estranhamento em relação à proposta da docente.

Em argumentação contrária à opinião desse aluno, pode-se trazer o pensamento do compositor John Cage. Ele e outros compositores defendiam a ideia de que, quando utilizavam ruídos e sons de máquinas e das ruas nas suas composições, queriam sinalizar que

---

6 Rs: abreviação usada para a palavra risos, sugerindo risada.

era preciso destituir essa relação de escuta entre o ouvinte e a música, com elementos da própria música.

> Entrando e saindo de elevadores e os elevadores andando de um andar para outro: essa informação pode ativar circuitos que levam aos nossos ouvidos uma concatenação de sons. Talvez você não concordasse que o que ouviu era música. Mas, nesse caso, outra transformação teria ocorrido: o que você ouviu levou a sua mente a repetir definições de arte e música que se encontram em dicionários obsoletos. (Cage apud Rodrigues, 20002, p.116)

Apesar do descrédito de um dos alunos em relação a esse tipo de proposta, ressalta-se sua importância e relevância na formação do educador. Conforme já destacado, pode-se relacionar essa abordagem às propostas de educadores musicais contemporâneos, como Murray Schafer, por exemplo, que trata da importância da escuta e do trabalho com a *paisagem sonora*.

Musicar a poesia "Gralhas"

Foi proposto que os alunos, em grupo, musicassem, ou seja, criassem uma organização rítmica e/ou melódica para a poesia "Gralhas", de Tolkien. Por sugestão de uma das alunas, cada grupo ficou responsável por musicar uma estrofe e, ao final, as criações dos grupos seriam agrupadas.

> Gralhas (J. R. R. Tolkien, tradução de Fernanda P. Rodrigues)
>
> As cavernas onde passam os dias
> São úmidas, negras e frias
> Com a candeia que alumia o tesouro
> É ali que cantam seu ouro
>
> Os muros molhados, os tetos pingando
> E os pés delas no chão vão raspando,

Chapinhando – flite – flate
Vão à porta ver se alguém bate

Pra fora espreitam, desconfiadas,
Garras tateantes, arrepiadas
Enquanto acabam – já estás no papo,
Pois os ossos metem num saco (Rodrigues in Tolkienfun, 2010, acesso em: 25 jun. 2010)

Ao observar o processo de criação dos alunos, verificou-se grande envolvimento e divertimento da parte deles, pois riam muito durante a elaboração da proposta, demonstrando estar, realmente, extasiados. No entanto, alguns alunos confundiam a liberdade dada pela professora com "porta aberta" à livre conversação e usavam esse tempo para conversar ou sair da sala, o que, pelo que se observou, prejudicou o andamento do trabalho ou, ao menos, lhe reduziu o foco.

Cada grupo musicou uma estrofe e o resultado foi bastante interessante, a saber:

– Grupo 1: escolheu a primeira estrofe e cantou de forma lírica, "como uma ópera",[7] no dizer dos próprios alunos.
– Grupo 2: escolheu também a primeira estrofe e cantou-a em "ritmo de samba".
– Grupo 3: escolheu a segunda estrofe e cantou-a em "ritmo de rap".
– Grupo 4: escolheu a segunda estrofe e cantou em "ritmo de rap", mas organizou a criação em duas vozes – uma era o eco –, além de utilizar o papel como instrumento de percussão.

---

7 Ao terem cantado com as vozes empostadas, com vibrato e volume alto, os alunos usaram o termo "ópera" para identificar o tipo de interpretação dada à música. No entanto, ressalte-se que o uso do termo é inadequado, já que a ópera é um gênero artístico que consiste num drama encenado com música.

Por fim, uma aluna propôs que todos cantassem juntos a terceira estrofe, que não havia sido escolhida por nenhum grupo. Para que isso se desse, uma aluna propôs que utilizassem, como base, a melodia da música *Entre tapas e beijos,* da dupla sertaneja Leandro e Leonardo. Os alunos gostaram muito da ideia da colega e realizam a proposta com muito entusiasmo.

Foi possível observar que os alunos interessavam-se bastante pela discussão e reflexão sobre a importância e o papel da música, mas sentiam-se ainda muito inibidos ao ter de realizar uma produção musical e constrangidos ao ter que apresentar suas criações à classe. Em uma das aulas observadas, os alunos se recusaram a ir para a frente da sala e apresentaram suas produções sentados. Muitos não quiseram apresentar o produto do grupo, e outros, ainda, tiveram "ataques de riso" e não conseguiram expressar suas criações.

Em relação a esses "ataques de riso", é possível estabelecer um paralelo com o pensamento do filósofo e professor francês Michel Foucault, ao explicar que há muita contenção dos corpos na escola e que, quando soltos, causam um descontrole momentâneo. É interessante observar que, em uma das aulas, surgiu uma discussão com os alunos acerca da questão de disciplina em sala de aula, que pode ser fundamentada na seguinte concepção:

> O dispositivo disciplinar caracteriza-se por espaços tais como a escola, a prisão, a fábrica, o hospital, o exército e o hospício, que confinam os corpos para adestrá-los de alguma forma. A disciplina controla os corpos para produzir indivíduos por meio de sua modelagem, nos espaços disciplinares. (Foucault, 2003)

No desenrolar da conversa, os alunos, que discutiam tal questão tendo por foco seus alunos das séries iniciais de educação básica, não se deram conta de que estavam agindo de forma semelhante quando realizavam as atividades práticas propostas, que dão liberdade ao aluno e expõem suas particularidades.

Entende-se que tal reação dos alunos se deu pela falta de vivência em relação a esse tipo de proposta e ao espaço muito limitado da sala de aula, pois as aulas de Música eram ministradas em uma sala de aula tradicional, com carteiras e pouco espaço para movimentação. É possível pensar, também, que a pouca participação de alguns alunos, e certa displicência de outros, tenha se dado pela falta de maturidade em relação à postura da professora, que os deixou bem à vontade para agirem com liberdade, não forçando nenhuma participação.

Exploração de objetos sonoros em produção musical

A professora propôs a atividade *Exploração de objetos sonoros em produção musical*, que tinha por objetivo explorar os timbres de objetos sonoros, pertencentes aos alunos e à sala de aula, e organizá-los, adaptando-os em uma música conhecida ou em uma composição musical. Por conta do espaço restrito da sala de aula, ela sugeriu que alguns alunos realizassem a criação musical no pátio da faculdade, o que foi uma oportunidade muito estimulante para os alunos. A produção musical dos grupos foi muito interessante, a saber:

(i) Utilizando o desenho rítmico da melodia da música "Parabéns pra você", o grupo fez um arranjo percussivo utilizando chaveiros e chaves dentro de uma caixa de óculos.

(ii) Utilizando como objetos sonoros uma lata de leite com feijão dentro, uma lapiseira e um copo plástico, o grupo criou um *ostinato* rítmico – uma semínima e duas colcheias (Figura 15):

Figura 15 – Padrão rítmico criado pelos alunos

(i) As alunas utilizaram o funk *Ela balança, mas não para* de MC Buiu, gravado nos arquivos do celular de uma das integrantes do grupo, como base para sua criação. Para acompanhar a música, elas utilizaram objetos sonoros, como chaves e uma caixa de lenço. Para a execução da atividade, uma aluna regeu o grupo, pois, para acompanhar a gravação, em alguns momentos as alunas deveriam tocar e em outros, silenciar. Ressalte-se que uma das alunas ficou tão extasiada com a proposta que até chorou de tanto rir, confirmando, aqui, o que foi exposto anteriormente acerca da contenção de corpos (Foucault, 2003).

(ii) Utilizando a música *A taça do mundo é nossa*, de Maugeri, Müller, Sobrinho e Dagô, as alunas cantaram e utilizaram alguns objetos sonoros para acompanhar o ritmo da música: garrafa, chaves, pasta plástica, estilete e caixa de óculos.

(iii) O grupo utilizou a música *O bêbado e o equilibrista*, de João Bosco e Aldir Blanc, gravada nos arquivos do celular de uma aluna, e acompanhou a música ritmicamente com chaves, presilhas de cabelo, vidrinhos, chaveiro e palmas.

Após a criação musical dos alunos, a professora enfatizou que seu objetivo era que ficasse claro que é possível trabalhar com música no contexto da escola, mesmo sem ser especializado na área. Nesse sentido, uma aluna, que ficou muito envolvida com a proposta, comentou que teria sido interessante se eles tivessem gravado suas produções. As propostas foram muito interessantes, mas talvez pudesse ter sido dada ênfase maior ao fazer musical e às produções musicais dos alunos por parte da professora e dos próprios alunos.

Instituição B

As aulas de Música da instituição B eram essencialmente práticas e enfocavam a produção musical dos alunos. Cada atividade durava uma aula toda para sua concretização; assim, foram realizadas quatro atividades musicais durante o período de observação: (1) História sonora; (2) Arranjo musical – *O jipe do padre*; (3) Arranjo musical – *São João Dararão*; (4) Arranjo musical – *Lugar comum*.

História sonora

Para introduzir a atividade, a docente disse a seus alunos que, para construir uma história, são necessários pelo menos três elementos principais: "o que: a trama"; "onde: o ambiente"; e "quem: os personagens". Os alunos deveriam agrupar-se em seis ou sete integrantes e iniciar a proposta de criação.

A professora orientou-os dizendo que era é preciso saber respeitar as ideias dos colegas e saber representá-las. Após o processo de criação, a professora orientou os alunos para que ouvissem e registrassem as apresentações de todos os grupos. Assim, um grupo por vez posicionou-se na frente da sala para realizar a apresentação de suas criações, sendo ouvido pelos demais. As histórias sonorizadas foram:

- Grupo 1: *Três porquinhos na floresta*
- Grupo 2: *Nascimento de um bebê no trânsito*
- Grupo 3: *Sons da manhã*
- Grupo 4: *Cachorrinho arrastado pelo vento cai no lago*
- Grupo 5: *Carro bate em cavalo e toda a bicharada vai ver*
- Grupo 6: *Motoqueiro bate em um caminhão e chega a polícia*
- Grupo 7: *Indo para escola*

Destaque-se que a criação das sonorizações dos grupos foi muito interessante e apresentou grande variedade e riqueza de exploração sonora, tanto vocal quanto corporal.

Após a apresentação de cada grupo, a professora escolhia um grupo aleatoriamente para dizer: "O que você leu?". E, ao final de todas as apresentações, a professora comentou que foi muito interessante perceber a "leitura individualizada" dos alunos, de acordo com a experiência de cada um. Um de seus comentários referia-se aos vários tipos de galos surgidos nas apresentações, e a sirenes de ambulância diferentes. Destaque-se que a questão de "leitura", enfatizada pela professora, está muito presente nas propostas de "leitura de imagens" da área de artes visuais, que é a área de formação da docente.

Arranjo – O jipe do padre

A proposta dessa atividade era montar um arranjo, utilizando os parâmetros do som estudados a partir da seguinte música (Figura 16):

Figura 16 – Partitura de *O jipe do padre* (tradicional brasileira)

A professora ensinou a música a seus alunos. A seguir, propôs alguns procedimentos para a produção musical dos alunos:

- *Os alunos são divididos em dois grupos*: um executa o acento métrico e o outro o pulso.
- *Os alunos são divididos em três grupos:* um executa o acento, outro a pulsação e outro o "timbre". Para o trabalho com o "timbre", a professora propõe que as palavras jipe, furo e chiclete sejam substituídas pelos seguintes sons, respectivamente: "brr" ou "ram", "ff" ou "sh" e "estalo com a boca".
- *Os alunos são divididos em quatro grupos:* um executa o acento, outro o pulso, outro o timbre e outro o "desenho rítmico".[8] Os alunos executam o "desenho rítmico" utilizando o arame do caderno como "reco-reco".
- Como *produção* final, a professora sugeriu que todos começassem estalando os dedos no pulso e, a seguir, executassem o que fizeram na etapa anterior, em quatro grupos.

---

8 Equivocadamente, a professora considera "desenho rítmico" como pulso. Assim dois grupos – o responsável pelo pulso e o responsável pelo "desenho rítmico" – executam a pulsação.

O resultado obtido com essa atividade foi muito interessante e bem estruturado musicalmente. No entanto, ressalte-se que, no decorrer do desenvolvimento da proposta, a docente explicou equivocadamente aos alunos os conceitos de acento métrico e compasso quaternário; diante disso, alguns deles mostraram-se inseguros na marcação do acento da música.

Considera-se importante destacar que o preparo musical do professor, com base teórica sólida, para utilização de termos técnicos corretamente é fundamental para a formação de futuros educadores.

Está-se propondo a formação musical de educadores das séries iniciais, que, geralmente, não possuem formação musical anterior formal e poderão, ao ter algum tipo de formação, contribuir com o desenvolvimento musical de seus alunos. Mas, para isso, considera-se fundamental que o formador desses futuros professores tenha profundo conhecimento da área, de modo a transmitir segurança aos educandos e não lhes ensinar conceitos equivocadamente.

Nesse sentido, Luckesi (1994, p.116) aponta para a necessidade do bom preparo do professor:

> [...] o educador deve possuir habilidades suficientes para poder auxiliar o educando no processo de elevação cultural. [...] o educador necessita conhecer bem o campo científico com o qual trabalha. Se ensina Matemática, deve conhecer bem este campo; se ensina História, deve conhecê-la bem – enfim, seja lá qual for o campo teórico com o qual trabalhe, o educador tem necessidade de possuir competência teórica suficiente para desempenhar com adequação sua atividade.

Interpretação da música São João Dararão

Figura 17 – Partitura de *São João Dararão* (folclore português).

Fonte: elaborada pela autora

A professora trabalhou a interpretação da música *São João Dararão* (Figura 17) e, para isso, seguiu os seguintes procedimentos:

- ela falou a letra e os alunos repetiram;
- ela explicou que essa música faz parte do folclore português;
- os alunos ouviram uma gravação da música;
- a professora colocou novamente o CD para os alunos ouvirem e pediu que eles cantassem junto com a gravação.

Em seguida, a docente apresentou algumas recomendações aos alunos em relação ao canto. Ela destacou algumas questões relativas à respiração e orientou que cada aluno cantasse até o limite de sua tessitura.

Uma questão que chama a atenção na letra do texto é o uso inadequado da conjugação de verbo na frase "Maria tu vais casares, E *vou te dares* os parabéns [...]". Entende-se que se utilizou o termo "eu vou te dares", em vez de "eu vou te dar", que seria o modo correto, para que se mantivesse a rima do texto. Com isso, observa-se que foi privilegiada a poética do texto, em detrimento do uso correto da língua portuguesa, o que é muito interessante.

Após todos cantarem em conjunto a música, eles ficaram muito extasiados com o resultado que obtiveram e, então, começaram a aplaudir a própria produção. É interessante chamar a atenção para essa questão, pois demonstra como o fazer musical coletivo trouxe muitos significados aos alunos.

A seguir, a professora explicou que classificaria a voz de cada aluno, como soprano, contralto ou tenor. Para realizar esse procedimento, ela pediu que os alunos permanecessem em pé na roda e que cada aluno cantasse uma frase da música para ela poder classificar sua voz. A docente solicitou que todos os alunos ajudassem a ouvir o colega e a identificar qual seria sua voz.

Os alunos gostaram muito da possibilidade de saber "qual era a sua voz"; inclusive em resposta à questão "Qual foi seu principal aprendizado nas aulas de Música do seu curso de Pedagogia?", que faz parte do questionário entregue a eles, um dos alunos respondeu que foi a divisão das vozes. Entende-se que essa questão é muito delicada, pois ao trabalhar com conceitos específicos de uma área que não se domina inevitavelmente ocorrem problemas conceituais. Diante disso, ressalta-se a importância de haver professores especialistas em música para orientar os futuros professores das séries iniciais, a fim de explicar com clareza questões específicas da linguagem musical.

No entanto, há de se enfatizar a eficácia das propostas apresentadas e o grande envolvimento e motivação dos alunos. Nesse sentido, em resposta à questão relativa a seu principal aprendizado, um aluno ressalta que: "Fazer arranjo para uma música mesmo com pouco conhecimento foi para mim fantástico".

Arranjo musical – Lugar comum

Como forma de aquecimento para a atividade, a professora dividiu a classe em três grupos, da seguinte forma:

- Sopranos: deveriam cantar piano.
- Tenores e contraltos: deveriam cantar forte.
- *Mezzo*-sopranos: deveriam cantar piano.
- E no *tutti* (todos juntos): deveriam cantar forte.

O objetivo dessa atividade era utilizar a intensidade, densidade e cânone para a criação de um arranjo musical para a música *Lugar comum*.

Em seguida, a professora explicou que a densidade está muito relacionada com o diálogo em música, e que eles fariam um arranjo pensando em mais esse parâmetro. Assim, passou-se para os seguintes procedimentos:

- os alunos escutaram a música *Lugar comum* e aqueles que conheciam cantaram junto;
- todos falaram a letra da música;
- os alunos cantaram a música sem o apoio do CD;
- a professora explicou o que era um cânone;[9]
- executou-se o arranjo musical a partir das orientações da docente.

Apesar de a professora ter por objetivo o desenvolvimento de um cânone, ressalta-se que a harmonia da música escolhida não foi pensada nesse formato. Assim, sua estrutura impede a organização de um cânone. Conforme pode ser visto na partitura a seguir (figuras 18 e 19), na prática realizou-se um arranjo vocal a duas vozes.

---

9 Novamente a professora apresentou um erro conceitual. Ela explicou a forma cânone corretamente, mas não foi possível realizá-lo a partir da música escolhida. Pelo fato de a prática não condizer com a explicação dada, o conceito foi transmitido equivocadamente aos alunos.

Figura 18 – Partitura de *Lugar comum*

A seguir, para iniciar a música, a professora propôs que um aluno fizesse um solo – ela abriu espaço para quem quisesse realizar o solo e uma aluna se ofereceu para fazê-lo. Para enriquecer a produção, sugeriu que os demais alunos criassem uma ambientação sonora para acompanhar o solo da colega. Assim, o naipe de sopranos e *mezzos* fizeram o som do mar, enquanto o de tenores e contraltos, o de navio.

Destaque-se o grande envolvimento dos alunos nessas propostas. Eles pareciam estar muito motivados com as atividades; como a aula era ministrada no segundo período do horário de sexta-feira à noite, o compromisso e interesse deles merece ser ressaltado.

Figura 19 – Partitura de *Lugar comum*

Instituição C

As aulas de Música da instituição C foram essencialmente práticas, nas quais inúmeras atividades foram desenvolvidas. Diante disso, foram selecionadas algumas delas como exemplos.

A EDUCAÇÃO MUSICAL EM CURSOS DE PEDAGOGIA DO ESTADO DE SÃO PAULO 161

Som e movimento

A docente solicitou que os alunos, em grupos, propusessem à sala atividades de percepção sonora, atreladas ao movimento corporal. Diante disso, um dos grupos propôs a seguinte atividade: convidou três voluntários para tocarem três instrumentos musicais – pandeiro, flauta e chocalho; a seguir, alguns colegas deveriam realizar os seguintes movimentos para cada som ouvido: andar para a frente ao ouvir o pandeiro, girar ao ouvir a flauta e andar para trás ao ouvir o chocalho.

Observou-se grande envolvimento dos alunos nessa proposta, que trabalhou a escuta ativa com todo o corpo. Os alunos que tocaram os instrumentos o fizeram com ritmo aleatório. A fim de mostrar outras possibilidades de trabalho, a docente sugeriu que a mesma atividade também fosse realizada tocando e movimentando-se no pulso da música.

Músicas com utilização de objetos lúdicos

A utilização de diversidade de materiais foi muito enfatizada pela docente, sendo muito utilizados os chamados "brinquedos projetivos". Para exemplificar essa questão, podem ser destacadas algumas músicas (figuras 20, 21 e 22).

Figura 20 – Partitura de *Todos os patinhos*. Atividade realizada com o corpo e, em seguida, com patinhos plásticos

Fonte: Feres, 1998

Figura 21 – Partitura de *O macaquinho*. Atividade realizada com o corpo e, em seguida, com macaco de pelúcia

Fonte: Feres, 1998

Figura 22 – Partitura de *Arrasta cobra*. Atividade realizada com os "bebês" em cima de uma cobra de pelúcia ou de um "macarrão" de piscina, movimentando-os.

Fonte: elaborada pela autora

Exemplos de músicas para cada "parte da aula"

— Brinquedo livre: as crianças brincam com brinquedos disponíveis na sala.
— Canto de entrada: *Alô, bom dia* (Figura 23).

Figura 23 – Partitura de *Alô, bom dia*

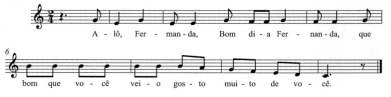

Fonte: Feres, 1998

– Atividade de locomoção: *O trenzinho* (Figura 24).

Figura 24 – Partitura de *O trenzinho*

Fonte: transcrita pela autora

– Atividade rítmica: *Tic, Tac* (Figura 25).

Figura 25 – Partitura de *Tic, Tac*

Fonte: Feres, 1998

- Percepção auditiva: as crianças se movimentam durante uma música tocada e fazem "estátua" quando a música para.

- Canto de roda: *Caranguejo não é peixe* (Figura 26).

Figura 26 – Partitura de *Caranguejo não é peixe*

Fonte: elaborada pela autora

– Relaxamento (Figura 27).

Figura 27 – Partitura de *Pedalinho* (Feres, 1998)

Fonte: Feres, 1998

– Canto de despedida (Figura 28).

Figura 28 – Partitura de *Tchau*

Fonte: Feres, 1998

Criação de propostas pelos alunos

A docente pediu para os alunos, em grupos, apresentarem uma possibilidade de trabalho com uma música folclórica, escolhida pelo grupo, com crianças de educação infantil. Após o processo de criação os grupos apresentaram suas propostas à sala:

- Grupo 1: apresentou a música *Teresinha de Jesus*, usando como recurso objetos para encenação. A ideia do grupo foi estabelecer relação entre música e artes cênicas.
- Grupo 2: apresentou a música *Escravos de Jó*, brincando com o corpo todo. Na proposta, os objetos que, geralmente, são usados nesse jogo deveriam ser o próprio corpo.
- Grupo 3: apresentou a música *Um, dois, três indiozinhos*, interpretando-a com gestos. Os alunos esclareceram à sala que seu objetivo, com essa música, era trabalhar música e matemática simultaneamente.
- Grupo 4: apresentou a música *O sapo não lava o pé*. Enquanto os alunos cantavam eles pulavam como sapos, para desenvolver, além do canto, a expressão corporal.
- Grupo 5: apresentou a música *O sapo não lava o pé*, assim como o grupo 4. Também apresentou a música com movimentos corporais.
- Grupo 6: apresentou a música *Escravos de Jó*, assim como o grupo 2. A diferença foi que os alunos realizaram a brincadeira com o corpo todo, mas com os pulsos amarrados com fita crepe, a fim de explicar para seus alunos a questão da escravidão.

Ressalte-se que a docente acompanhou ao teclado os grupos que solicitaram. A interpretação foi bastante interessante, pois, além de os alunos serem afinados, mostraram-se muito envolvidos na realização das atividades.

Após as apresentações, a docente propôs uma reflexão crítica a respeito de cada grupo, assim como apresentou outras possibilidades de trabalho com cada música, o que se considera muito importante, pois segue os princípios de Donald Schön, como pode ser atestado no trabalho dos grupos, em que se identifica a reflexão-sobre-ação, proposta por Schön (2000), que consiste no pensamento sobre a ação passada, de modo que o aluno possa analisar sua prática, a fim de compreendê-la e reconstruí-la.

Instituição D

Conforme apontado anteriormente, as aulas de Música da instituição D foram, durante a maior parte do tempo, de cunho teórico. Diante disso, foram observadas apenas duas atividades práticas em aula: uma criação sonora e uma apreciação crítica de CDs e DVDs.

Criações sonoras

A docente orientou os alunos para que, em grupos, criassem uma paisagem sonora ou representassem algum tipo de sensação somente utilizando sons vocais e corporais. Após o processo de composição, os alunos apresentariam sua criação a toda a sala, que deveria, em seguida, descobrir o que o grupo pretendeu representar. As criações dos grupos foram as seguintes:

- Grupo 1: Clima de suspense
- Grupo 2: Índios
- Grupo 3: Bebê chorando
- Grupo 4: Chuva
- Grupo 5: Trânsito
- Grupo 6: Banho
- Grupo 7: Parque aquático

A produção dos grupos foi interessante, pois eles procuraram explorar as diversas possibilidades sonoras de seus corpos. No entanto, aparentemente, os alunos realizaram a atividade com pouco cuidado, talvez não considerando as sonoridades criadas como música, e apresentaram suas produções sentados. A postura desses alunos pode ser comparada com a dos discentes da instituição A, que, ao realizarem uma atividade semelhante a essa, também desenvolveram a proposta com certa "displicência".

Apreciação crítica de CDs e DVDs

Com o objetivo de enfatizar a importância da trilha sonora, a docente apresentou alguns desenhos e filmes e discutiu com seus alunos o papel da música naquele contexto. A professora também apresentou parte de um show do grupo Barbatuques, que trabalha com performances musicais em que se enfatiza a percussão corporal, e discutiu as possibilidades de trabalho didático com os sons do corpo.

Ainda trabalhando com a mídia DVD, a docente apresentou alguns clipes do grupo Palavra Cantada, como *Sopa do neném*, *Criança não trabalha*, *Fome come* e *Irmãozinho*. Os alunos conheciam a obra desse grupo e cantaram as músicas junto com o DVD, sorrindo uns para os outros e dizendo aos colegas o quanto apreciavam as produções do grupo.

No entanto, a professora enfatizou que há de se atentar ao conteúdo transmitido pelas músicas do grupo Palavra Cantada. Tal preocupação é também evidenciada em uma das respostas da docente ao questionário em relação ao repertório:

> É necessária análise prévia em relação ao conteúdo, nem sempre educativo. O que pode ser observado também em grupos como o Palavra Cantada, que mescla vários elementos de forma rica, mas que demonstra falta de cuidado com seu público específico, o infantil, em algumas músicas e vídeos, como em *Irmãozinho*.[10]

---

10 A crítica da professora se dá por conta da interpretação do grupo dada à letra da música, que diz: "Mamãe vai me dar um irmãozinho, estou tão contente...". Os cantores do grupo, ao interpretar a canção, demonstram estar, em oposição ao que diz a letra da música, indiferentes e com ciúmes do irmãozinho que está por vir.

Essa postura da docente revela sua preocupação apenas com a mensagem que a letra da música transmite, e não com a sua estrutura musical. No caso da música *Irmãozinho*, citada pela docente, poderia ter sido enfatizada, por exemplo, a possibilidade de se trabalhar com tubos de PVC como instrumentos musicais, usados pelo grupo nesse arranjo. Mas a preocupação da docente é apenas com o conteúdo transmitido pela letra, que, segundo ela, deve ser sempre educativo.

Durante a atividade de escuta crítica, a docente também apresentou músicas do CD *A arca de Noé* (Polygram, 1993), de Toquinho, Vinícius de Moraes e outros compositores, para serem apreciadas e debatidas pelos alunos. A professora enfatizou que é necessário estar atento ao que o mercado produz e que, na escolha de materiais para serem usados em sala de aula, é preciso fazer uma seleção prévia, a partir de ouvidos atentos e boa percepção crítica a respeito do que cada tipo de música pode propiciar aos alunos.

Considera-se, também, importante destacar que foram destinadas três aulas para a criação coletiva de *jingles*. Assim, pode-se observar que, apesar de terem sido desenvolvidas poucas atividades práticas nas aulas, foi dada grande importância ao processo de criação musical, que é essencial para a formação do educador.

Instituição E

As aulas de Música da disciplina "Arte e Música na Educação Infantil" foram ministradas em apenas duas aulas. Apesar de ter sido pouco tempo, a docente procurou equilibrar o tempo das aulas tanto para fundamentos teóricos como para atividades práticas. Como as aulas eram duplas, a docente dividia a aula em duas partes, a primeira destinada à apresentação de conceitos e a segunda, após o intervalo, à realização de atividades práticas. Foram realizadas quatro atividades práticas nas aulas: "Eu vou andar de trem", "Construção de instrumentos de sucata", "Escuta crítica" e "Criação de paródias".

"Eu vou andar de trem"

Um dos objetivos desse brinquedo cantado (Figura 29) é trabalhar com diferentes movimentos e expressões corporais, pois, a cada vez que a música é repetida, acrescenta-se um movimento corporal: bater palmas; bater palmas e pés; bater palmas, pés, mexer a cabeça; e outros.

Figura 29 – Partitura de *Eu vou andar de trem*

Fonte: elaborada pela autora

Construção de instrumentos de sucata

Após mostrar aos alunos, por meio de imagens apresentadas pelo *data show*, os diferentes tipos de instrumentos musicais, baseados em seus princípios acústicos (cordofones; eletrofones; aerofones; idiofones e membranofones), a docente propôs a construção de um tipo de idiofone – o chocalho.

Os alunos haviam levado grãos de arroz, feijão e milho, além de outros materiais, como macarrão, e garrafas plásticas para a construção de chocalhos. Após todos terem construído os instrumentos, a professora propôs que os alunos realizassem uma atividade de percepção e verificassem qual som era mais agudo – o chocalho feito com arroz ou com macarrão? Considera-se essa proposta muito importante e adequada para os alunos de Pedagogia, que poderão, certamente, adequar essa atividade com seus futuros alunos.

Escuta crítica

Com intuito de realizar uma atividade voltada à escuta, a professora apresentou para seus alunos algumas faixas do CD *Que som é esse?*, do compositor Hélio Ziskind, e destacou a importância de se trabalhar a exploração dos timbres dos instrumentos musicais. Esse exemplo foi especialmente significativo para os alunos, pois fazia parte do repertório cultural de grande parte deles, que assistiam, quando crianças, ao programa infantil *Castelo Rá-Tim-Bum*, da TV Cultura, transmitido entre os anos de 1994 e 1997.[11]

A fim de exemplificar o que seria a interpretação musical, a docente trouxe duas gravações musicais distintas de uma mesma música, para que os alunos analisassem suas diferenças em termos de execução musical. Para essa atividade, trouxe, como exemplo, a música *Burguesinha*, em duas versões, de Ivete Sangalo e de Seu Jorge; trouxe, também, a música *Minha pequena Eva*, em duas versões, uma da Banda Eva e outra da banda Rádio Táxi. Após terem ouvido as gravações, a docente reforçou aos alunos a ideia que pretendia apresentar em relação aos diferentes tipos de interpretação. No entanto, não houve discussão ou reflexão por parte dos alunos, o que dificultou a percepção se eles compreenderam ou não o conceito apresentado.

A docente também abriu oportunidade para que os alunos levassem CDs com músicas infantis que julgassem interessantes para o desenvolvimento musical de seus futuros alunos. Assim, apenas uma aluna atendeu ao pedido, levando, em seu celular, músicas do grupo Pato Fu, parte do CD *Música de brinquedo*. A qualidade do som do celular era fraca e o volume, muito baixo; assim, não houve possibilidade de que os alunos escutassem a obra criticamente.

---

11 O programa foi retransmitido em anos posteriores.

Ao pesquisar a respeito do CD infantil do grupo Pato Fu, verificou-se que ele não é exclusivamente destinado ao público infantil, pois contém músicas de cantores como Elvis Presley e Roberto Carlos, acompanhados por brinquedos sonoros para o arranjo instrumental. Além disso, os filhos dos músicos do grupo fizeram os *backing vocals*, gritando e desafinando sem a menor preocupação. No entanto, destaque-se que as críticas aqui levantadas não foram discutidas em sala de aula, pois a aluna levou o material e apenas disse que era um disco "muito legal", não havendo reflexão crítica por parte da docente ou de seus colegas.

Criação de paródias

Após explicar aos alunos acerca da interpretação, improvisação e criação em música, a docente propôs que os alunos, em grupos, criassem paródias, ou seja, utilizassem estruturas rítmicas e/ou melódicas e propusessem novas letras, que poderiam ser de cunho político, publicitário ou cômico. Para inspirar a criação dos alunos, a docente tocou a gravação de duas paródias: *Não peide aqui, baby*, do grupo Mamonas Assassinas, baseada na música *Twist and shout*, dos Beatles, e *Atirei o pau no gato*, interpretada por Falcão, baseada na música *Another brick in the wall*, de Pink Floyd.

O processo de escuta observado pode ser considerado como passivo, já que os alunos apenas riram muito das letras das músicas, mas não escutaram as obras criticamente, nem refletiram sobre suas características. Por conta disso, pode-se considerar que a escolha de tal atividade foi, inclusive, recreativa, caracterizando um momento descontraído para que os alunos "descansassem" da carga de estudos do curso de graduação.

Após a escuta, passou-se à atividade de composição, que também se configurou como uma atividade de lazer. As criações dos grupos foram as seguintes:

– *Bebe leite:* utilização da melodia da música *Baby*, de Justin Bieber;

- *Desculpe, mas eu vou colar*: utilização da melodia da música *Desculpe, mas eu vou chorar*, da dupla Leandro e Leonardo;
- *Ciranda, cirandinha*: utilizando como base a melodia da canção *Ciranda, cirandinha*, o grupo criou algumas modificações na letra original da música, mas manteve a mesma temática;
- *Eu quero, eu quero ver lá Sé*: utilização da melodia de *Ilariê*, de Xuxa.

Os alunos envolveram-se muito na atividade de criar letras para melodias conhecidas e divertiram-se muito com suas criações e de seus colegas. Ressalte-se a importância de uma proposta envolvendo a criação, que sempre é válida, pois, concordando com Ostrower (1984), criar é uma necessidade, já que a criatividade é a essência do homem. No entanto, não se considera que a criação de paródias deva ser privilegiada em um processo de educação musical.

Contudo, apesar do que foi dito, lembremos que, apesar de o aluno trabalhar com a questão do ritmo e da prosódia para tal atividade, ele não passa pelo processo de criação musical em si, quer seguindo os princípios estruturais que regem uma música tradicional, ou seja, no mínimo, a criação de estruturas rítmicas e/ou melódicas, quer adentrando o espaço das músicas contemporâneas, em que outras questões são priorizadas. Diante disso, considera-se que teria sido mais proveitoso que a docente tivesse sugerido que os alunos compusessem uma música e não uma paródia.

Espaço físico/materiais e mídias utilizados em aula

Instituição A

As aulas de Artes e Música eram ministradas em uma sala de aula tradicional, com carteiras e pouco espaço para movimentação. Provavelmente, pela falta de tempo nas aulas, o espaço não foi reorganizado (empilhando-se as carteiras, por exemplo) para que se tivesse um maior espaço para o desenvolvimento das propostas. Por conta disso, em uma das aulas, a professora sugeriu que os alunos utilizassem o espaço do pátio da faculdade para a realização de uma criação musical coletiva.

Na faculdade havia uma sala com televisão e DVD, que foi utilizada para a aula inicial da disciplina "Arte e Música no Processo de Ensino e Aprendizagem no Ensino Fundamental". Nessa aula assistiu-se ao filme americano *O sorriso de Monalisa* (2003), dirigido por Mike Newell, a fim de ser debatido pela turma, tendo como foco a discussão do que é arte e para que serve a arte.

Na sala em que as aulas de Música foram realizadas havia aparelho de som, mas este não foi utilizado em nenhuma aula observada. A professora indicou para seus alunos alguns materiais pedagógico-musicais como, por exemplo, a discografia do grupo Palavra Cantada, Teca Alencar de Brito e Barbatuques, mas não os utilizou em nenhuma das aulas. Destaque-se que a escuta crítica desses referenciais auditivos teria sido fundamental em aula e, certamente, fez falta à formação musical dos alunos.

Assim, os materiais utilizados em aula eram os textos fotocopiados e anotações na lousa, onde eram feitas algumas indicações e escritas algumas atividades. Também foi utilizado o portal eletrônico do curso, no qual eram postados os textos referentes à disciplina.

Instituição B

As aulas de Música eram ministradas em uma sala de aula tradicional, mas com amplo espaço para movimentação. Nos momentos em que eram propostas atividades práticas, os alunos reorganizavam a sala para terem um espaço mais adequado a elas.

Havia aparelho de som na sala, que era usado frequentemente. A professora utilizou gravações das músicas *São João Dararão* (do folclore português) e *Lugar comum* (de João Donato e Gilberto Gil), para serem apreciadas pelos alunos e servirem como referência para suas criações. No entanto, destaque-se que a gravação da música *São João Dararão*, parte do CD *Baby Hits – v. 3*, era muito industrializada, sendo seu acompanhando instrumental feito unicamente pelo teclado.

Em uma das aulas, a docente levou uma televisão e um DVD para a sala de aula, com intuito de apresentar um vídeo que mostrasse crianças cantando e tocando um arranjo musical com instrumentos de percussão; no entanto, não foi possível mostrar tal material, pois o aparelho de DVD da escola não funcionou. Diante disso, ressalta-se a importância de se ter disponíveis os recursos necessários para a realização das atividades propostas, pois, no caso dessa aula, o exemplo musical que seria apresentado fez muita falta aos alunos como referencial prático.

Também utilizou-se como recuro a lousa em todas as aulas, trazendo a letra das músicas a serem desenvolvidas em aula e algumas informações necessárias para a realização das produções musicais.

Instituição C

A infraestrutura destinada às aulas de Música da instituição C é de ótima qualidade, o que contribuiu para o bom desenvolvimento das aulas. Estas foram ministradas em uma sala de aula tradicional, mas com amplo espaço para movimentação. No momento das atividades práticas as carteiras eram empilhadas próximo às paredes da sala, deixando o centro livre para a realização das atividades que envolviam movimento corporal.

Na sala também havia um *data show*, utilizado para a realização da chamada dos alunos e para projeção dos conteúdos estudados e partituras das músicas cantadas em aula.

A docente também utilizava um teclado como suporte harmônico para acompanhar o canto dos alunos. Foi interessante observar, ainda, que a professora apresentava grande domínio do instrumento e acompanhou ao teclado, "de ouvido", em alguns momentos, canções sugeridas pelos alunos.

Uma questão muito marcante foi a diversidade de instrumentos musicais, objetos sonoros e brinquedos que a docente levava para as aulas, sugerindo atividades com as crianças pequenas, principalmente na faixa de 0 a 3 anos. A professora levava variados tipos de bichinhos de pelúcia, fantoches e outros brinquedos que ilustrassem o tema das músicas desenvolvidas em aula.

Ressalte-se, neste ponto, novamente uma aproximação com a proposta da educadora Josette Feres (1998), que, em sua escola de música, trabalha com uma diversidade de brinquedos e materiais próprios para o desenvolvimento musical das crianças. Considera-se a utilização desses brinquedos muito adequada, pois propicia um ambiente mágico e lúdico às crianças, o que é fundamental para a sua formação.

Instituição D

As aulas de Música do curso de Pedagogia da instituição D foram ministradas em uma grande sala de aula tradicional, que poderia propiciar amplo espaço para movimentação, mas que não foi utilizada com esse fim, já que, nas aulas observadas, não foram propostas atividades práticas com movimento.

Ressalte-se a grande utilização de CDs e DVDs nas aulas. A docente destinou uma aula especialmente para a escuta crítica de algumas músicas, shows e trilhas sonoras. Os DVDs foram apresentados em uma tela de projeção pelo *data show*, o que proporcionou aos alunos uma apreciação musical com qualidade.

A docente trouxe, ainda, alguns desenhos e filmes aos alunos, com o intuito de identificarem o papel e a importância da trilha sonora. A professora também apresentou parte de um show do grupo Barbatuques, alguns clipes do grupo Palavra Cantada e algumas faixas do CD *A arca de Noé*, de Toquinho e Vinícius de Moraes. Consideram-se as escolhas de repertório realizadas pela docente muito adequadas, pois são materiais de boa qualidade musical e referências na área.

Instituição E

As aulas de Música foram ministradas em uma sala de aula tradicional, com carteiras e pouco espaço para movimentação. A docente utilizava a lousa, em alguns momentos, para escrever informações que julgava importantes, mas o principal recurso didático utilizado para apresentação dos conteúdos foi o *data show*.

Além de apresentar slides com tópicos relativos aos conteúdos estudados por meio do recurso do *data show*, a docente também utilizou o som do computador para apresentar algumas gravações musicais a seus alunos.

Após ter mostrado um slide com uma escada ilustrando a escala musical de dó maior, a professora trouxe a gravação da música *Minha canção*, composta por Chico Buarque, baseada na mesma escala. No entanto, na aula, a caixa de som do computador não funcionou, o que dificultou a assimilação desse conteúdo pelos alunos, já que a docente não reproduziu vocalmente o exemplo trazido.

Na aula seguinte o som do computador estava funcionando e a professora apresentou para seus alunos algumas faixas do CD *Que som é esse?*, do compositor Hélio Ziskind, a música *Burguesinha*, interpretada por Ivete Sangalo e por Seu Jorge, e *Minha pequena Eva*, interpretada pela Banda Eva e pela banda Rádio Táxi.

A professora também destacou a qualidade das músicas do grupo Palavra Cantada, apesar de não ter levado nenhum exemplo auditivo, e sugeriu aos alunos que procurassem conhecer tal grupo. Além dessas referências, a docente ainda enfatizou a qualidade das sugestões de obras musicais e da discografia apresentadas no Recnei (Brasil, 1998).

Em relação ao grupo Palavra Cantada, entende-se ser importante destacar que instrumentalmente esse grupo é muito competente, sendo referência na área. Além dos ricos arranjos instrumentais, as letras das músicas são muito criativas e interessantes. No entanto, considera-se válido ressaltar que vocalmente eles não são bons referenciais, pois, algumas vezes, não mantêm uma afinação precisa e escolhem tonalidades graves, inadequadas para o canto infantil.

Foi utilizada nas aulas, como recurso didático, a gravação de músicas do celular de uma aluna. Esse uso das diferentes tecnologias aponta para um ensino atualizado e que aproveita os recursos presentes na sociedade pós-moderna. Nesse sentido, Delors (2004, p.186-7) afirma: "[...] o desenvolvimento das tecnologias pode criar um ambiente cultural e educativo suscetível de diversificar as fontes do conhecimento e do saber".

A avaliação nas aulas de Música

As docentes das cinco instituições apresentaram diferentes propostas para a avaliação da disciplina. Cipriano Luckesi (2005, p.29) questiona: "Será que, em nosso dia a dia escolar, temos tido clareza da direção para onde estamos conduzindo os resultados de nossa prática educativa [...]?".

Diante disso, antes de entrar nos procedimentos adotados pelas professoras, considera-se importante entender quais os fundamentos da avaliação. Cipriano Luckesi (1986, p.47-51) sugere passos para uma proposta de avaliação escolar:

> 1) [...] um posicionamneto pedagógico claro e explícito [...] de tal modo que possa orientar diuturnamente a prática pedagógica, no planejamento, na execução e na avaliação.
>
> 2) [...] conversão de cada um de nós, de cada professor, de cada educador, para novos rumos da prática educacional. Conversão no sentido de conscientização e de prática desta conscientização. Não basta saber que "deve ser assim". É preciso fazer com que as coisas "sejam assim".
>
> 3) [...] resgate da avaliação em sua essência constitutiva. Ou seja, torna-se necessário que a avaliação educacional, no contexto de uma pedagogia preocupada com a transformação, efetivamente, seja um julgamento de valor sobre manifestações relevantes da realidade para uma tomada de decisão. Os dados relevantes não poderão ser tomados ao léu, ao bel-prazer do professor, mas eles

terão que ser relevantes de fato para o que se propõe. Então, a avaliação estará preocupada com o objetivo maior que se tem, que é a transformação social.

O autor ainda afirma que a avaliação nos impulsiona a buscar os melhores resultados possíveis, já que "não se pode trabalhar por 'quaisquer' resultados, ou por resultado nenhum – o que é uma insanidade –, mas sim pelos melhores resultados possíveis" (2005, p.57). Pensando em uma avaliação formativa, também podem-se levar em conta as proposições de Perrenoud (1999), para quem a base da avaliação é auxiliar o aluno a aprender (Ferraz; Fusari, 2009, p.165). Postas essas questões, passa-se à reflexão acerca da avaliação adotada em cada disciplina.

Instituição A

A disciplina "Arte e Música no Processo de Ensino e na Aprendizagem no Ensino Fundamental" foi divida em dois momentos: o primeiro destinado a conteúdos de artes visuais e o segundo, a conteúdos musicais.

Na primeira aula de música observada, foi possível verificar como se deu a avaliação do desempenho dos alunos em relação aos conteúdos de artes visuais, uma vez que, na primeira parte, foi proposta a finalização deste eixo – artes visuais. Assim, durante a aula, ocorreu a discussão sobre a correção da prova escrita, que continha questões teóricas e reflexivas acerca dos conteúdos estudados.

Além da avaliação escrita, também foram avaliadas as produções artísticas dos alunos. Para isso, foi solicitado, como trabalho final da disciplina, que eles fizessem pinturas em telas (com temática livre) em casa, e criassem uma máscara de gesso, utilizando o próprio rosto ou o rosto de um familiar/colega como molde; essas máscaras deveriam ser pintadas com inspiração na pesquisa que os alunos haviam realizado acerca da cultura africana. Os resultados foram surpreendentes, pois as máscaras ficaram esteticamente muito interessantes.

Após terem sido desenvolvidos conteúdos musicais, os alunos realizaram uma prova escrita, com questões teóricas e reflexivas, seguindo, assim, a mesma abordagem da prova que avaliou os conteúdos de artes visuais. No entanto, por esta ter sido realizada na última aula da disciplina, não houve tempo hábil para discussão e reflexão acerca da prova e do desempenho dos alunos.

Destaque-se que não foi realizada uma avaliação das produções musicais dos alunos, assim como foi feito em artes visuais. Talvez a docente tenha privilegiado a avaliação de produções plásticas, por ser esta sua principal formação, ou por se sentir despreparada para avaliar criações musicais dos alunos.

Diante disso, a disciplina acabou tendo um foco maior na área de artes visuais, o que, consequentemente, culminou em certa displicência dos alunos na realização das atividades musicais práticas; tal atitude pode ter sido influenciada pelo fato de as produções musicais não terem sido avaliadas em seu processo nem como resultado final.

Instituição B

A avaliação dos conteúdos musicais desenvolvidos na disciplina "Música, Teatro e Dança nas Séries Iniciais do Ensino Fundamental" se deu por meio de uma proposta de criação musical em grupo, que seria apresentada à sala e avaliada pela docente e pelos alunos. A professora explicou que o objetivo da atividade avaliativa era a "criação de arranjo em produção musical (utilizando qualquer música existente ou composta pelo grupo), trabalhando os seguintes parâmetros: pulsação, acento métrico, densidade, intensidade, desenho rítmico, cânone e timbre".

Na aula destinada à avaliação dos alunos, a professora explicou à sala que cada grupo seria responsável pela avaliação de cada um desses parâmetros musicais estudados, indicando, assim, um elemento musical para cada grupo:

- O *primeiro grupo* escolheu a música folclórica *Samba-lelê* e criou um arranjo utilizando percussão corporal, cânone vocal e movimentos corporais. O grupo criou um arranjo muito bem estruturado e expressivo, tendo conseguido realizar um cânone corretamente, utilizando palmas e batidas de pé para acompanhar a canção. As alunas do grupo criaram uma partitura gráfica, que registrou o processo de criação e execução destas.
- O *segundo grupo* escolheu a música folclórica *Alecrim* e criou um arranjo vocal, utilizando o princípio de pergunta e resposta; os alunos foram acompanhados por uma aluna do grupo que tocou triângulo, utilizando o padrão rítmico característico do baião.
- O *terceiro grupo* escolheu a música folclórica *O pião entrou na roda* e criou um arranjo vocal, utilizando principalmente a questão da intensidade como recurso de interpretação. Além disso, o grupo trabalhou a questão dos diferentes timbres, dividindo os alunos em duas vozes distintas (vozes femininas e masculinas). Outra questão peculiar desse grupo foi a presença de uma regente, que conduzia o grupo nas questões ligadas ao andamento, intensidade e entradas das vozes. Os alunos de sexo masculino do grupo apresentaram muita dificuldade de afinação, mas, em geral, a apresentação foi bem estruturada musicalmente.
- O *quarto grupo* escolheu a música folclórica *Alecrim* para criação do arranjo musical. Eles sentiram-se um pouco inibidos, pois, segundo uma aluna do grupo, "existem milhões de músicas no mundo, e escolhemos justo a mesma do segundo grupo". No entanto, essa foi uma questão interessante, pois mostrou as diversas possibilidades de arranjo e interpretação a partir de uma mesma música. O grupo dividiu-se em dois naipes, utilizando estalos de dedos para marcar o pulso da música, e também contou com uma aluna que tocou chocalho, marcando a pulsação.

- O *quinto grupo* escolheu a música *A barata diz que tem* e criou um arranjo vocal bastante elaborado e com acompanhamento de palmas e batidas de pés. As alunas procuraram criar texturas diferentes para cada estrofe, trabalhando com a técnica de pergunta e resposta, com solos e harmonia vocal. O grupo teve como objetivo apresentar a música em várias vozes, aparentemente baseadas na harmonia tonal; algumas alunas cantavam em um registro bem agudo e outras no médio, e assim, por vezes, ouviam-se acordes bem interessantes, mas, em outras vezes, a união das vozes se dava de forma dissonante, resultando em um bloco sonoro atonal. Apesar de provavelmente não ter sido o objetivo das alunas mesclar a harmonia tonal com dissonâncias, tal resultado – atingido involuntariamente – foi muito interessante. A produção musical desse grupo foi muito rica e significativa para toda a sala, que ficou extasiada com a apresentação.

Após os grupos terem se apresentado, passou-se ao momento de avaliação, realizada pelos próprios alunos, acerca dos parâmetros musicais presentes nas produções musicais de cada grupo. Os grupos responsáveis pelos parâmetros pulsação, acento métrico, timbre e intensidade expuseram para a sala suas análises, sendo possível observar que os alunos entenderam bem tais conceitos e puderam identificá-los nas criações musicais dos grupos.

Já os parâmetros densidade e desenho rítmico não ficaram claros, e os alunos tiveram dificuldade para percebê-los nas produções dos colegas. O conceito de "desenho rítmico" ficou confuso, e a professora mesmo destacou, equivocadamente, que muitas vezes pulso e desenho rítmico se confundem. Assim, percebe-se que esse conceito não foi bem explicitado.

Outra questão mal compreendida foi o conceito de cânone. Com exceção do primeiro grupo, que conseguiu realizar um cânone corretamente, os demais grupos trabalharam com o princípio de pergunta e resposta, pensando ser um cânone. Na avaliação dos alunos em relação à criação musical dos grupos, essa dúvida também foi evidenciada. Tal fato se deu pela própria explicação da professora acerca do conceito cânone na aula anterior, que também não foi clara.

No entanto, considera-se que, apesar de alguns erros conceituais transmitidos pela docente, o resultado alcançado nessas aulas de Música, que tinham um espaço de tempo tão curto, muito rico e interessante.

Em relação às produções musicais dos alunos, apesar de algumas dificuldades observadas em relação a alguns elementos musicais, como afinação e realização de um cânone, por exemplo, foi possível identificar criatividade, musicalidade e domínio de questões ligadas ao tempo musical. Além disso, eles puderam experimentar o processo de criação musical, que é riquíssimo e fundamental tanto para o processo de educação musical deles próprios – como futuros professores – quanto de seus futuros alunos.

Instituição C

A avaliação das aulas de Música da instituição C contribuiu para o desenvolvimento musical dos alunos, pois foi muito bem elaborada e visou à verificação do desempenho não só de um produto final, mas também do processo de formação dos discentes. Para avaliação dos alunos, a docente propôs que estes elaborassem um portfólio e uma proposta prática em grupo.

O portfólio deveria conter relatos das aulas desenvolvidas, o trabalho escrito relativo à formação musical de uma das fases do desenvolvimento infantil, os textos estudados em aula, impressos, e reflexões acerca destes e reflexão crítica acerca do filme assistido.

Considera-se a avaliação por meio do portfólio muito eficaz, pois esta pressupõe uma participação ativa e reflexiva em todas as atividades propostas em aula. O portfólio trata do registro da trajetória de aprendizagem do aluno. Segundo Ávila et al. (2000) o termo portfólio nos remete a Gardner (1995), que o define como "local para armazenar todos os passos percorridos pelos estudantes ao longo de sua particular trajetória de aprendizagem" (Gardner apud Ávila et al., 2000, p.55). Nesse sentido, Ávila et al. (2000, p.56) afirmam:

> Permitir que cada aluno se defronte com sua produção e refletir sobre o que realizou e como conseguiu enfrentar os desafios propostos é construir saberes, é estabelecer interlocuções, é esclarecer perspectivas, é construir autonomia. Desta forma é possível realizar uma avaliação capaz de ser introjetada nas próximas ações produtivas do sujeito.

A outra proposta avaliativa, em grupo, consistia tanto em um trabalho expositivo prático como escrito e teórico. A docente propôs que a sala se dividisse em seis grupos e que cada um deles realizasse uma aula de Música, cada qual destinada a uma fase do desenvolvimento infantil: 0 a 1 ano, 1 a 2 anos, 2 a 3 anos, 3 a 4 anos, 4 a 5 anos e 5 a 6 anos. Além de propor uma aula prática, os alunos também deveriam entregar um trabalho escrito relativo ao plano de aula e aos fundamentos teóricos utilizados para esta, como parte do portfólio. A autora assistiu a apenas três das apresentações dos alunos.

Grupo 1: 0 a 1 ano

Esse grupo desenvolveu uma aula de Música para bebês, baseada na proposta apresentada pela docente, influenciada pelo método de Josette Feres, a saber:

– brinquedo livre;
– recepção: *Alô, bom dia*;
– músicas: *Marcha soldado* (com movimento corporal), *A chuva cai* (com chocalhos), *O sapinho salta* (com sapinhos de brinquedo), *Arrasta cobra* (com macarrão de piscina), *Toc--toc-toc* (com movimento corporal), *Reloginho tic-tac* (com movimento corporal), *Os peixinhos* (com peixes de pelúcia);
– relaxamento: *Estrelinhas; Serra, serra; A joaninha.*

As alunas do grupo organizaram a sala e a decoraram de modo a propiciar um ambiente acolhedor para os bebês, que, nessa simulação de aula, foram bonecas. Observou-se que as alunas cantaram as músicas em uma tessitura aguda, adequada à musicalização de bebês. Elas mantiveram a afinação e em algumas músicas utilizaram um CD como base.

Considera-se o desenvolvimento da aula proposta pelo grupo muito apropriado à faixa etária a que se destina, utilizando diversas atividades curtas e lúdicas que estimulam a musicalidade das crianças. Outra questão que chamou a atenção foi a utilização, no início da aula, de uma citação do livro *Música na educação infantil* (Brito, 2003) acerca da importância da música nessa fase do desenvolvimento.

Grupo 2: 1 a 2 anos

Esse grupo, pensando na possibilidade de se trabalhar por projetos, escolheu um tema para desenvolver todas as atividades da aula de música: os animais e seus sons. O objetivo da aula proposta pelo grupo era "incentivar as crianças a conhecerem e discriminarem os diversos tipos de animais e seus respectivos sons". Para atingir esse objetivo os alunos propuseram as seguintes atividades:

- "Boas-vindas";
- "Música do cachorrinho e quebra-cabeça";
- "Os animais e seus sons";
- "Cantando com fantoches de animais";
- "Cantando e reconhecendo os animais";
- "Momento de tranquilidade".

A proposta do grupo foi muito interessante, principalmente pelo fato de ele ter criado tanto os recursos didáticos utilizados (escola em EVA, quebra-cabeça, dado e fantoches) quanto as propostas das atividades. Foi possível observar originalidade e criatividade por parte do grupo, além de preocupação em desenvolver um conteúdo bastante pertinente à faixa etária de 1 e 2 anos: os timbres das vozes dos animais. O grupo entregou aos alunos uma folha contendo as atividades desenvolvidas na aula.

Grupo 3: 2 e 3 anos

Esse grupo, assim como o segundo, também escolheu como temática da aula os sons dos animais. É muito comum tal escolha, pois grande parte das músicas destinadas a essa faixa etária tem como tema os animais. Além disso, a exploração do timbre das vozes dos animais é algo concreto e apropriado para as crianças de 0 a 3 anos.

O grupo propôs as seguintes atividades para a sala:

– "Bom dia!";
– "Exploração do som dos animais que as crianças têm em casa";
– "Tapete sonoro – Animais";
– "Jogo da memória – Sons dos animais";
– "Jogando a bola para os animais (com máscaras)".

Destaque-se que os três grupos propuseram atividades muito interessantes, bem estruturadas musicalmente e adequadas à primeira fase do desenvolvimento infantil. Observou-se que todos fizeram atividades curtas e utilizaram recursos lúdicos para o envolvimento de seus alunos, conforme orientado pela docente da disciplina. Foi possível observar que os alunos eram afinados e agiam com segurança e tranquilidade no desenvolvimento das propostas, provavelmente pelo fato de a maior parte deles fazer música constantemente em espaços religiosos.

Além do portfólio e da realização dessas atividades práticas, também foi considerada a participação dos alunos em aula como critério de avaliação. Em uma das aulas, a docente propôs que os alunos entregassem um texto com os principais tópicos abordados no texto, o que se considera um ponto muito importante, pois tal proposta estimulou a leitura e a reflexão sobre o referencial teórico abordado nas aulas.

Instituição D

A avaliação dos alunos da disciplina "Educação e Arte: Música", da instituição D, deu-se por meio da observação de sua participação em aula, por uma prova escrita e pela realização de uma criação musical em grupo.

A docente avaliou a participação dos alunos em aula, ao realizarem as atividades práticas propostas e discutirem as questões levantadas durante as aulas. Como avaliação parcial, a docente entregou um questionário a cada um, o qual apresentava questões referentes aos sons ouvidos por eles em seu quarto, residência, quintal, rua, bairro e em outros locais. Também havia questões referentes aos ambientes sonoros prejudiciais e favoráveis ao desenvolvimento das crianças.

Nessa proposta fica clara a influência de Murray Schafer (1991), que trata da importância de se ouvir a *"paisagem sonora"* e de *"abrir os ouvidos"*. Considera-se essa atividade muito importante e pertinente aos alunos de Pedagogia, pois não exige conhecimento musical prévio e pode ser perfeitamente desenvolvida por esses futuros professores com seus alunos.

A avaliação escrita proposta foi realizada em grupos e tinha por objetivo promover diálogos entre a linguagem musical e outra área do conhecimento. Cada grupo sorteava um parâmetro do som ou elemento musical e deveria escolher uma disciplina do currículo para relacioná-la: um grupo que sorteasse o elemento pulso poderia relacioná-lo à Matemática, abordando os números e a proporção, por exemplo.

Entende-se, por um lado, interessante esse tipo de relação a ser estabelecida pelos alunos de Pedagogia, que, por serem responsáveis por desenvolver as diversas áreas do conhecimento, poderão trabalhar de forma interdisciplinar. Mas, por outro, pensa-se que tal proposta pode estimular o uso da música apenas como recurso didático, afastando-se da possibilidade de explorá-la de maneira autônoma, como expressão artística e área de conhecimento como um fim em si mesma.

Por fim, a atividade avaliativa prática tinha por objetivo que os alunos, em grupos, criassem um *jingle* e apresentassem para a sala. A docente esclareceu aos alunos que eles poderiam compor o *jingle* todo, com letra e música, ou usar uma mensagem ou letra de uma música conhecida e criar sua estrutura rítmica e/ou melódica, pois o objetivo principal era que os alunos vivenciassem o processo de criação musical.

Os alunos tiveram muita dificuldade em entender a proposta, pois instintivamente criavam paródias, mudando a letra de músicas conhecidas. Diante disso, a docente destinou três aulas para que os alunos elaborassem o *jingle*, orientando os grupos e chamando a atenção deles quando estavam usando uma melodia conhecida sem intenção.

A aula final da disciplina foi destinada à apresentação dos grupos. Além de os alunos apresentarem suas composições, a docente também solicitou aos grupos que levassem instrumentos musicais construídos com sucata para acompanhar as performances, pois o processo de confecção e utilização também seria avaliado.

O resultado foi muito interessante, pois se notou grande variedade de estilos e propostas criadas pelos grupos, que criaram as seguintes composições:

- *Paródia*: o grupo não realizou a proposta adequadamente, pois, em vez de criar uma nova estrutura musical, inventou uma nova letra para a melodia da música *A casa*, de Vinícius de Moraes, o que os afastava da proposta da professora.
- *Criação de um rap*: o grupo compôs um rap, tanto a letra quanto o ritmo, utilizando, como acompanhamento, percussão corporal.
- *Composição*: os alunos relataram à sala que iniciaram sua criação fazendo uma paródia da música *Jingle Bells*, de James Lord Pierpont. Após terem sido alertados pela docente a respeito da inadequação dessa proposta e de serem orientados por ela durante o processo de criação, os alunos foram modificando a música e a alteraram tanto que acabaram realizando uma nova composição musical.

- *Criação de melodia*: o grupo criou uma melodia para a letra da música *Olhos coloridos*, de Sandra de Sá e Paula Lima.
- *Embolada*: o grupo apresentou uma composição musical baseada na embolada nordestina, utilizando como base a letra da música *Depende de nós*, de Ivan Lins. A ideia foi criar um desafio entre dois integrantes do grupo, que cantavam de forma alternada, enquanto os outros colegas acompanhavam tocando.
- *Criação de melodia*: o grupo criou uma estrutura rítmica e melódica para a letra da música *A escola*, de Jorge Palma.
- *Marcha*: o grupo compôs a letra e a música em ritmo de "marcha", fazendo referência, ironicamente, a um ensino ditatorial.
- *Samba*: em ritmo de samba, o grupo criou uma melodia para a música *Lavar as mãos*, de Arnaldo Antunes. O grupo foi acompanhado por um aluno, percussionista, ao pandeiro.

Os grupos utilizaram os instrumentos musicais construídos por eles para acompanhar suas performances, tanto para realização de efeitos sonoros quanto para marcação do pulso ou de ritmos específicos, como, por exemplo, o de samba ou embolada. Foi possível observar criatividade e musicalidade por parte dos alunos, pois inventaram músicas bem estruturadas.

Os critérios de avaliação da docente foram considerados muito adequados, pois privilegiaram não só o resultado artístico, mas todo o processo de aprendizagem. Além disso, diferentemente de algumas instituições, a docente privilegiou os diferentes aspectos presentes nas aulas: participação, construção de instrumentos, resposta ao questionário, avaliação escrita e criação coletiva.

Instituição E

Na primeira aula de Música observada na instituição E, foi possível acompanhar a devolutiva de uma autoavaliação realizada pelos alunos acerca de sua formação artística em período pré-escolar. Havia sido solicitado que os alunos fizessem uma "Viagem ao Jardim da Infância" e realizassem uma análise crítica sobre a presença das artes e da música nesse período.

A docente reuniu a fala dos alunos em um texto elaborado por ela, permeado por reflexões, e leu para toda a sala. Essa atividade reflexiva foi muito interessante e despertou o interesse dos alunos, que, após ouvirem a análise da professora, emitiram comentários e reflexões impulsionadas pelo texto coletivo. Apesar de ter sido uma atividade muito rica, essa autoavaliação não fez parte da nota final atribuída a cada aluno.

A nota da disciplina "Arte e Música na Educação Infantil" se deu por meio de uma avaliação escrita, formada por três questões. Na primeira questão foi solicitado aos alunos que explicassem o que era "o fazer artístico, o apreciar e a reflexão". Essa questão foi baseada na Proposta Triangular do Ensino de Arte, apresentada no Recnei, estudado pelos alunos em aula.

A segunda questão apresentava um texto que discorria sobre a importância de se trabalhar por projetos e, em seguida, pedia que os alunos elaborassem um projeto de artes que tivesse como temática os espaços da escola.

A docente permitiu que a autora lesse as provas de alguns alunos e, como resultado, foi possível observar que, de 22 projetos elaborados pelos alunos, apenas um deles tinha por objetivo desenvolver a linguagem musical. Todos os demais projetos eram ligados às artes visuais, provavelmente pelo fato de a disciplina ter dedicado maior tempo a essa linguagem artística e, possivelmente, por ser esta a linguagem que os alunos mais vivenciaram em sua formação escolar.

A terceira questão da prova tratava especificamente da linguagem musical. No enunciado da questão foram transcritos os objetivos relativos à apreciação musical, de 0 a 3 anos e de 4 a 6 anos, apresentados no Recnei. Em seguida, foi solicitado que os alunos elaborassem estratégias para atingir aqueles objetivos com seus futuros alunos.

Essa prova foi entregue aos alunos, via e-mail, na semana anterior à data da prova. Os alunos deveriam realizar as questões em casa e apenas transcrevê-las no papel específico para avaliações da instituição, no dia da avaliação. Por um lado, considera-se interessante a proposta, pois os alunos, certamente, responderam às questões no tempo necessário a cada um, o que pode ter possibilitado, também, uma reflexão mais profunda por parte dos discentes. Por outro, não é possível saber até que ponto os alunos realizaram a avaliação individualmente, nem como avaliar se os conteúdos, realmente, foram assimilados por eles.

Consideram-se as questões apresentadas na prova bastante adequadas à formação docente, principalmente a segunda e a terceira perguntas, que relacionam os saberes teóricos e práticos. No entanto, pensa-se que poderiam ter sido avaliadas, também, atividades artísticas e musicais práticas, estimulando, assim, um fazer artístico mais cuidadoso e comprometido por parte dos alunos.

4
MÚSICA NOS CURSOS DE PEDAGOGIA: VISÃO DOS ALUNOS, COORDENADORES E PROFESSORES

Música(s) para estudantes de Pedagogia: sentidos, funções e influências

Sentido da música para os alunos de Pedagogia

Partindo do pressuposto de que o sentido e a importância atribuídos à música pelos alunos de Pedagogia influem diretamente tanto no modo como eles participaram das aulas de Música em seu curso de graduação como em sua futura prática pedagógico-musical, foram levantadas as seguintes questões: "O que é música para você?" e "Que importância tem a música em sua vida?".

Em relação ao significado atribuído à música, pode-se refletir, primeiramente, se é adequado, ou não, dizer que a música tem significado. O compositor Aaron Copland questiona: "A música tem um significado? Ao que minha resposta seria sim. E depois: você pode dizer em um certo número de palavras que significado é esse? E aqui minha resposta seria não" (Copland, 1974 apud Sekeff, 2007, p.27).

A musicista e pesquisadora Maria de Lourdes Sekeff (2007, p.27) afirma que, a despeito de sua lógica constitutiva, a música é *aconceitual*. Ela explica:

Em virtude de sua essência, a linguagem musical não exprime situações unívocas. *Aconceitual,* é marcada pela ambiguidade; *aconceitual,* é incapaz de determinar a formação de ideias claras e categóricas; dotada de *sentido* – pois significantes são articulados na sua construção e realização –, e ainda assim a música nada diz, pois sentido não quer dizer significação, sentido não quer dizer *referente.* E quanta coisa toma então pregnância na música, exatamente porque ela escapa da significação.

Diante disso, considera-se importante ressaltar que não se pretende atribuir juízo de valor aos sentidos que a música tem para cada aluno, já que se concorda com o pensamento de Sekeff quando diz que "a música tem sentidos plurais, é polissêmica" (ibidem, p.35).

Para a discussão acerca dos sentidos atribuídos à música pelos alunos, os dados foram tabulados, primeiramente, por instituições (A, B, C, D, E). Ressalte-se, também, que nos quadros 37, 38, 39, 40 e 41, a seguir, foi informado o número de opiniões dos alunos, que, algumas vezes, é diferente do número de participantes do estudo, uma vez que alguns deles atribuíram mais de um sentido à música e, portanto, foram inseridos em mais de uma categoria. Após apresentar os dados colhidos em cada instituição, as respostas foram transformadas em subitens, discutidos a seguir.

Quadro 37 – Sentido da música para alunos da instituição A

O que é música	Quantidade de opiniões
Algo que provoca prazer	1
Expressão de sentimentos	1
Arte de combinar sons	1

Quadro 38 – Sentido da música para alunos da instituição B

O que é música	Quantidade de opiniões
Forma de expressão da alma/Transmissão de vida através do som	3
Combinação de sons	2
Representação de sentimentos	3
Música relacionada à vida/Performance de um povo através dos sons/Representação de uma cultura	3
Caráter espiritual	3
Expressão/Comunicação	3
Expressão corporal	2
Didática	1

Quadro 39 – Sentido da música para alunos da instituição C

O que é música	Quantidade de opiniões
Forma de expressão de sentimentos/Comunicação	5
Combinação de sons/Combinação de sons agradáveis	3
Caráter espiritual/Expressão da alma	3
Contribui para formação do ser humano	3
Caráter educacional	3
"Bom"/Essencial	4
Música como relaxamento	1
Arte/Arte e ciências	6
"Redentora"	1
Ligada ao talento	1
Entretenimento	1
Aspectos estruturais musicais ligados ao sentimento	2

Quadro 40 – Sentido da música para alunos da instituição D

O que é música	Quantidade de opiniões
Momento para relaxamento	1
Tem função de transmitir sensações/Expressão de sentimento	2
Tem sempre algo a acrescentar	1
Nada com muita importância	1

Quadro 41 – Sentido da música para alunos da instituição E

O que é música	Quantidade de opiniões
Música é vida	1
Música é arte	1

Por meio da análise dos dados obtidos, as categorias que apareceram diversas vezes foram agrupadas em subtópicos, que, julga-se, podem conter os principais sentidos atribuídos à música pelos alunos de Pedagogia.

Música: combinação de sons – algo que provoca prazer

Uma concepção muito presente nas respostas dos alunos foi a caracterização da música por sua estruturação, somada ao sentimento de bem-estar que provoca. Têm-se, assim, dois sentidos acoplados: estrutura determinada aliada ao prazer. Seguem algumas das visões deles:

> Música é para mim uma mistura de vários sons.

> Música para mim, são os sons diferentes que estão presentes em nosso cotidiano, tendo ou não letra. Pois através dela, permite-nos a expressão corporal e oral.

> É a junção de notas que produzem um som agradável.

Uma combinação de sons que nos envolve.

É um som agradável aos ouvidos.

Música para mim é a arte de combinar sons. Procura distinguir a música do barulho. Pode-se considerar, por exemplo, uma forma de arte da expressão pela combinação de sons e silêncio. A música como arte, é uma forma de produzir ou transmitir o que é belo.

É possível observar que muitos deles têm uma visão romântica e ainda consideram música como a combinação de sons agradáveis. Observa-se que essa ideia está baseada na clássica definição de Jean-Jacques Rousseau (1712-1778) de música: "música, arte de combinar sons de maneira agradável ao ouvido". Destaque-se que, ao se pesquisar o verbete "música" em dicionários atuais, ainda será encontrada essa definição.

Um dos alunos da instituição A, músico, considera que a música é algo que provoca prazer e, portanto, ele desconsidera as atividades realizadas em sala de aula, que foram baseadas em uma concepção de música aberta, como "barulho". O aluno destacou:

> [Música é] algo que provoca prazer: É algo que posso ouvir com prazer, seja só um instrumento, uma voz, que toque no interior, é diferente das aulas de Artes que tenho na faculdade (Barulho) tá loko. Rs.

Murray Schafer, ao propor um exercício de discussão com seus alunos, a fim de criar uma definição para a música, pediu por carta ao compositor norte-americano John Cage sua definição de música. O compositor atendeu ao apelo e escreveu: "Música é sons, sons à nossa volta, quer estejamos dentro ou fora de salas de concerto" (Schafer, 1991, p.120).

Música: como meio de expressão

Um dos principais sentidos atribuídos pelos alunos à música é seu papel de transmitir sentimentos. Seguem algumas de suas respostas.

> É uma forma de expressão. É um instrumento preciosíssimo tanto para o bem como para o mal. A música mexe com todo o nosso ser.

> A música é um meio de comunicação, transmissão de pensamentos, sentimentos etc.

> Um meio pelo qual posso expressar meus sentimentos, meu conhecimento...

> É um meio o qual posso me expressar de maneira harmoniosa e prazerosa, a expressão de sentimentos.

> É quando através de uma letra com melodia que você expressa um sentimento...

> A música representa todo e qualquer tipo de sentimento. Portanto, existe música para animar, dançar, descontrair, música para chorar (velório).

> Representa alegria, tristeza, emoção, uma época, um momento relacionado a sua vida familiar, social e trabalhista, música é tudo na vida.

> A música para mim é a forma que as pessoas encontram para expressar seus sentimentos, suas críticas, seus valores, seus ideais etc., enfim, é a forma de se expressar sentimentos.

> A melhor forma de expressão, de qualquer sentimento.

Música é algo que tem a ver com o que estamos sentindo. Quando estamos tristes preferimos músicas suaves, quando estamos felizes geralmente aumentamos o ritmo musical.

Pode-se fundamentar tal importância ao fato de que, segundo Sekeff (2007, p.17), "a música se relaciona sempre com o indivíduo, pois nasce de sua mente, fala de suas emoções e de sua gama perceptual. Não possibilitaria, igualmente, a harmonia de nossa vida psicológica e mental?". A autora ainda destaca que a *emoção musical* pode desempenhar um importante papel no contexto educacional.

> Infere-se desse modo que a *emoção musical* pode desempenhar – sim! – um papel de ampla relevância no processo educacional. Isso em razão de que, tendo origem em uma excitação nervosa, excitação *fisiológica* (vibrações sonoras), e/ou *psicológica* (relações sonoras), a *emoção musical* afeta a química do cérebro e mexe com nossa dimensão afetiva, propiciando de algum modo respostas comportamentais. Afinal, a natureza da emoção e, consequentemente, da *emoção musical* é bioquímica, psicofisiológica e funcional. (ibidem, p. 58)

É interessante observar, também, que o sentir, muito enfatizado pelos alunos, é um importante aspecto a ser desenvolvido nas aulas de Música. Assim, pensa-se ser fundamental considerar tal aspecto na disciplina Música dos cursos de Pedagogia. Nesse sentido, Ferraz e Fusari (2009, p.87) afirmam:

> Sentir, perceber, fantasiar, imaginar, representar, faz parte do universo infantil e acompanha o ser humano por toda a vida. Consequentemente, ao compreender e encaminhar os cursos de Arte [entenda-se aqui, especificamente, Música] para os processos de percepção e imaginação da criança estará ajudando na melhoria de sua expressão e participação na ambiência cultural em que vive.

Música: meio para elevação espiritual

Outro sentido atribuído à música foi seu caráter espiritual. Os alunos afirmaram:

> Sintonia que nos eleva ao divino.

> A música é algo muito especial, pois ela toca nossa alma de forma muito agradável.

> Música é a expressão da alma.

> Música para mim me traz paz e me faz chegar até Deus (adoração).

Sekeff afirma que a música influi em diferentes aspectos do ser humano: físico, mental, social, emocional, e, conforme apontaram estes alunos, espiritual. O educador musical Edgar Willems (1981) também aponta para o sentido profundo da música em relação à própria essência humana:

> [...] a música é a atividade humana mais global, mais harmoniosa, aquela em que o ser humano é, ao mesmo tempo, material e espiritual, dinâmico, sensorial, afetivo, mental e idealista, aquela que está em harmonia com as forças vitais que animam os reinos da natureza, assim como com as normas harmônicas do cosmo. (Willems, 1981, p.183 apud Gainza, 2002a, p.100, tradução nossa)

Música: arte e ciência

Alguns alunos afirmam que música é arte e ciência. Um deles disse:

> Música para mim é arte e ciências. Arte porque podemos criar e expressar nossos sentimentos e emoções. Ciências porque exige do ser humano conhecimento, sabedoria, a fim de compreender métodos, teorias, linguagens próprias que visam compreender e orientar a natureza e atividades humanas.

A ideia de música como ciência surgiu com Pitágoras (século VI a.C.). Acredita-se que a sua experiência foi uma das primeiras tentativas de compreender e organizar o universo sonoro no Ocidente. Ressalte-se que, para os gregos, a música tinha um sentido amplo.

> Era uma forma adjetivada de musa – na mitologia clássica, qualquer das nove deusas irmãs que presidiam a determinadas artes e ciências. A relação verbal sugere que entre os gregos a música era concebida como algo comum a todas as atividades que diziam respeito à busca da beleza e da verdade. (Grout; Palisca, 2007, p.19)

Música: meio para formação do ser humano

Alguns alunos consideram que a música é um meio para o desenvolvimento do ser humano, conforme mostram algumas de suas respostas:

> Sim, porque ela trabalha o ser por completo, tem uma grande colaboração no desenvolvimento do caráter.

> Música é um instrumento indispensável para desenvolver as potencialidades da criança.

> [...] além de desenvolver várias áreas do indivíduo.

> [...] a música deveria ser considerada um disciplina a ser aplicada nas instituições.

> [...] é um poderoso aliado na educação musical, tanto para o professor quanto para o aluno.

> Algo essencial para a educação infantil.

> Um meio de educar.

As falas desses alunos podem ser relacionadas com o pensamento de Sekeff (2007, p.17):

> A música é um poderoso agente de estimulação motora, sensorial, emocional e intelectual, informa a psicologia. Sendo assim, não favoreceria o desenvolvimento de nossas potencialidades e maturação de nossa equação pessoal?

Os depoimentos também acompanham as mais recentes tendências acerca do pensamento sobre o "poder" da música. No encontro sobre "O poder transformador da música" do "Seminário Global de Salzburgo", realizado em 2011, um grupo de pesquisadores musicais contemporâneos afirmou que "a música é uma porta de entrada, com eficácia comprovada, para promover a cidadania, o desenvolvimento pessoal e o bem-estar" (Gainza et al., 2011, p.1).

Música: vida e cultura

Alguns consideram a música essencial, pois faz parte da vida. Eles afirmaram:

> Música é essencial. Ela está em todos os lugares e dá vida às situações.

> A música é a sintonia da vida, está em todas as partes.

> A música para mim é essencial, pois está presente em nossa vida em todos os momentos.

> Música é vida, é harmonia, é tudo de bom!

Alguns alunos definiram a música como algo relacionado à vida e à cultura. Um dos alunos afirmou que: "Música é a representação social de uma cultura, de um povo, é uma forma de arte".

Um aluno apresentou uma fala bastante rica a respeito do sentido da música para ele, concordando com o pensamento de Sekeff (2007) quando diz que a música é polissêmica.

A palavra grega *musikós* – "musical", relativo às musas – referia-se ao vínculo do espírito humano com qualquer forma de inspiração artística. – música é a arte de coordenar fenômenos acústicos para produzir efeitos estéticos. – A meu ver, música é uma performance de um povo (cultura), transmitida através de sons – música para mim está ligada à vida, pois através dela posso demonstrar como anda o "meu interior" (se estou triste, alegre). Definir o que é música é muito particular, pois cada um tem um ponto de vista sobre o assunto, no entanto, música é a arte de se expressar de um povo através de sons, instrumentos, vozes etc.[1]

Ressalte-se que o aluno sentiu-se instigado a pesquisar a origem da palavra música para responder a essa questão.

Importância da música para os alunos de Pedagogia

Quadro 42 – Importância da música para alunos da instituição A

Importância da música	Quantidade de opiniões
Muito importante/Só tem a acrescentar	1
Essencial	1
Expressão de sentimentos/Marca de uma cultura	1

---

[1] Verificou-se, também, a música relacionada aos sentimentos na fala deste aluno.

Quadro 43 – Importância da música para alunos da instituição B

Importância da música	Quantidade de opiniões
Papel terapêutico	3
Lazer	1
Faz parte da vida, do cotidiano	3
Reflexão/Lembranças	3
Caráter espiritual	2
"Música redentora"	2
Forma de expressão	1

Quadro 44 – Importância da música para alunos da instituição C

Importância da música	Quantidade de opiniões
Papel terapêutico	11
Papel educacional	1
Faz parte da vida, "marca momentos"	4
Reflexão/Lembranças	2
Caráter espiritual	6
Forma de expressão	3
Importante/Total/Tudo	4
"Música redentora/transformadora"	2

Quadro 45 – Importância da música para alunos da instituição D

Importância da música	Quantidade de opiniões
Muito importante/Relação com estilos musicais	1
Transmissão de sentimentos/"Estado de espírito"	2
Reflexão	1
Acrescenta conhecimento para o pedagogo	1
Não gosta muito	1

Quadro 46 – Importância da música para alunos da instituição E

Importância da música	Quantidade de opiniões
Música ligada à vida	2
Estilos musicais ligados à expressão de sentimentos	1

Música: importante como papel terapêutico

Verificou-se que grande parte dos alunos considera que o papel terapêutico da música é o que há de maior importância em suas vidas. Seguem alguns depoimentos:

> A música é um remédio, ela me acalma, e na música são expressados todos os sentimentos.[2]

> A música faz com que em momentos de stress possamos relaxar. Então ela é como um calmante!

> A música nos tranquiliza, acalma, relaxa e nos leva a uma atmosfera diferente.

A música é algo que não me imagino sem ela, pois traz paz, quando estou estressada, alegria, me ajuda a refletir, é algo que uso diariamente, portanto eu a recomendo para aqueles que não vêm valor na música.

> A música é importante na minha vida, pois ela acalma, nos estimula, nos relaxa; é importante na vida de todos, pois nos acompanha desde o nosso nascimento ou, de acordo com algumas pesquisas, até antes disso.

> Muita importância, pois com ela, quando me sinto nervosa, me acalmo; quando ouço, choro para desabafar e viajo através de pensamentos.

---

[2] Novamente surge a concepção de música atrelada à expressão de sentimentos.

> A música para mim é como uma terapia, depende do momento em que estou ouvindo, como na dança ou ouvindo e cantando na igreja, ou mesmo assistindo um show de um artista que gosto.

> A música me leva para "longe" (traz-me alegria e paz). Adoro ouvi-la – não importa qual tipo de música, basta eu me identificar com ela.

Música: importante para elevação espiritual

Alunos da instituição B e C destacaram o caráter espiritual da música. Pelo fato de a instituição C ser religiosa, grande parte dos alunos frequenta igrejas cristãs e, portanto, alguns deles relacionaram a importância da música à sua espiritualidade. Seguem algumas das respostas:

> A música me faz sentir o céu aqui na terra.

> Total importância, pois é por meio dela que louvo e adoro o meu Deus.

> Na adolescência, e hoje na fase adulta pude compreender o real valor da música, que deve ser usada para transformar nossa vida e louvar a Deus.

> Nunca pensei nisso, mas acredito que traz força para o espírito em minha vida.

> [...] Através da música posso sentir Deus, tocar meu coração e que posso tocar o coração dele também com meu louvor. A música tem um papel relevante em minha vida, pois quando canto ou toco violão, sinto a leveza da vida e que sou capaz de vencer cada batalha que ela me propõe.

Música: importante para reflexão/ligada às lembranças

Uma importância atribuída à música é sua relação com as lembranças e com a reflexão. Os alunos destacaram:

> A música tem muita importância pra mim, falando individualmente, a música me ajuda a refletir, a esvaziar a mente...

> [...] para relembrar, para refletir, para sentir saudades enfim cada momento tem sempre uma música para ouvir ou lembrar.

> Ela é muito agradável e motivadora, faz-me pensar, refletir...

> Lembranças da minha infância. Pensar.

> A música é algo que me faz lembrar de momentos bons, me ajuda a memorizar ideias.

> Muita. Desde minha infância, lembro até hoje meus pais cantando canções de ninar.

> Grande importância. A música sempre marca momentos inesquecíveis em nossa vida.

Música: importante porque está ligada à vida/faz parte do cotidiano

Alguns alunos atribuíram grande importância à música, uma vez que esta faz parte de seu cotidiano e faz parte da vida. Eles afirmaram:

> [...] música em minha vida é sempre muito importante, a cada momento que estou vivendo a música faz parte do meu cotidiano, triste, alegre, sozinho, acompanhado.

Ela faz parte de nossas vidas, quais que seja o momento, é importante em todas as situações.

A música me acompanha quase em todos os momentos, na faculdade, na minha casa, no encontro os amigos, nas viagens, nos shows que vou assistir, a música é uma companheira que podemos levar para todos os lugares e momentos.

A música sempre esteve presente na minha vida. Adoro escutar, cantar, cantava para meu filho desde que ele estava na minha barriga, acredito que a música pode mudar tudo na vida da gente.

Não vivo sem música, ela está presente até quando acordo ou durmo [...].

Nesse sentido, acredita-se ser fundamental, em um processo de ensino-aprendizagem musical, considerar essa função vital que a música assume para alguns indivíduos. Libâneo (1994, p.135) afirma que se deve considerar a prática de vida cotidiana dos alunos como uma maneira de se conectarem ao estudo sistemático das matérias, neste caso, a música. Ele ainda afirma que, "na medida em que o saber escolar é colocado em confronto com a prática da vida real, possibilita-se o alargamento dos conhecimentos e uma visão mais científica e crítica da realidade" (ibidem, p.133).

Música: importante para expressar sentimentos

Assim como identificado no sentido atribuído à música pelos alunos, alguns deles consideram que ela é importante por ser um meio eficaz para transmissão de sentimentos.

Através dela nós podemos expressar aquilo que estamos sentindo, pensando, desejando e também levar alegria para as pessoas que estão em volta, além disso, música é marca registrada de cada povo e cultura caracterizado por um ritmo swing e estilo diferente.

Ela nos permite todo o desenvolvimento motor e expressivo. É muito importante para nos expressarmos (oralmente) e até mesmo sentimentos e humor.

Um dos alunos também relaciona alguns estilos musicais com sua expressão de sentimentos.
um MPB me deixa relaxada, Samba me deixa animada, música infantil com o grupo Palavra Cantada me dá muita criatividade com as crianças, o reggae me deixa consciente, a música desperta sentimentos diversos, a arte que mais aprecio.
Yara Caznók explica que tal relação com a música se dá de uma maneira especial, pois há um elemento que personifica e "assume" o papel de sujeito dentro de uma composição: a melodia. Ela esclarece:

> [...] essa melodia é, via de regra, o eixo da estrutura composicional e o principal ponto de referência para a percepção. Cumpre assinalar, porém, o fato de que esta função de ponto de referência é percebida pelo ouvinte romântico mais pelas qualidades subjetivas que ele atribui à melodia, do que pelas qualidades musicais objetivamente compostas. (Caznók, [s.d.], p.3)

Música: importante porque só tem a acrescentar/é essencial
Alguns alunos consideram a música essencial. Para justificar sua importância, alguns deles usam da linguagem poética para se expressar.

> Dou muita importância. Ela dá mais cores a um mundo em que poucos sabem observar o colorido que ela é, eu diria que a música só tem a acrescentar.

> Música para mim é essencial, não consigo imaginar um dia sem ouvir música.

> Tudo que você pode imaginar.

A música está ligada a tudo...

É meu estado de espírito, tudo que faço lembra uma música, significa que sem a música, "tudo fica sem cor".

Música: importante por seu papel "redentor"

Alguns alunos apontam para a função redentora e transformadora que a música exerce, como algo importante em suas vidas.

Acredito que a música tem o poder de: alegrar, curar, salvar, libertar e transformar qualquer ser humano, com capacidade de fazer refletir, pensar, e entender, o que vai no íntimo da alma.

[...] ela nos inspira coisas boas e sentimentos bons e também traz experiências de vida de outras pessoas, que os serve como exemplo.

De transformar vidas.

A música mexe com meus sentimentos. Na minha vida ela tem poder para transformar os momentos e situações.

Lécourt (1996) aponta algumas explicações para essa mudança que a música promove no indivíduo:

[...] favorecendo o indivíduo em razão de seus múltiplos estímulos, biológicos, fisiológicos e psicológicos. Daí que "fazendo" música, escutando, cantando, vivenciando, o indivíduo acaba por influir no ritmo de seus pensamentos, na harmonia de sua saúde corporal e mental. E é assim que "a música pode mudar o comportamento de uma pessoa". (Lécourt, 1996, p.20 apud Sekeff, 2007, p.123)

Importância da educação musical segundo a visão dos alunos de Pedagogia

Para que se pudesse discutir a visão dos alunos acerca da educação musical, utilizou-se a seguinte pergunta como base: "Você considera a educação musical importante na sua formação? E na formação de seus alunos? Por quê?".

Destaque-se que todos os 52 alunos que participaram do estudo responderam que consideram a educação musical importante em sua formação e na formação de seus alunos. Os quadros 47, 48, 49, 50 e 51 apresentam as justificativas dos alunos em relação à importância da formação musical.

Quadro 47 – Importância da educação musical para alunos da instituição A

Importância da educação musical	Quantidade de opiniões
Contribui para a formação integral do humano	2
Funciona como terapia	1

Quadro 48 – Importância da educação musical para alunos da instituição B

Importância da educação musical	Quantidade de opiniões
Funciona como terapia	2
Pode despertar talentos	1
Educação musical "redentora"	2
Auxilia no desenvolvimento de outras habilidades/ Auxiliar de outras disciplinas	3
Educação musical como lazer; divertimento	2
Contribui para a formação do cidadão/Comunicação com o mundo	3
Contribui para o desenvolvimento integral do homem	4
Meio para trabalhar práticas sociais, valores e tradições culturais	2
Desenvolve a inteligência musical	1

Quadro 49 – Importância da educação musical para alunos da instituição C

Importância da educação musical	Quantidade de opiniões
Pode despertar talentos	1
Auxilia no desenvolvimento de outras habilidades/outras disciplinas	6
Contribui para a formação do cidadão/Comunicação com o mundo	3
Contribui para o desenvolvimento integral da criança/do homem	7
Auxilia na formação pedagógica e no processo de ensino-aprendizagem	6

Quadro 50 – Importância da educação musical para alunos da instituição D

Importância da educação musical	Quantidade de opiniões
Desperta o interesse para a música/Acrescenta conhecimentos	2
É "redentora"	1
Auxilia no desenvolvimento de outras habilidades	2
É um meio para trabalhar práticas sociais, valores e tradições culturais	1

Quadro 51 – Importância da educação musical para alunos da instituição E

Importância da educação musical	Quantidade de opiniões
Auxilia no desenvolvimento de habilidades	1
Desperta o interesse pela música/Forma "apreciadores"	1

Educação musical: importante porque contribui para a formação integral do ser humano

Vários alunos justificam a importância da educação musical pela sua contribuição na formação integral do ser humano. Seguem algumas de suas opiniões:

Com certeza. Por que poderei utilizar a música para trabalhar com meus alunos. Para eles é fundamental, pois está mais do que comprovado que a música influencia o desenvolvimento da criança em todos os aspectos.

Sim, porque ela trabalha o ser por completo, tem uma grande colaboração no desenvolvimento do caráter e é um poderoso aliado na educação, tanto para o professor quanto para o aluno.

Sim! Ela ajuda no desenvolvimento psicomotor da criança, intelectual, ou seja, em ajudar a se desenvolver de uma forma integral, para mim, pude ver esse lado de uma forma muito diferente, antes só apreciava de longe, hoje tenho contanto mais profundo com ela é mudou minha forma de pensar!

Pois a música desenvolve todos os acervos motores, cognitivos, psicológicos e corporal de alunos e professores.

Sim – porque todo conhecimento é utilizado em nossas vidas para o nosso desenvolvimento, e a música ela tem significados que completam nosso comportamento e todos os sentidos.

Tais afirmações vão ao encontro do pensamento de Libâneo (1994, p. 99), quando diz que o professor deve se preocupar com a formação integral do indivíduo: "O professor deve ter em mente a formação da personalidade dos alunos, não somente no aspecto intelectual, como também nos aspectos moral, afetivo e físico".

Educação musical: importante porque pode ampliar o gosto musical

Um dos alunos aponta para a importância do estímulo e ampliação do gosto musical e do interesse pela música.

Música é algo riquíssimo e essencial na vida, muito importante na minha formação e no meu desenvolvimento até porque pretendo me envolver na carreira de arte-educadora. Na formação dos alunos também deve ser valorizado, de maneira que amplie o repertório de música, estimulando o gosto musical, formando pessoas que sabem apreciar música e despertando o interesse por instrumentos ou música.

O aluno chamou a atenção para um importante papel que a educação pode assumir – a ampliação do repertório cultural de seus alunos. Considera-se que a partir do contato com a música, em sua dimensão multicultural, os alunos poderão conhecer outras sonoridades, instrumentos e, com isso, ter acesso a outras culturas; consequentemente, poderão vir a apreciar novos tipos de música.

Educação musical: importante porque promove entretenimento

Dois alunos apontam para a função de entreter que a música pode proporcionar: "Sim, pois é animadora, divertida..." e "proporciona entretenimento".

Como crítica a essa concepção, Duarte Júnior afirma que "logo, o papel que a música desempenha numa escola que a encara desta forma restringe-se apenas ao lúdico, a um mero lazer e divertimento, em contraste com 'as atividades úteis' das demais disciplinas" (1991, p.81).

Em sua prática docente, a autora desta obra observa a função de entretenimento conferido à música presente nas escolas. A aula de Música parece ser o momento para "descansar" das atividades "sérias", proporcionar diversão. Ressalte-se que não se está fazendo apologia de uma aula de Música desassociada do prazer, já que a educação musical na infância está fortemente ligada ao brincar e ao jogo, no entanto, é preciso que seu valor como área do conhecimento e de expressão sensível seja reconhecido.

Educação musical: importante porque funciona como terapia

Assim como identificado nos sentidos e na importância atribuídos à música pelos alunos, alguns consideram a educação musical importante pelo fato de ela funcionar como uma terapia. Eles afirmaram:

> É importante a educação musical na minha formação, pois através da música extrapolamos até algo que nos oprime...

> Sim, porque a música serve para relaxar, brincar, elevar-se espiritualmente.

> Considero porque acho que a música libera nossas emoções. Nos alunos também, porque além de liberar suas emoções, mantém um clima agradável e acalma.

Violeta Gainza (2002b, p.38, tradução nossa) aponta para a ação terapêutico-musical da música. Ela explica:

> Ao nos referirmos ao caráter energético da música, vinculamo-lo com a ação terapêutico-musical. Esta função "nutritivo-sonora" [...], além das conotações terapêuticas, permite-nos captar a essência da educação musical, já que o processo de musicalização tem a ver, precisamente, com a absorção, o metabolismo e a posterior emissão das estruturas sonoro-musicais dentro de um quadro notavelmente afetivo.

Nesse sentido, baseados no pensamento de Crozier (1997), Souza et al. (2002, p.60-1) afirmam que:

> A aula de Música parece cumprir uma função terapêutica: as professoras assumem que a música causa um impacto na vida emocional e afetiva das pessoas; determinadas qualidades musicais são capazes de induzir afetos, humores e estados de espírito.

Apesar de reconhecer a função terapêutica da música, destaque-se que não deve ser esse seu papel principal na escola; também não se considera apropriado o educador agir como musicoterapeuta, já que não é essa a sua formação. Entende-se que, quando os alunos dizem que "música para mim é uma terapia", termo frequentemente usado no senso comum, fazem referência ao prazer em ouvir música, frequentemente associado ao bem-estar, conforme destacado nas respostas deles. Diante disso, é necessário que o professor assuma seu papel na formação musical de seus alunos e deixe que o musicoterapeuta exerça sua função de induzir a melhora de pessoas enfermas por meio da música.

Educação musical: importante porque auxilia no desenvolvimento de outras habilidades/outras disciplinas

Vários alunos consideram a educação musical importante pelo fato de ela auxiliar no desenvolvimento de outras habilidades e auxiliar outras disciplinas. Eles ressaltaram:

> [...] e no que diz respeito ao ensino e aprendizado ela possibilita a criança na construção de vários conceitos, tornando possível que ela aprenda, Matemática, Português, Ciências Naturais, História, Geografia etc.

> [..] contribui para o conhecimento das palavras e auxilia na memorização.

> Através dela, o aluno pode se concentrar mais, expressar-se oralmente e gestualmente, amplia o seu vocabulário (linguagem) e musical (diversas músicas e sons a serem trabalhados).

> [...] Pois a formação musical ajuda na concentração, na disciplina. O aluno gosta, se identifica com as músicas. A música ajuda a memorizar conceitos e a se divertir.

Sim, muito, pois através da música a criança desenvolve melhor suas funções psicomotoras, incentiva e desenvolve a habilidade social dos alunos, disciplina etc.

Com toda certeza. Preciso aprender a colocar em minha prática pedagógica. Afinal a música possui um papel importante na educação das crianças, contribuindo para o desenvolvimento psicomotor, sócio afetivo e linguístico [...] Contribui também na interação social e é um meio de favorecer o desenvolvimento da criatividade, memória, concentração, autodisciplina, respeito ao próximo etc. Seus benefícios são inúmeros.

As crianças precisam ter contato com musicalidade desde bem cedo, isso ajudará no seu desenvolvimento, principalmente na linguagem, onde cantando estará praticando a linguagem.

Acredito na formação musical por ser um grande atrativo a todos além de ser uma prática de expressão oral e corporal.

Souza et al. (2002), ao colherem dados semelhantes na pesquisa realizada com professores das séries iniciais, fundamentam a opinião desses alunos:

A música ganha importância à medida que traz benefícios a outras áreas do currículo (Gifford, 1988, p.121). As falas das professoras sugerem que a música possibilita uma nova forma de abordar os conteúdos de outras disciplinas. A música serve como um "tempero" para as outras disciplinas curriculares. (Bresler, 1996, p.28) (Souza et al., 2002, p.63)

A autora desta obra, durante seu percurso como educadora musical, tem presenciado diversas situações em que a música aparece subordinada a outras áreas do conhecimento. O pedido de professores da educação infantil e do ensino fundamental por músicas que ajudem no aprendizado das cores, números, animais, na alfabetização, dentre outros, é constante, conforme evidenciado nas respostas desses futuros professores. A música tem sido considerada um meio eficaz para auxiliar outras disciplinas, mas não uma área do conhecimento propriamente dita. Entende-se que, apesar de os educadores musicais poderem atender ao apelo das professoras, sugerindo materiais, é necessário que perseverem em desenvolver atividades de musicalização, tendo a música como foco principal, e possam divulgar o valor da música por si só em seus ambientes de trabalho.

Educação musical: importante porque pode ser "redentora"

Novamente a concepção de música "redentora", agora "educação musical" redentora, é enfatizada por alguns alunos.

> Sim. Também. Pois creio que a educação musical pode mudar o comportamento do indivíduo e transformá-lo no meio do contexto social em que vive.

> Sim, a música tem a capacidade de extrair do ser humano o que há de melhor...

> [...] e pode ajudar a tirar pessoas e crianças de caminhos errados.

Pode-se fazer um paralelo entre as falas dos alunos em relação ao papel da música, com o conceito de "tendência redentora" da educação. Explicando este termo, Luckesi (1994, p.38) afirma:

> Com esta compreensão, a educação como instância social que está voltada para a formação da personalidade dos indivíduos, para o desenvolvimento de suas habilidades e para a veiculação dos valores éticos necessários à convivência social, nada mais tem que fazer do que se estabelecer como *redentora* da sociedade, integrando os indivíduos no todo social já existente.

O autor ainda diz que "a *tendência redentora* propõe uma ação pedagógica otimista, do ponto de vista político, acreditando que a educação tem poderes quase absolutos sobre a sociedade" (ibidem, p.51). Ele também ressalta que, conforme corroborado por aspectos apresentados na presente obra, tal tendência ainda é presente na atualidade.

Educação musical: importante porque auxilia no processo de ensino-aprendizagem

Alguns alunos destacaram o auxílio da música na formação pedagógica e no processo de ensino-aprendizagem como um aspecto importante da educação musical.

É muito importante para a educação e a formação pedagógica. Especialmente para mim.

Sim, pois a música é essencial para a aprendizagem escolar.

Penso que teria sido muito importante se na minha infância tivesse contato com a música. Sempre que puder utilizarei a música para ajudar meus alunos a se desenvolverem, principalmente no ensino-aprendizagem.

Considero minha educação musical de suma importância, pois o meu trabalho com meus alunos será mais eficaz. Pretendo utilizar a música sempre em minha prática pedagógica.

Sim, tanto a minha, quanto na dos meus alunos, pois é uma forma de aprendizagem mais fácil e interessante.

Podem-se relacionar as falas dos alunos com o pensamento de Sekeff (2007). A autora explica que a música pode auxiliar como agente *facilitador* e integrador no processo educacional.

Tendo em conta que a música, modo particular de organizar experiências, atende a diferentes aspectos do desenvolvimento humano (físico, mental, social, emocional, espiritual), infere-se ser possível recortar seu papel como agente *facilitador* e integrador do processo educacional, enfatizando desse modo sua importância nas escolas em virtude de sua ação multiplicadora de crescimento. (ibidem, p.18)

Outro aluno, ainda, destacou:

Sim, através da música podemos abordar tudo como disciplina, matérias, comportamentos.

A presença da música como mecanismo de controle tem sido muito presente nas escolas, que Fucks (1991) denomina de "poder-pudor", um tipo de mecanismo de camuflagem do controle escolar, que se manifesta, principalmente, através das musiquinhas de comando. Tourinho (1993, p.68) afirma: "a música não só existe, mas torna-se necessária para o funcionamento da vida na escola.".

Os estudos de Tourinho (1993) e Fucks (1991) apontam para o caráter disciplinador da música nas escolas, fato ainda identificado em escolas infantis. A música tem sido um meio para controlar os comportamentos de forma mais amena. Como afirma Tourinho (1993), a palavra é substituída pelo som. Ao longo do tempo a música foi tendo papel tão fundamental como mecanismo de controle e ordem que, hoje, provavelmente, as escolas não saberiam como lidar com essa situação de outra maneira.

Educação musical: importante porque pode trabalhar práticas sociais, valores e tradições culturais

Alguns alunos consideram o papel social da educação musical importante e enfatizam sua contribuição para a formação do cidadão e comunicação com o mundo.

Dentro dessa perspectiva, Libâneo (1994) afirma que a responsabilidade do professor é "preparar os alunos para se tornarem cidadãos ativos e participantes na família, no trabalho, nas associações de classe, na vida cultural e política" (p.47). Luckesi (2005) também afirma que "o objetivo fundamental da prática educativa é oferecer ao educando condições de aprendizagem e, consequentemente, de desenvolvimento, tendo em vista sua formação como sujeito e como cidadão".

Concordando com o pensamento de Libâneo e Luckesi, os alunos afirmaram:

Sim, prepara para ele viver em sociedade.

Sim, porque é muito raro existir alguém que não goste de música, e ela pode influenciar para o bem ou para o mal.

Contribui também na interação social e é um meio de favorecer o desenvolvimento do respeito ao próximo etc. Seus benefícios são inúmeros.

Sim, dos meus alunos também. Porque a música nos transporta para outros povos, outras culturas, e mais importante nos passa conhecimento de nossa cultura, nosso povo, nosso país; a música é uma forma de aprendizagem divertida, fácil e rápida.

Sim, considero a música importante tanto em minha formação quanto a formação de meus alunos, pois a música é uma forma de expressão e sabermos ler essas expressões musicais conseguimos então fazer uma leitura de mundo o que muito importante para todos os cidadãos.

Sim, considero a educação musical importante na minha formação e dos meus futuros alunos também. Acho tão importante quanto as outras disciplinas. Tenho muito o que conhecer nessa área, para que possa passar às crianças e assim ajudá-las descobrindo ou mesmo ampliando conhecimentos ou quem sabe – desenvolvendo talentos, para que venham a se comunicar desta forma com o mundo.

A música ensina o convívio social, o respeito ao outro e promove a felicidade da criança, mesmo que seja em seu mundo imaginário.

Concorda-se com Libâneo, Luckesi e as falas dos alunos, no que diz respeito ao objetivo da educação em contribuir para a formação do cidadão. Acredita-se que nas próprias aulas de Música possa haver situações que auxiliem nesse aspecto, como, por exemplo, o estudo e respeito à diversidade multicultural, atividades que desenvolvam a democracia e a consciência crítica. Também é possível ir além da sala de aula, promovendo atividades em que os alunos conheçam manifestações culturais locais e possam fazer música fora do espaço escolar, interagindo com sua comunidade.

Nesse sentido, é possível estabelecer uma relação com o pensamento de Ferraz e Fusari (2009, p.38) no que diz respeito à relação entre a arte e a vida:

> [...] as novas orientações educativas, incluindo a arte, estão conectadas com as mudanças, propondo encaminhamentos que consideram o ser humano em seus aspectos singulares e múltiplos, consciente de sua condição como cidadão do planeta mas também preparado para as transformações e para ser transformador e integrado em sua cultura.

Educação musical: importante porque pode desenvolver a inteligência musical e os talentos

Dois alunos ressaltaram a possibilidade de desenvolver talentos, que ainda é questão muito discutida na área de música.

> A música permite você desenvolver talentos que de outra forma não seriam possíveis.

> Para meus alunos acredito ser relevante a educação musical pois além de conhecer um pouco de música acaba até por descobrir algum dom relacionado a música.

Dois alunos também fizeram referência à inteligência musical, uma das inteligências múltiplas propostas por Howard Gardner (1995).

> [...] sem falar na inteligência musical que não deve ser ignorada.

> Sim, porque as inteligências linguísticas e musical não são moldadas pelo mundo físico. A reflexão sobre a leitura em sala de aula por parte dos professores. É importante que os alunos compreendam que a maioria dos alunos assimilam mais do que o outro. Ao se propor uma educação individualizada na busca dos talentos de cada um.

O termo talento significa: dom natural, qualidade inata de inteligência. Beatriz Ilari (2003) explica que a inteligência musical é diferente do talento. Ela afirma: "[...] diferentemente do talento, a inteligência musical é um traço compartilhado e mutável, isto é, um traço que todos possuem em certo grau e que é passível de ser modificado" (p.12).

Diante disso, pensa-se que, ao considerar o talento como algo pertencente apenas a alguns indivíduos "especiais", não se está contribuindo para uma educação musical democrática. Em contrapartida, acredita-se que, como estudos apontam para o fato de que a inteligência musical é uma faculdade presente em todos os seres humanos, em diferentes graus, pode-se usar tal argumento para a expansão de um ensino musical voltado a todos.

Por meio das respostas dadas pelos alunos, foi possível identificar diferentes sentidos atribuídos à música por eles. Notou-se uma visão romântica em muitas respostas, relacionando-a a sons agradáveis, que provocam prazer e um meio para expressão de sentimentos. A música também foi atrelada às lembranças, à espiritualidade e considerada "redentora". Em geral, foi destacado por muitos alunos o papel essencial que ela assume na vida de cada um, com diferentes funções.

Acredita-se ser importante considerar a relação intrínseca dos estudantes de Pedagogia com a música como fator motivador para o desenvolvimento dessa linguagem. Além disso, pensa-se ser fundamental partir das concepções em relação ao sentido da música já enraizadas pelos alunos, para que se possam discutir as concepções atuais do que seja música.

Em relação à importância da educação musical, identificaram-se, também, diferentes concepções. Grande parte dos alunos apontou para a importância da educação musical junto ao desenvolvimento integral do ser humano, no entanto, notou-se que muitas vezes a música foi considerada ferramenta para auxiliar outras disciplinas, como *facilitadora* do processo de ensino-aprendizagem. Por outro lado, aspectos importantes ligados à educação musical também surgiram, como a possibilidade de trabalhar práticas sociais, valores e cultura. Identificou-se também a crença no dom musical nas respostas de alguns alunos.

Partindo dessas respostas, é possível refletir acerca de aspectos que precisam ser enfocados na formação musical de alunos de Pedagogia, como a ênfase no valor da música como área do conhecimento e a possibilidade que todos os indivíduos têm de fazer música. Acredita-se que a opinião dos alunos trouxe importantes perspectivas para reavaliar o que deve ser priorizado em seu processo de educação musical.

O espaço da música nos cursos de Pedagogia segundo seus participantes

Opinião dos professores e coordenadores sobre a estrutura do curso

No questionário entregue aos coordenadores as duas primeiras questões diziam respeito ao espaço da música nos cursos de Pedagogia em que atuam.

A coordenadora da instituição A afirmou que a música existe no currículo há nove anos e é trabalhada como disciplina específica. No entanto, ressalte-se que o nome dessa disciplina é "Arte e Música no Processo de Ensino e Aprendizagem no Ensino Fundamental". Conforme destacado no capítulo anterior, são trabalhados conteúdos de artes visuais e música na mesma disciplina. Portanto, apesar de a coordenadora afirmar que a música é trabalhada como disciplina específica, na prática, verificou-se que não foi isso que se deu; a música foi trabalhada em poucas aulas, já que a docente era especialista em artes visuais.

A coordenadora do curso da instituição B afirmou que essas disciplinas [artísticas][3] fazem parte da nova grade do curso de Pedagogia há quatro anos. Ela também explicou que:

> Na verdade a música é trabalhada pela professora de Arte que desenvolve a disciplina Música, Dança e Teatro e, também, Tecnologia Educacional (técnicas de uso de áudio visuais).

Em relação ao espaço dado à música nos cursos de Pedagogia, foi realizada a seguinte pergunta aos coordenadores dos cursos: "O senhor considera importante o espaço dado à música no currículo do curso de Pedagogia que coordena? Por quê?".

Em resposta a essa questão, a coordenadora da instituição A afirmou:

> Sim. A música é inerente ao ser humano, portanto, desde a mais tenra idade as crianças devem ter conhecimento formal a respeito.

A coordenadora da instituição B também considera esse espaço fundamental:

---

[3] "Música, Teatro e Dança nas Séries Iniciais do Ensino Fundamental" e "Música e Movimento na Educação Infantil".

[Considero] fundamental, pois tanto na educação infantil como no ensino de 1ª a 4ª série, as crianças são sensibilizadas pela música e começarão a apreciar essa arte desde muito cedo, inclusive, pode surgir o interesse futuro de tornarem-se músicos.

Também foi perguntado aos coordenadores se a experiência nas aulas de Música no curso de Pedagogia tem sido positiva. A coordenadora da instituição A respondeu: "Positiva. As alunas acabam por descobrir habilidades e potencialidades nelas mesmas".

A coordenadora da instituição B também considera que a experiência tem sido eficaz.

> Sim são positivas, pois trabalha com as emoções, criatividade e retoma a espontaneidade que perdemos quando nos tornamos adultos, também porque os alunos estarão preparados para trabalhar com música quando estiverem em suas salas de aula.

Pelo fato de ter identificado a música atrelada a outras áreas artísticas nos currículos dos cursos de Pedagogia paulistas, considerou-se importante levar em conta a opinião dos coordenadores dos cursos e professores, acerca do espaço destinado à música nos cursos. Para isso, perguntou-se: "O senhor acredita que a música deve ser ensinada de modo articulado com as demais linguagens artísticas ou deve ser trabalhada individualmente?". A coordenadora da instituição A acredita em um trabalho integrado: "Acredito que deve ser articulada com as demais disciplinas".

Já a docente de música dessa instituição considera importante tanto o trabalho autônomo com a linguagem musical quanto um trabalho integrado. A professora afirmou: "Acredito que nas duas formas ela deve ser contemplada, ficando a critério do professor sua articulação".

Reafirmando a mesma ideia, a professora da instituição B ressaltou que:

A música pode ter um tratamento individual de aprofundamento técnico, mas também pode ser articulada com as demais linguagens artísticas.

Concordando com esse pensamento, a docente da instituição D afirmou:

Vejo com validade as duas formas, pois mesmo que a escola já tenha implantado a aula regular de Música, não há impedimento para que seja trabalhada sob outro foco. Acrescento ainda que a articulação não é vinculada necessariamente às linguagens artísticas.

Ao dizer que a articulação não é vinculada necessariamente às linguagens artísticas, a docente chama a atenção para uma possível relação com as demais áreas do conhecimento. Já a professora da instituição C acredita ser importante realizar um trabalho articulado entre as áreas artísticas, mas ressalta ser fundamental a presença do professor especialista.

Eu acredito que o melhor é trabalhar com as demais linguagens, o que enriqueceria muito o trabalho das classes, mas é importante lembrar que este trabalho da professora de turma não deverá substituir a aula exclusiva de Música, realizada por profissional da área de música, ou seja, o licenciado em Música.

Opinião dos alunos acerca do espaço da música nos cursos

Buscou-se também saber o que pensam os alunos a respeito do espaço da música nos cursos de Pedagogia. Para isso, foi feita a seguinte pergunta: "Na sua opinião, o ensino de Música nos cursos de Pedagogia deveria ser integrado às demais linguagens artísticas ou deveria ter um tratamento isolado? Por quê?".

Pelo Quadro 52, a seguir, é possível notar que, dos 43 alunos que responderam à questão, 23 (53%) consideram que a música deveria estar integrada a outras linguagens artísticas, 19 (44%) acreditam em um tratamento individual, enquanto apenas 1 (2%) considera as duas formas válidas.

Quadro 52 – O espaço da música em cinco cursos de Pedagogia paulistas

Espaço da música em cursos de Pedagogia paulistas	Integrado a outras linguagens artísticas	Autônomo/ Tratamento isolado	As duas formas
Instituição A	1	2	–
Instituição B	8	4	–
Instituição C	13	11	–
Instituição D	–	2	1
Instituição E	1	1	–
Total	23	19	1

Os alunos que consideram que a música deveria ser integrada às demais linguagens artísticas apresentam diferentes argumentos. Alguns deles enfatizam que as linguagens artísticas são integradas e, portanto, deveriam ser ensinadas em conjunto. Seguem algumas considerações feitas por eles:

O ensino de Música deve sim ser integrado às outras linguagens artísticas, pois tudo são formas de expressão e uma está ligada a outra.

A música em artes é tão importante quanto desenhar, pintar, encenar etc. Portanto não vejo razão para um tratamento em isolado.

Dentro da aula de Artes deveria ser integrado, porque a arte musical quanto a artística não se separam, uma está ligada a outra.

Alguns alunos apontam para a questão de que o curso de Pedagogia é o lugar para dar um fundamento musical básico, portanto consideram que o ensino deve ser integrado a outras áreas. Seguem algumas falas dos alunos:

> Devem ser junto, porque temos que ter um conhecimento básico do que é música. Quem quer seguir a música faz uma especialidade em Música após concluir a Pedagogia.

> Acredito que não deve ter um tratamento isolado, pois o foco do curso não é formar um profissional nessa área.

Um aluno apresenta ainda uma proposta de integração das áreas artísticas, mas propõe, primeiramente, um trabalho individual com cada área. O aluno sugere:

> Deveria continuar sendo integrado na música, teatro, dança, porém o educador deve dar ênfase e trabalhar primeiramente separado. Exemplo, a música – toda a história, conceitos, linguagens musicais (pulsação, acento métrico etc.) – é importante ensinar. Depois a dança e o teatro. E por fim, integrá-los e uni-los para fechamento do bimestre, mensal, semestral ou anual.

Um dos alunos destaca que: "Não precisa ser isolado, pois na verdade a música é interdisciplinar". Por outro lado, dois alunos apontam para o uso da música como recurso pedagógico e, portanto, consideram que esta deve ser integrada às demais áreas do conhecimento:

> Deveria ser integrado a todas as matérias para nós como professores ensinar as matérias em forma de música.

> Integrado. Sim, porque a música na educação não deve ser ensinada como música apenas, mas como uma nova maneira de educar.

Por fim, dentre os alunos que consideram que a música deveria ser integrada às demais linguagens artísticas, destaca-se a opinião de um aluno que aponta para a importância de entender música como arte:

> Acho que deveria ter um tratamento coletivo sim, mas com uma proposta diferente para o indivíduo saber trabalhar, em sala de aula não só a compreensão técnica desta matéria, mas podê-la difundi-la como arte, que leva o aluno ampliar seus conhecimentos e direcioná-lo a compreensão profunda do indivíduo quanto ser significativo dentro da sociedade. Vejo que o ensino de Música nos cursos de Pedagogia se encontra muito defasado.

Por outro lado, existem alunos que consideram que a música deveria ter um tratamento isolado, por conta das especificidades de sua linguagem e para que seja mais bem compreendida e valorizada. Seguem alguns argumentos apresentados pelos alunos:

> Realmente deveria sim ser uma disciplina isolada das outras, pois é algo mais complexo e que precisa de mais tempo, para absorve tudo, acho que [o tempo] é muito limitado e curto, não se abrange o assunto.

> Acredito que deveria ter um tratamento isolado, pois como mencionei na primeira questão, a música além de arte é, também, ciências que exige conhecimento.

> Isolado, assim os alunos se dedicam integralmente a disciplina e podem compreender sua importância.

> Acredito que deveria ter mais números de aulas e aprofundamento maior tanto da teoria quanto da prática.

> A música exige dedicação e concentração, sem isso é difícil ter um bom rendimento.

> Tratamento isolado, pois a música tem que ser aprendida por partes para que se entenda o motivo de se estudar a música.

Deveria ter uma aula específica, pois além da importância da musicalização para criança, temos também várias ideias de como desenvolver conteúdo em outros eixos.

Penso que deveria ser isolado, porque assim seria mais valorizado.

Um dos alunos ainda ressaltou a validade das duas formas. Ele afirmou:

Deveria ser integrado a algumas áreas e, também, ter um tratamento isolado. Porque há muitas linguagens artísticas que pode incluir o estudo da música, incluir a música, para ficar mais rica; e um tratamento isolado para aprendermos sobre a música por si só, e todas suas metodologias.

O espaço da música nos cursos de Pedagogia: presença da música em outras disciplinas

A fim de identificar como se deu a formação musical no curso de Pedagogia, dos alunos participantes do estudo, procurou-se saber se a música também foi abordada em outras disciplinas do currículo. Para isso, perguntou-se: "A música também foi trabalhada em outras disciplinas do currículo? Quais? O que foi ensinado? Qual é sua opinião sobre a maneira como foi ministrada?". Acredita-se que as respostas às questões ajudarão a entender como se deu o ensino formal de Música dos alunos.

Instituição A

Apenas 1 dos 3 alunos identificou a presença da Música na disciplina Libras. O aluno afirmou: "Sim, Libras, mas não a música como aprendizado e sim como gestualizar Libras, foi bom, as músicas eram lindas". O aluno reforçou o uso da música como recurso e não como área do conhecimento.

Instituição B

Dos 13 alunos da instituição B que responderam aos questionários, 7 deles disseram não terem tido conteúdos musicais em outras disciplinas e 6 responderam afirmativamente à questão. É interessante observar que os alunos da instituição B já haviam tido uma disciplina intitulada "Música e Movimento na Educação Infantil". Com isso, essa divisão de opiniões indica diferentes concepções por parte dos alunos do que é "trabalhar com música", bem como uma provável falta de objetividade na disciplina em relação à área musical.

Apenas três alunos ressaltaram o aprendizado musical que obtiveram nessas aulas. Um deles afirmou: "[Na disciplina] Movimento e Música, aprendemos a trabalhar a psicomotricidade, noções de tempo e espaço, lateralidade etc.".

Outro aluno ressaltou:

> Sim. "Música e Movimento na Educação Infantil". Acredito que ficou com defasagem. Era necessário ter apresentado tudo o que estamos aprendendo neste semestre, no semestre concernente a "Música e Movimento na Educação Infantil".

Nesse sentido, um terceiro aluno concordou dizendo que a música foi trabalhada de maneira superficial: "Sim, mas foi ministrada de forma superficial, ou seja, só cantávamos e dançávamos as músicas e não estudamos a música em si".

Um aluno ainda ressaltou que a música foi utilizada "para trabalhar as brincadeiras infantis, como, por exemplo, 'Escravos de Jó'"; e outro destacou que a música foi trabalhada em "Educação Física, com objetivo de resgate cultural".

Apenas um dos alunos identificou a presença da música como recurso didático para a disciplina Língua Portuguesa: "Língua Portuguesa, utilizar a letra da música para leitura e interpretação de textos e na alfabetização".

Instituição C

Assim como na instituição B, a classe dividiu-se em opiniões acerca da presença, ou não, da música em outras disciplinas. Catorze deles consideraram que a música esteve presente, enquanto 15 responderam negativamente.

Pelo fato de os alunos terem tido diferentes visões acerca da presença da música em outras disciplinas no currículo, foi criado um quadro (Quadro 53) com suas respostas:

Quadro 53 – Presença da música em outras disciplinas – Instituição C

Disciplinas no currículo que trabalharam com música	Quantidade de opiniões
"Corporeidade e Movimento"	6
"Psicomotricidade"	2
"Fundamentos Metodológicos da Educação"	5
"Artes"	1

Em relação à disciplina "Corporeidade e Movimento", os alunos destacaram:

Foi usada para trabalhar o desenvolvimento psicomotor da criança. Achei muito interessante, pois usa o lúdico como forma de memorização.

Na disciplina de "Corporeidade e Movimento", trabalhando com a psicomotricidade da criança, no conhecimento do esquema corporal, movimento óculo manual, coordenação motora fina e global, lateralidade, entre outras.

Na aula de "Corporeidade" trabalhamos música p/ lateralidade, esquema corporal, coordenação motora fina e óculo manual.

Em relação à disciplina "Psicomotricidade", um aluno afirmou: "Sim, em seminários na matéria de Psicomotricidade, mostrou-se a função psicomotora para o desenvolvimento da criança".

É possível observar que a presença da música na disciplina "Fundamentos Metodológicos da Educação" reforçou seu uso como recurso pedagógico e disciplinador. Seguem algumas falas dos alunos:

> A música foi trabalhada na disciplina "Fundamentos Metodológicos da Educação". A professora empregou a música na rotina de sala de aula, para acalmar os alunos, para ensinar conceitos e empregar a música em projetos pedagógicos.

> Em "Fundamentos" a música foi usada para mostrar a rotina, a disciplina. Os professores ministravam muito bem essas aulas.

> "Fundamentos da Educação Infantil". Músicas para aplicar conceitos. Muito bom.

Alguns alunos não especificaram em qual disciplina a música foi trabalhada, mas destacaram sua opinião acerca da maneira como foi ministrada. Um dos alunos ressaltou o papel da música como facilitadora da aprendizagem em outras disciplinas: "Sim, foi ótimo aprendizado, foi de forma satisfatória, pois a música facilitou esse aprendizado". Um aluno afirmou: "Não tão forte, mas tivemos uma interdisciplinaridade". A valorização da música na instituição também é destacada por um aluno: "Sim, percebi que todos acreditam no valor que ela tem".

Instituição D

Três dos 5 alunos que responderam ao questionário disseram não ter tido conteúdos musicais em outras disciplinas, no entanto, 2 alunos identificaram a presença da música nas disciplinas "Teatro" e "Práticas de Ensino". Um dos alunos destacou:

No "Teatro", foi ensinado as músicas adequadas para cada gênero e momento, público e peça. E em "Prática de Ensino", certas músicas em aulas e brincadeiras.

Instituição E

Os dois alunos da instituição E que respondem aos questionários disseram que a música não foi trabalhada em nenhuma outra disciplina do currículo.

Aspectos fundamentais na formação musical de alunos de Pedagogia

Para que se possa refletir sobre a situação atual do ensino de Música e propor algumas linhas condutoras para a educação musical dos cursos de Pedagogia, considerou-se importante relacionar quais aspectos foram considerados fundamentais para a formação musical do pedagogo. Diante disso, levou-se em conta tanto a opinião dos professores como a dos alunos, por meio dos questionários abertos.

Opinião dos alunos

Aos alunos foi feita a seguinte pergunta: "Qual foi o seu principal aprendizado nas aulas de Música do seu curso de Pedagogia?". Além de identificar o que foi marcante para os alunos, pôde ser verificado também o que os alunos valorizam em termos de formação musical. Em relação à aprendizagem, Luckesi (2005, p.50) afirma:

> A aprendizagem, à medida que se efetiva, garante o desenvolvimento, o qual, por sua vez, se manifesta sempre como uma ampliação da consciência, um entendimento cada vez mais rico e mais amplo, o que, em si, também deverá possibilitar uma ação cada vez mais adequada em relação a si mesmo, aos outros, ao meio ambiente e ao sagrado.[4]

---

4 Para maior aprofundamento dessa questão, consultar a obra *Avaliação da aprendizagem na escola*, de Cipriano Luckesi (2005).

Instituição A

Os três alunos da instituição A que responderam ao questionário consideraram diferentes pontos como seu principal aprendizado nas aulas de Música (Quadro 54).

Quadro 54 – Principal aprendizado nas aulas de Música – Instituição A

Principal aprendizado nas aulas de Música	Quantidade de alunos
Não aprendeu nada novo	1
Libras/Interpretação "musical"	1
Respeito ao conhecimento prévio do aluno	1

Um dos alunos, saxofonista, que no decorrer das aulas e de suas respostas apresentou certa resistência às propostas de educação musical contemporâneas, respondeu não ter tido nenhum aprendizado no curso: "Não tive algo de novo a aprender nesse curso, eu já sabia de muitas coisas relacionadas à música".

Outro aluno considerou seu principal aprendizado musical nas aulas de Libras: "Gostei muito da aula de Libras do 1º semestre, porque interpretamos a música".

Essas duas respostas apontam para uma visão dos alunos ligada ao caráter tradicional do ensino musical, no qual a reprodução e interpretação são privilegiadas. As aulas tiveram como foco maior a criação musical, mas nenhum dos alunos considerou essa questão como fundamental em sua formação, talvez pelo pouco tempo que tiveram para vivenciar e compreender essa nova proposta de ensino musical.

O terceiro aluno que respondeu à questão considerou a importância de considerar os saberes dos alunos como fundamental:

> O meu maior aprendizado foi o enriquecimento de atividades práticas; agora tenho em mãos possibilidades para desenvolver temas a partir do conhecimento prévio dos alunos.

Ao destacar a importância de considerar o conhecimento prévio dos alunos, pode-se traçar um paralelo com a crítica à "educação bancária" feita por Paulo Freire (1987, p.33):

> Nela o educador aparece como seu indiscutível agente, como o seu real sujeito, cuja tarefa indeclinável é "encher" os educandos dos conteúdos de sua narração. Conteúdos que são retalhos da realidade desconectados da totalidade em que se engendram e em cuja visão ganharia significação.

Instituição B

O Quadro 55 mostra as diferentes opiniões acerca do principal aprendizado proporcionado pelas aulas de Música.

Quadro 55 – Principal aprendizado nas aulas de Música – Instituição B

Principal aprendizado nas aulas de Música	Quantidade de alunos
Papel socializador da música	1
Aspectos musicais estruturais/Conceitos musicais	6
Canto/Divisão de vozes	3
Fazer musical	4
Não é capaz de avaliar	1

As aulas de Música da instituição B tiveram as atividades práticas como principal eixo condutor, por meio de criação de arranjos musicais e trabalhos coletivos. Nesse sentido, um aluno ressaltou o papel socializador da música como seu principal aprendizado: "Que a música tem a capacidade de mudar o comportamento da criança a capacidade de interagir professor e aluno ou aluno e aluno".

Pelo fato de as criações e interpretações musicais terem sido baseadas nos parâmetros do som e em questões estruturais da música, seis alunos relacionaram esses conceitos como seu principal aprendizado. Seguem algumas de suas falas:

Conhecer melhor as peças que integram ou fazem parte de uma música como, por exemplo: pulsação, cânone, acento métrico etc.

A capacidade de sociabilizar, através da música, vários conceitos musicais.

Noção de organização musical.

O que mais chamou minha atenção foi descobrir e aprender mais sobre música (pulsação, timbre, intensidade, densidade etc.).

A leitura que conseguimos fazer das canções de acordo com os parâmetros do som, mais intenso menos intenso, mais densidade menos densidade, pulsação etc. são formas de comunicação que o compositor utiliza para transmitir o que deseja.

Como a docente propôs um processo coletivo de divisão de vozes e a maior parte das atividades foi cantada, alguns alunos consideraram que esse foi o seu principal aprendizado na disciplina. Conforme já apontado no Capítulo 3, considera-se essa questão bastante delicada, uma vez que esses conceitos foram apresentados com alguns equívocos. Os alunos responderam: "A divisão de vozes"; "Eu conheci como usar o diafragma nos cantos altos, o que é soprano, *mezzo*-soprano, contralto e tenor, melodia, timbre etc."; "Cantar".

Conforme observado, o fazer musical foi muito constante nas aulas dessa disciplina, o que se considerou fundamental para o envolvimento e desenvolvimento musical dos alunos. Alguns deles reconheceram a importância dessa práxis.

Arranjo em produção musical: pulsação, acento métrico, densidade, intensidade, desenho rítmico, cânone e timbre.

Fazer arranjo p/ uma música mesmo com pouco conhecimento foi para mim fantástico.

[...] conhecer e produzir com amigos da sala os diversos sons utilizando o corpo, fala etc. O conhecer e o *produzir* foi de essencial/fundamental importância. (grifo do aluno)

Outro aluno afirmou que considerou seu aprendizado muito superficial, talvez por falta de tempo:

Vejo que está meio que superficial, pois vimos apenas uma técnica superficial, sem um ensino profundo, talvez o tempo limite o professor, mas acho que precisaríamos abranger melhor esta disciplina no sentido de interação com a sociedade.

Instituição C

Os pontos considerados como fundamentais nas aulas de Música pelos alunos da instituição C são destacados no Quadro 56, a seguir:

Quadro 56 – Principal aprendizado nas aulas de Música – Instituição C

Principal aprendizado nas aulas de Música	Quantidade de alunos
Compreensão da valorização da música na infância	4
Como usar a música em sala de aula/Como trabalhar com musicalização infantil	4
Trabalho em grupo	1
Uso da música como ferramenta pedagógica	7
Contribuição da música para o desenvolvimento de habilidades	3
Atividades práticas	3
Papel formador da música/Contribuição na formação do indivíduo	4

Quatro alunos consideram a valorização da música na educação infantil como seu principal aprendizado. É interessante notar, como poderá ser visto a seguir, que esse mesmo ponto foi considerado como fundamental na formação dos alunos de Pedagogia pela docente dessa instituição. Os alunos destacaram:

Aprendi a valorizar ainda mais o papel da música na educação infantil.

O que ela faz e contribui na formação da criança.

Que a musicalização na infância é muito importante.

Enxergar realmente a importância da música para o desenvolvimento integral da criança e não como um passatempo de atividades como normalmente é vista.

Quatro alunos ressaltaram os procedimentos metodológicos para utilização da Música em sala de aula como seu principal aprendizado: "Aprendi como usar a música"; "O jeito de trabalhar a musicalização"; "Como aplicar para as crianças"; "Me ensinou a usar a música na educação".

Assim como para um dos alunos da instituição B, para um aluno da instituição C, seu principal aprendizado foi relacionado ao aspecto socializador da música; e afirma que, para ele, o principal foi o trabalho em grupo. Sobre esse tipo de atividade, Libâneo (1994) afirma: "A finalidade principal do trabalho em grupo é obter a cooperação dos alunos entre si na realização de uma tarefa" (p.170).

A maior parte das respostas dos alunos foi relativa ao uso da música como ferramenta pedagógica. Além de a docente ter se referido a essa questão em aula algumas vezes, ela reafirmou essa preocupação em sua resposta quando disse que considera fundamental que os alunos entendam "como a música fará a diferença no aprendizado de cada conteúdo".

Os alunos destacaram:

Que podemos trabalhar todas as disciplinas através da música.

Usando a música pode-se trabalhar todas as disciplinas obtendo melhores resultados.

Que a música faz parte do currículo escolar e que a música tem o seu lugar no processo de ensino aprendizagem em todas as disciplinas. Porém deve-se ter bom senso ao trabalhar cm música. Não deve ser utilizada como forma de entretenimento, mas sim como ferramenta pedagógica.

Que a criança aprende muito mais quando você envolve a música em todas as matérias.

Que podemos trabalhar diversos conteúdos utilizando a música.

Que a música é uma forma descontraída de ensinar que pode ser usada em todas as matérias.

Que através da música a criança aprende.

Esse ponto foi considerado fundamental pelos alunos, pois também tiveram o mesmo enfoque nas disciplinas "Psicomotricidade" e "Fundamentos Metodológicos da Educação".

Outro ponto destacado como fundamental nas aulas de Música foi o conhecimento acerca das contribuições que a música pode oferecer para o desenvolvimento humano. Os alunos ressaltaram:

Foi ensinar as crianças através da música a socializar-se, a coordenação motora, esquema corporal e o desenvolvimento cognitivo da criança.

Tivemos muitas aprendizagens, pois chegamos no curso totalmente crus a esse respeito, sem entender a real importância da música no desenvolvimento do indivíduo. Aprendemos muitas músicas para trabalhar várias formas do desenvolvimento como lateralidade, esquema corporal, tempo e espaço entre outras. Fora a parte teórica que também nos ensina bastante.

A música é muito importante para coordenação motora e na aprendizagem.

Que a música estimula as crianças, desenvolvendo sua capacidade motora e mental.

Três alunos consideraram as atividades práticas desenvolvidas em sala de aula como seu principal aprendizado.

Desenvolvimento de atividades, utilidade da musicalização infantil.

Sempre ter uma musiquinha em mente, para que eles se acalmem ou participem. Fazer com que a criança tenha contato com os instrumentos musicais.

As canções infantis que contribuíram muito para o meu aprendizado.

Por fim, destaca-se ainda a opinião de alguns alunos que consideraram o papel formador da música como seu principal aprendizado.

Que a música tem capacidade de formar alguém.

Que a música também ensina.

Que faz muita diferença na aprendizagem.

Como uma criança se desenvolve com mais facilidade.

Como ela possa trabalhar a interdisciplinaridade, promove um desenvolvimento sadio na criança.

Instituição D

O Quadro 57, a seguir, apresenta a opinião dos alunos da instituição D, acerca do seu principal aprendizado nas aulas de Música.

Quadro 57 – Principal aprendizado nas aulas de Música – instituição D

Principal aprendizado nas aulas de Música	Quantidade de alunos
Procedimentos metodológicos	2
Interdisciplinaridade	1
Confecção de instrumentos com sucata	1
Aspectos musicais estruturais/Conceitos musicais	1
A descontração	1

Dois alunos destacam os procedimentos metodológicos como seu principal aprendizado. Um deles ressaltou: "A didática para aplicar com os alunos". O segundo aluno respondeu: "Como observar os aspectos de uma boa música para as faixas etárias".

A resposta desse aluno mostra a influência do pensamento da docente da disciplina em relação à importância de utilizar-se "músicas educativas", ou seja, "boas" para cada faixa etária. Considera-se que o "conteúdo educativo" não deve ser o foco das aulas de Música, mas, sim, questões musicais pertinentes às diferentes fases do desenvolvimento infantil.

As respostas dos demais alunos foram muito sucintas e são as próprias categorias apresentadas no Quadro 57, anterior.

Instituição E

Pelo fato de apenas dois alunos da instituição E terem respondido ao questionário, cada uma das categorias do Quadro 58, a seguir, diz respeito à opinião de apenas um dos alunos.

Quadro 58 – Principal aprendizado nas aulas de Música – Instituição E

Principal aprendizado nas aulas de Música	Quantidade de alunos
Fazer musical: paródia, confecção de instrumentos e compositores.	1
Importância da música para o professor de educação infantil	1

O aluno que considerou a importância da música para o professor de educação infantil afirmou:

> Aprendi que a música deve fazer parte da vida de um professor de educação infantil, e ainda que seus alunos não tenham interesse, é possível fazê-los apreciar.

Em relação ao principal aprendizado nas aulas de Música, foi possível identificar diferentes aspectos nas respostas dos alunos. Em geral, as respostas foram condizentes com o enfoque dado em cada disciplina, como aspectos ligados à linguagem musical, no caso da instituição B, e a importância da música na formação integral da criança, no caso da instituição C. No entanto, algumas vezes, outros aspectos foram considerados importantes, como o trabalho em grupo e o próprio fazer musical.

Opinião dos professores

Uma das questões do questionário entregue aos professores participantes da pesquisa foi: "Para o senhor, o que é essencial na formação musical de seus alunos do curso de Pedagogia?". Em resposta a essa pergunta, a docente da instituição A destacou:

> Primeiro que o conceito de música na educação seja reconstruído, que é possível ensinar música, que o aluno se desenvolva e que ele seja sensibilizado.

A preocupação da docente em propor uma nova abordagem do ensino de Música e de motivar os futuros professores das séries iniciais, no sentido de serem capazes de trabalhar com essa linguagem, realmente, foi identificada nas aulas presenciadas.

À questão relativa à possibilidade de os alunos utilizarem a música como área do conhecimento em sala de aula, a professora respondeu:

Sim, apesar de muitas vezes o tempo ser curto, com aulas reduzidas e com a falta de espaço, material etc. Acredito que sim, pois nas aulas a proposta é que o aluno perceba que a criança é um ser global, que se desenvolve nas diversas habilidades e a música exerce uma importante contribuição no desenvolvimento da criança.

A professora da instituição C destacou a compreensão da importância da música e seus benefícios como fundamentais na formação de seus alunos de Pedagogia. Ela afirmou em uma de suas respostas:

Acredito ser muito importante, porque os pedagogos trabalharão diretamente com as crianças e a música faz parte da formação dos alunos, e é importante que conheçam a importância da música no desenvolvimento das crianças, e como a música fará a diferença no aprendizado de cada conteúdo.

É interessante observar que a docente conseguiu atingir eficazmente seus objetivos, já que grande parte de seus alunos destacou essa mesma questão como o principal aprendizado construído nas aulas de Musicalização de seu curso. As aulas da instituição C foram essencialmente práticas e trabalharam a música como uma área do conhecimento.

No entanto, ao responder à questão referente à possibilidade de os alunos trabalharem a linguagem musical como área do conhecimento em sala de aula, a professora destacou que seria necessário um tempo maior para que os alunos aprofundassem seus conhecimentos:

Sim [eles estão aptos para utilizar a música como área do conhecimento em sala de aula], apesar de achar que deveriam ter mais tempo de aula para que compreendessem melhor como trabalhar em classe com as crianças.

A professora da instituição D considera fundamental que os alunos percebam a música como parte do cotidiano e que possam ser não apenas apreciadores, mas, também, compositores. A docente afirmou:

A compreensão de que o potencial sonoro deve ser estimulado gerando não só ouvintes, mas produtores e que a música faz parte do cotidiano através, por exemplo, de filmes, materiais publicitários e eventos.

Apesar de essa professora ter respondido afirmativamente à possibilidade de os alunos utilizarem a música como área do conhecimento em sala de aula, observou-se, tanto em sua metodologia de ensino como nas respostas ao questionário, uma ênfase na utilização da música como ferramenta pedagógica. A professora respondeu: "Acredito que poderão utilizar na interdisciplinaridade, e também de forma contextualizada como ferramenta lúdica".

Conhecimento e visão acerca do quadro atual da educação musical no Brasil

Conhecimento e opinião dos alunos acerca do Recnei e do PCN

Souza et al. (2002, p.29) trazem algumas considerações acerca do Referencial Curricular Nacional para a Educação Infantil (Recnei):

> O Referencial Curricular para Educação Infantil constitui um conjunto de três documentos, tendo sido concluído em 1998. As orientações didáticas, isso é, a metodologia de trabalho do professor, são apresentadas em detalhes [...].

Ferraz e Fusari (2009, p.57) afirmam que os PCNs foram propostos a fim de auxiliar na democratização de um ensino artístico de qualidade.

> Os Parâmetros Curriculares Nacionais foram propostos como diretrizes pedagógicas e considerados como um referencial importante para a educação escolar no país, por seu compromisso de

assegurar a democratização e um ensino de qualidade para todos os estudantes. Para muitos, os PCNs têm demonstrado a sua contribuição, como uma proposta de prática educativa adequada às necessidades sociais, econômicas e culturais brasileira.

Em relação à parte específica de música, os PCNs trazem três eixos norteadores: produção, apreciação e reflexão. Souza et al. consideram esse documento pouco detalhado. Os autores acreditam que os parâmetros para a área de música configuram uma proposta desigual, tanto em relação à quantidade como à qualidade de informações (Souza et al., 2002, p.31).

Souza et al. (ibidem, p.35) também consideram que um dos maiores problemas é que eles não foram amplamente debatidos e divulgados. Por outro lado, ressalte-se que, atualmente, com o avanço tecnológico, os documentos podem ser baixados por meio do site do MEC, o que possibilita a democratização de seu conhecimento.

Diante disso, considerou-se importante saber se os alunos conheciam a parte destinada à música dos documentos nacionais que trazem direcionamentos para o ensino básico do país. Portanto, foi feita a seguinte questão aos alunos: "Você conhece o PCN e o Recnei? Qual sua opinião acerca da parte destinada à música (dentro do campo de artes)?".

É possível observar, pelo Quadro 59, a seguir, que alguns alunos afirmaram conhecer os documentos, enquanto outros não. Também surgiram respostas apontando para o fato de "conhecerem", mas nunca terem estudado, ou, ainda, dizendo que "conhecem pouco". As respostas dos alunos das cinco instituições foram reunidas no quadro seguinte, no qual as linhas representam as respostas dos alunos de cada escola, respectivamente.

Quadro 59 – Conhecimento dos alunos acerca do Recnei e do PCN

Instituições	Sim	Não	"Conhece, mas não estudou"	"Conhece pouco"	Não respondeu
Instituição A	1	–	–	–	2
Instituição B	1	6	1	2	3
Instituição C	11	12	2	2	2
Instituição D	2	–	–	1	2
Instituição E	–	–	–	–	2
Total	15	18	3	5	10

Foi possível notar que a questão despertou o interesse por parte de alguns alunos em aprofundar-se no estudo dos documentos. Um aluno da instituição B enfatizou:

> Sim [conheço], porém ainda não tive tempo de estudá-lo, o que farei o mais breve possível, visto que acredito na importância do ensino de Música desde a educação infantil até o ensino superior.

Ao dar sua opinião acerca da parte destinada à música nos documentos, na realidade, os alunos responderam em relação ao tratamento em geral dado à disciplina Música.

O aluno da instituição A, que diz conhecer o eixo da área de música dos documentos nacionais, ressalta a importância de que a música seja considerada em posição de igualdade em relação às demais disciplinas do currículo:

> Sim, na minha opinião, precisamos deixar de tantos preconceitos contra a disciplina Música. Sempre a encaramos como uma disciplina de menor importância (é ou não é). Precisamos, nós todos, professores de todas as áreas, considerarmos todas as disciplinas iguais.

Um aluno da instituição B, dentro dessa mesma perspectiva, afirmou que "[...] pensa que a música não teria de ser na matéria de Artes e sim ter uma específica".

Um aluno da instituição B destacou também a importância de o professor conhecer os documentos nacionais:

PCN, sim, conheço. Estamos explorando atualmente esta área referente a música. Acredito que todos, nós, futuros professores, conheçamos melhor e mais os PCN e seu objetivos referente a música.

Apenas doze alunos da instituição C expressaram sua opinião acerca dos Referenciais Curriculares da Educação Infantil publicados pelo MEC. O Quadro 60 apresenta algumas dessas visões.

Quadro 60 – Opinião dos alunos acerca do PCN e do Recnei

Opinião	Quantidade de alunos
Alunos apresentam benefícios proporcionados pela música	2
Importante	2
Muito teórico	1
Ainda não é praticado	1
Deveria ser maior/Pouco/Superficial	3
Interessante/Muito bom	2
Documentos apresentam a importância da música na educação	1
Poderia ser separado de Artes	1

Dois alunos apresentam o conhecimento adquirido por meio dos documentos. Um deles afirmou:

Já tenho conhecimento e já li os Recnei; a partir da leitura deste material, compreendi a importância da música no processo de ensino aprendizado, pois desenvolve no aluno qualidades como concentração, disciplina, permite a socialização e o aprendizado de forma lúdica.

É interessante observar que um dos alunos preocupou-se em trazer uma citação do PCN para responder à questão. Considera-se tal fato muito positivo, pois o questionário estimulou a pesquisa e a reflexão de alguns alunos. O aluno respondeu:

> De acordo com o PCN, a música "é a linguagem que traduz em formas sonoras capazes de expressar e comunicar sensações, sentimentos e pensamentos, por meio da organização e relacionamento expressivo entre o som e o silêncio". [...] "A integração entre os aspectos sensíveis, afetivos, estéticos e cognitivos, assim como a promoção de interação e comunicação social, conferem caráter significativo à linguagem musical", concordo plenamente que a música tem essa capacidade.

Os outros alunos que apresentaram as demais opiniões, relacionadas nos quadros, foram muito sucintos em suas respostas, que repetem as próprias categorias. Seguem algumas das opiniões:

> É tudo muito teórico, pois na prática quase nada acontece.

> [...] ainda é uma pequena abordagem e que não é cumprida em todas as escolas.

> [...] deveria ser maior.

> É algo muito interessante, pois diz que o professor é que tem que incentivar e saber trabalhar para motivar os alunos.

Alguns alunos não compreenderam a questão, ou não conhecem o espaço destinado especificamente à música nos documentos, pois afirmam que música deveria ser separada de Artes. Um deles afirmou:

> Sim, penso que deveria ser separado das Artes como se fosse uma matéria individual, assim teria mais aulas de Música nas escolas,

porque estando junto com Artes, só é trabalhando artes e a música é deixada de lado.

Conhecimento e opinião acerca da Lei n. 11.769/08

Visão dos professores e coordenadores

Com intuito de mapear o conhecimento e a opinião dos coordenadores, professores e alunos acerca da Lei n. 11.769/08, uma das questões presentes no questionário aplicado a eles dizia: "O senhor conhece a Lei n. 11.769/08, que diz que 'a música deve ser conteúdo obrigatório de Artes'? Qual sua opinião sobre esta lei?".

Expondo sua opinião acerca da Lei n. 11.769/08, a coordenadora do curso A destaca a visibilidade trazida para a área de música e relaciona alguns dos benefícios proporcionados pela educação musical.

Além de abrir o campo de trabalho, a música deve ser tratada como as demais disciplinas, uma vez que é interdisciplinar, ou seja, faz uso das demais e ainda auxilia na criatividade, na criação, no autoconhecimento, na disciplina, na concentração, entre outros.

Essa coordenadora considerou a música como interdisciplinar, mas seus argumentos poderiam ser aprofundados, pois o simples fato de relacionar a música a outras áreas do conhecimento não torna essa relação interdisciplinar. A esse respeito, Sonia Albano de Lima (2007, p.4-9) afirma:

A interdisciplinaridade apareceu para promover a superação da superespecialização e da desarticulação entre a teoria e a prática como alternativa à disciplinaridade. Na educação ela se manifesta enquanto possibilidade de quebrar a rigidez dos compartimentos em que se encontram isoladas as disciplinas dos currículos escolares. [...] é uma tentativa de maior integração dos caminhos espistemológicos de metodologia e da organização do ensino nas escolas. [...]

sob esse crivo, novos valores seriam agregados à pedagogia musical, trazendo modificações profundas para a área.

A coordenadora ainda afirma que, apesar do espaço destinado à música no curso, haverá insistência para que a disciplina seja mantida junto à direção da instituição.

> Em nosso currículo, a disciplina sempre esteve presente. Há vários trabalhos de conclusão de curso a respeito do tema; todavia, faremos uma reorganização das matrizes e deveremos insistir para mantê-la.[...] [fazendo] uso da argumentação sobre a vigência legislativa junto à direção.

Reforçando a fala da coordenadora, em sua resposta a professora de Música da instituição A afirmou que se está atribuindo "maior relevância da disciplina em relação a [nome da instituição]".

Inclusive, em aula, a professora notificou seus alunos de que estava sendo analisada uma proposta de ampliação da carga horária das disciplinas Artes, abrindo possibilidade para que fosse criada uma disciplina autônoma da área de música. Assim, do mesmo modo que a coordenadora da instituição A, a docente também acredita que a promulgação da Lei n. 11.769/08 foi um grande avanço. Ela afirmou:

> Vejo um avanço, apesar das dificuldades com recursos e da própria formação do professor. Música como linguagem exerce sua contribuição na formação e no desenvolvimento da criança, é preciso que se possa começar a realmente perceber a criança como ser global.

Ao expor sua opinião acerca da Lei n. 11.769/08, a coordenadora da instituição B ressaltou a importância da presença da música nos diversos níveis de ensino:

> Acredito que a música sempre deveria fazer parte dos currículos, desde a educação infantil até o ensino médio, pois trabalha as

emoções e desperta os melhores sentimentos, dons e comportamentos musicais. Antigamente os currículos escolares tinham a música.

A coordenadora da instituição B também destacou que, após a promulgação da Lei n. 11.769/08, não foram necessárias mudanças no currículo do curso, pois a disciplina da área de música já existia na estrutura curricular e, portanto, a instituição "já atendia às exigências da lei." No entanto, destaca que "sempre [pode-se] melhorar".

A coordenadora tem razão ao dizer que a instituição atende às exigências da lei, uma vez que a música faz parte da disciplina "Música, Teatro e Dança nas Séries Iniciais do Ensino Fundamental", ou seja, é conteúdo da disciplina Arte. No entanto, por ser uma disciplina ministrada em apenas um semestre, e ter como conteúdo três linguagens artísticas, observou-se que o espaço destinado à música é bem pequeno.

A professora da instituição C, ao falar acerca da referida lei, destacou sua preocupação em relação à formação dos professores:

> Conheço a lei e ao mesmo tempo em que fico feliz por ela existir, é de preocupação, que tenho como professora de Música, pois não haverá profissionais especializados para fazer este trabalho como deve ser em todos os colégios, podendo ser a música aplicada de qualquer forma, somente para cumprir a exigência da lei. Mas, como educadores, temos que nos impor e exigir que se prepare o maior número de professores.

A docente expressou uma das grandes preocupações da área, que é o investimento na formação de educadores musicais. Concorda-se com o pensamento dela, pois, após tantos avanços, seria um retrocesso proporcionar uma educação musical descontextualizada e desenvolvida de "qualquer forma", como aponta a professora. Por outro lado, são necessários parceiros para a democratização no ensino de Música e, portanto, observam-se alguns movimentos em relação à inserção da música na escola: ampliação do número de cursos de Licenciatura em Música, formação pedagógica de músicos e formação musical de pedagogos.

A professora da instituição C afirmou que não foram necessárias mudanças no currículo do curso após a promulgação da lei: "Não houve [mudança], porque já trabalhávamos com música acreditando na importância destas aulas desde que a instituição existe".

Acredita-se que a relevância e tradição da disciplina Música no currículo do curso de Pedagogia dessa instituição possam ser decorrentes do fato de a instituição oferecer cursos de Licenciatura em Educação Artística, com habilitação em Música, além de ter vários corais e grupos instrumentais.

Em sua resposta, a professora da instituição D estabeleceu um paralelo entre a Lei n. 11.769 e a Lei n. 5692/71. Ela afirmou:

> Sim, conheço e a vejo como uma extensão da Lei n. 5.692/71, que instituiu a educação artística como componente da educação básica, e que apesar de ser falha em relação à formação desses professores em licenciatura curta e com ênfase nas artes visuais, representou um avanço na valorização da cultura geral. É claro que as defasagens deixadas nesses quase quarenta anos ainda devem ser corrigidas e o professor de Arte ainda é depreciado, mas a Lei n. 11.769/08 pode agregar valor não só à música como elemento essencial na formação, mas às artes em geral.

Em relação à Lei n. 5.692/71, conforme destacado pela professora, introduziu-se a Educação Artística no currículo escolar do ensino fundamental e médio. Ferraz e Fusari (2009) afirmam que, naquele período, as dificuldades foram inúmeras, uma vez que as disciplinas de artes existentes, como Desenho, Música, Trabalhos Manuais, Artes Aplicadas, Educação Musical, haviam deixado de existir e, portanto, os professores tiveram que complementar suas formações (p.51).

É interessante observar o paralelo estabelecido pela docente, pois realmente há uma preocupação de que ocorra um "retrocesso" e volte-se para a polivalência, já que a Lei n. 11.769/08 institui a música como conteúdo obrigatório da disciplina Arte. Nesse sentido, por meio de dados empíricos, sabe-se que algumas escolas têm exigido que seus professores de Artes, sejam quais forem suas habilitações, ministrem conteúdos musicais.

A professora da instituição D afirmou que, coincidentemente, e não por decorrência da lei, houve uma reformulação geral nas disciplinas do curso de Pedagogia, o que culminou em um aumento de carga horária para a disciplina Música.

> Não [houve mudanças], justamente pelo fato de a disciplina já existir anteriormente. Houve uma reformulação da grade neste último ano, de forma geral, para atender expectativas da instituição e que, neste caso específico, resultou em melhora já que outrora vinha acompanhada de teatro numa carga horária de 72 horas e agora ocupa o espaço isoladamente com 40 horas.

Apesar de a carga horária de Arte ter aumentado apenas quatro horas-aula em relação à disciplina anterior, considera-se um grande avanço esse espaço específico para a música, pois, quando a música aparece atrelada a outra área artística, muitas vezes acaba ficando em segundo plano.

Visão dos alunos

Também se considerou importante levar em conta o conhecimento e a opinião dos alunos acerca da Lei n. 11.769/08. Obteve-se o seguinte resultado acerca do conhecimento acerca do dispositivo legal (Quadro 61).

Percebeu-se que a maioria dos alunos (72,5%) conhece a lei. No entanto, é importante ressaltar que a docente da instituição C referiu-se à lei em sala de aula, assim, os nove alunos que afirmam não conhecê-la provavelmente estavam ausentes ou desatentos na aula em que a professora tratou desse assunto.

As opiniões dos alunos acerca da lei são muito diferentes e, portanto, foram categorizadas em alguns tópicos principais. Como

Quadro 61 – Conhecimento dos alunos acerca da Lei n. 11.769/08

Instituições	Sim	Não
Instituição A	3	–
Instituição B	8	5
Instituição C	20	9
Instituição D	5	–
Instituição E	2	–
Total	38	14

aqui não foi realizada uma relação direta com as aulas de Música de cada instituição, os dados dos 35 alunos que opinaram sobre a lei (em um total de 52 entrevistados) foram tabulados em um mesmo quadro (Quadro 62).

Quadro 62 – Opinião dos alunos acerca da Lei n. 11.769/08

Opiniões acerca da lei	Quantidade de alunos
A música é importante porque faz parte da vida das pessoas e auxilia no desenvolvimento das crianças e do ser humano	7
A música é importante porque, junto às demais artes, tem um papel fundamental na escola	5
As escolas demorarão a se adaptar às exigências da lei	1
A aula de Música é importante para a valorização e democratização do ensino dessa disciplina	2
Para que a lei seja aplicada e a música retorne à escola, será necessária a mobilização dos professores e o investimento na formação de professores	3
"Lei que ainda não é cumprida"	3
A música é importante pelo seu "poder" de mudar a vida das pessoas	2
Concordam e apoiam essa lei e a consideram "necessária", "correta", "boa", "legal", "importante" e "positiva"	11
Não considera adequado haver obrigatoriedade do ensino de Música	1

Oito alunos consideram a lei importante, pois a música faz parte da vida das pessoas e auxilia no desenvolvimento das crianças e do ser humano. Alguns também apontam o papel da música como auxiliar no desenvolvimento de várias habilidades e competências, dentre elas o autoconhecimento.

Importante porque a música faz parte da vida das pessoas e do desenvolvimento das crianças.

Sim, na formação dos alunos é importante porque acredito que a música faz parte da personalidade da pessoa; através da música dá para perceber como o aluno é (formação do sujeito) ou como será num futuro não muito distante.

Não tinha ouvido falar. Acho importante, como mencionei anteriormente; todo conteúdo que venha a fazer parte da vida da criança deve ser iniciado na escola, pois possibilitará caminhos muitas vezes ainda não descobertos.

A música traz vários sentimentos, resgata e desperta emoções, trabalhando também criatividade, percepção, atenção entre outros.

Acho que todas as escolas deveriam adotar a prática da música, ela é essencial para o desenvolvimento das crianças.

Sim, a música é uma grande ferramenta para trabalhar o ser humano de forma integral.

Sim, tenho conhecimento desta lei e acredito que a música traz inúmeros benefícios ao ser humano, comprovados através dos anos desde a Antiguidade e sendo, atualmente, cientificamente comprovado que a música atua na formação global do ser humano, essa lei é pertinente às novas exigências da sociedade atual, que exige que o indivíduo seja um sujeito reflexivo, crítico e autônomo.

É possível estabelecer uma relação entre a fala desse último aluno com a concepção de Libâneo (1994) acerca do "ensino crítico", que, segundo o autor, se estabelece quando "[...] a aquisição de conhecimentos e habilidades e o desenvolvimento das capacidades intelectuais propiciam a formação da consciência crítica dos alunos, na condição de agentes ativos na transformação das relações sociais" (p. 100).

Cinco alunos consideram a lei importante, pelo fato de a música e as artes terem papel fundamental na escola. Seguem algumas de suas opiniões:

> [...] mesmo nunca tendo ouvido falar, penso que é muito importante a música na sala de aula.

> Se faz parte do currículo, é que com certeza deve ter grande importância para o desenvolvimento do aluno.

> [...] acredito que esta seja uma forma de realmente obrigar as escolas a fazer uso deste meio tão extraordinário e proveitoso que é a música.

Um dos alunos ainda aponta para uma questão muito discutida na área, que é a aplicabilidade da lei nas escolas. O aluno afirmou que acredita que as escolas demorarão para se adaptar, mas que essa iniciativa contribuirá para maior valorização da área.

> As escolas demorarão a se adaptar: Penso que as escolas vão demorar para adaptar-se a nova lei, mas vejo com bons olhos; poucas pessoas dão valor a um estudo aprofundado da música, essa iniciativa do governo fará com que o currículo da escola valorize mais o profissional que trabalha com a música também.

Dois alunos admitem a importância da lei para a valorização e democratização do ensino de Música.

Importante para a valorização e democratização do ensino de Música: Na minha opinião [talvez] esta lei seja apenas o começo da valorização da arte e música como fator fundamental na formação das crianças. Para o surgimento de uma cultura democrática que valorize a diversidade, a sensibilidade e, claro, a cidadania.

Sim. Acho ótimo, assim todos os alunos, de todas classes sociais, têm acesso à música na escola.

Pode-se fundamentar a fala desses alunos com a definição de democratização apresentada por Libâneo (1994, p.38): a "democratização do ensino significa, basicamente, possibilitar aos alunos o melhor domínio possível das matérias, dos métodos de estudos e, através disso, o desenvolvimento de suas capacidades e habilidades intelectuais, [...]". O autor também acrescenta que a democratização de ensino supõe o princípio de igualdade e diversidade (ibidem, p. 39).

Especificamente em relação ao ensino de Arte e, nesse caso, Música, Ferraz e Fusari (2009) afirmam que a democratização do ensino de Arte parte da "necessidade de assumirmos o compromisso de ampliar o acesso da maioria da população aos domínios estéticos e artísticos" (p.59).

Três alunos também apontam para uma questão crucial, que é a mobilização por parte dos professores e o investimento em sua formação.

[...] acredito que será ótimo desde que se tenha o apoio dos futuros e atuais professores com o suporte necessário.

[...] acredito que será ótimo desde que se tenha apoio aos futuros professores e quem já esta atuando.

[...] concordo que a música deve ser conteúdo obrigatório da disciplina de Artes, porém isso ainda não foi implantado em todas as escolas, e os professores devem receber capacitação para poder transmitir esse conhecimento.

Por outro lado, três alunos apontam para o fato de ainda não haver aplicabilidade da lei na maioria das escolas. Um dos alunos ainda considera que, talvez, fosse necessária uma lei que tornasse a Música uma disciplina obrigatória, e não apenas conteúdo de Artes, como, por exemplo, as disciplinas Português e Matemática.

Mais uma lei que não é cumprida.

[...] infelizmente não é praticado o que está escrito na lei.

[...] infelizmente não é assim que acontece. Deveria ser obrigatório no currículo como Português e Matemática.

Assim como já identificado na primeira parte deste capítulo, surgiu novamente a concepção de "música redentora". Dois alunos atribuíram a importância da lei a esse "poder" que a música exerce.

[...] Um estímulo a mais para os educandos a terem gosto pela arte da música, quem sabe assim conseguimos combater o índice de violência a partir do momento que as pessoas trocarem a violência pela música.

[...] desperta o interesse para o ritmo, música e pode ajudar a tirar pessoas e crianças de caminhos errados.

É muito importante que o aluno conheça mais sobre músicos e seus instrumentos. Pois, é muito importante que o aluno perceba e distingua os instrumentos. A música pode mudar/modificar a vida de muitos jovens no Brasil, dando à eles oportunidade de observar e se apaixonar pela vida musical, seja ela, clássica, jazz, contemporâneas etc. E despertar diversas maneiras de se expressarem (teatro musical, dança em geral), entre outras.

A maioria dos alunos (onze alunos) diz concordar com a lei, mas não justifica por que a considera importante. Alguns trazem justificativas vagas, tais como: "É uma lei inteligente"; "Tem todo apoio, pois a música é a arte das artes"; "Muito necessária, pois a música só tem a contribuir".

Por outro lado, um dos alunos, por ter uma visão romântica da música, e não considerá-la como uma área do conhecimento, não considera adequado o ensino obrigatório de Música: Ele afirmou: "Quem educa não pode obrigar. Cantar obrigada é um total desencanto e a música foi feita para encantar".

Um dos alunos que não expressam sua opinião acerca da lei atribui, indevidamente, tal desconhecimento ao fato de não ter tido aulas de Música: "Nunca procurei saber devido não ter tido aulas de Música na minha infância e na adolescência". Nesse sentido, outro aluno se expressa de maneira parecida: "Não conhecia. Mas se a música tivesse sido me apresentada na infância, não seria tão frustrada musicalmente".

Democratização do ensino de Música na educação básica

Também foi perguntado aos coordenadores e professores de Música das cinco instituições quais seriam as possibilidades para a democratização do ensino de Música no município em que eles vivem.

A coordenadora da instituição A considera haver poucas alternativas em seu município para a ampliação do ensino de Música: "Em [...] há poucas opções. O envolvimento deve partir das políticas públicas educacionais". Nesse sentido, a área de educação musical, representada pela Abem, tem procurado articular ações que envolvam políticas públicas, pois também tem opinião próxima ao pensamento da coordenadora, segundo o qual a efetiva mudança e inserção da música nas escolas só será possível por meio de ações políticas.

A coordenadora da instituição B acredita que, para a democratização do ensino de Música no município, seria necessário investir nos programas da área de música presentes, promovidos pela Secretaria da Cultura.

Na cidade existem alguns programas específicos de música na Secretaria da Cultura. São oferecidos cursos para a população gratuitamente, de violão, flauta doce, teclado, teoria musical, coral. Inclusive a equipe está buscando um reconhecimento pelo MEC dos cursos oferecidos. Tem concurso de banda anualmente.

A docente da instituição A destaca que seria necessário "que todos tivessem acesso a uma educação de qualidade, com recursos, valorização e profissionalismo". Nesse sentido, Libâneo (2008, p.205-6) concorda com o que destacou a professora quando diz que ainda é necessária a busca por uma educação de qualidade no Brasil:

> O ideal de um ensino de qualidade para todos não caducou, ele não pode ter caducado, porque a sociedade brasileira não cumpriu, ainda, as promessas inscritas na modernidade de autonomia e dignidade humana para todos. [...] A prioridade para educação e a exigência de maior profissionalismo dos professores têm, neste momento histórico, o nome de "profissionalização", isto é, salários dignos, formação profissional de qualidade e planos de carreira [...].

A professora da instituição C destaca a importância da divulgação da lei n. 11.769/08, bem como o investimento na formação de profissionais:

> Seria importante que as autoridades do nosso município conhecessem ou se informassem melhor sobre a nova lei, e investissem para terem os profissionais aptos. E ainda percebo que falta uma compreensão melhor da importância destas aulas para os alunos na cidade que moramos, o que não é uma realidade na instituição em que estamos, apesar de fazermos parte da mesma cidade.

A docente ainda esclarece que a instituição C tem se preocupado com essa questão, ao investir na formação prática de seus alunos e levando-os à sala de aula:

> Como instituição que trabalha com a formação de professores de Música, estamos sempre preocupados em expandir este ensino de Música de forma correta para as escolas da prefeitura da nossa cidade. Temos os alunos estagiários de Música e mesmo os de Pedagogia que, nos estágios a cada semana, têm trabalhado para que todas as escolas tenham este ensino. A nossa cidade é pequena e conseguimos ocupar praticamente todas as classes. Estamos tentando divulgar e promover a importância das aulas de Música para todas as crianças.

A professora da instituição D acredita que a Lei n. 11.769/08 já é o início para essa democratização:

> Não habito na cidade em que leciono, mas acredito que a própria prática da lei já é o grande começo, pois não é segregada e sendo assim é a maior democratização. Espero que venha ou que em pouco tempo se qualifique.

Em relação à questão da música na escola, a professora da instituição C acrescenta que:

> [...] a música não é para ser usada somente como recreação e como atividade quando não se tem nada para fazer. As aulas de Música devem ser ministradas por profissionais especializados e que trabalhem com os conteúdos apropriados para cada faixa etária, e que fique para as professoras de classes, a música como complemento e facilitadora para o aprendizado.

A professora da instituição D também acrescenta que é essencial considerar a importância da música na formação de seu aluno:

Sim. Vejo esta área com muita importância para o desenvolvimento global do aluno e fundamental na sua percepção e visão de mundo. Tenho o desejo de que se possa não só instrumentalizar o aluno, com o perdão do trocadilho, mas também que se expanda seu repertório, sua autoestima e seu autoconhecimento.

Desafios e necessidades do ensino de Música nos cursos de Pedagogia paulistas: visão dos coordenadores, professores e alunos

Dificuldades em relação ao ensino de Música nos cursos de Pedagogia

A fim de verificar quais são as dificuldades em relação ao ensino musical nos cursos de Pedagogia, na perspectiva dos professores, foi apresentada a seguinte pergunta: "Para o senhor, quais as dificuldades em ensinar música para os alunos de Pedagogia?".

A docente da instituição A considera a necessidade de "reconstruir o conceito de música já internalizado" como a maior dificuldade para se ensinar Música nos cursos de Pedagogia. Em suas aulas, a docente enfatizou a importância de, também, trabalhar a música como uma área do conhecimento, e, no caso dos sentidos atribuídos à música por seus alunos, ligados ainda a uma visão romântica, ela entende tal questão como uma necessidade.

A coordenadora do curso da instituição B afirmou que: "Sinceramente gostaria que a faculdade investisse um pouco mais em música, oferecendo cursos de Teoria Musical, por exemplo".

Aqui se observa uma visão tradicionalista de ensino musical, também chamado de ensino conservatorial, em que apenas a teoria e a técnica são enfatizadas. Portanto, verifica-se que a coordenadora do curso, por estar distante das discussões atuais acerca da educação musical, apesar de demonstrar interesse em um maior investimento na área de música, não está a par dos rumos que a área tem tomado.

Por outro lado, a professora da instituição C considera a falta de aulas de Música na formação dos alunos como um dificultador, já que se torna necessário fazer um trabalho de iniciação musical com estes. Ela afirmou:

> Praticamente todos os alunos da Pedagogia nunca tiveram aulas de Música ou contato com a prática pedagógica da musicalização para as crianças, e isso dificulta mais o trabalho. É preciso fazer um trabalho de base, desde atividades simples até a aplicação da música nos conteúdos da educação infantil e séries iniciais.

Dentro dessa perspectiva, a professora da instituição D considera a falta de estímulo musical ao longo da vida uma das dificuldades no processo de educação musical dos alunos de Pedagogia:

> Acredito que a falta de estímulo musical ao longo da vida, o que causa distanciamento da percepção da capacidade sonora, assim como o medo que culmina na frase "eu não sei", tão comum no ensino das artes em geral [são a maior dificuldade no processo de educação musical dos alunos de Pedagogia].

Nesse sentido, considera-se importante destacar que todos os seres humanos possuem um "mundo sonoro interno", mas ainda há muitas barreiras que impedem os não músicos de aceitar e explorar esse "arquivo musical". Fundamentando essa questão, Gainza (2002b, p.40-1, tradução nossa) afirma:

> O mundo sonoro interno não se constitui uma característica exclusiva dos músicos, já que todas as pessoas têm posse do capital sonoro que forma parte essencial de sua identidade. Portanto, cremos que deveria ser assumido como algo próprio (reconhecer "Eu tenho música dentro de mim"), aceitá-lo, assim como aprendemos a aceitar nossas características físicas ou de caráter. Mas, pelo contrário, muitos se perseguem com "imaginárias" críticas que atribuem ao mundo externo e, antecipadamente, se

defendem afirmando "Eu não sou músico", "Tenho um 'tampão' em cada orelha".

Acreditando na potencialidade do "mundo sonoro interno" de cada pessoa, esta obra parte do pressuposto segundo o qual a formação musical de professores das séries iniciais é viável e importante, no entanto, considera-se essencial que o formador desses professores tenha formação pedagógica musical consistente para dar uma base musical adequada a seus alunos. Portanto, uma das questões apresentadas aos docentes das disciplinas foi: "O senhor acredita que é preciso ser professor especialista em música para dar essas aulas [no curso de Pedagogia], ou isso não é necessário?".

A professora da instituição A, arte-educadora – formada em Artes Visuais –, respondeu que acredita que: "O trabalho feito por especialistas é muito melhor, mas também é possível realizar bons trabalhos ministrados por professores de Arte".

A professora da instituição D, formada em Educação Artística com habilitação em Teatro, também não considera necessário ter formação específica na área. Ela afirma: "Acredito que não [é necessário ser especialista na área]. É possível a partir de uma base e bom material bibliográfico".

Por outro lado, a docente da instituição C, a única das cinco professoras que é formada em Música, considera fundamental ser especialista em música para a formação de seus alunos.

> Acredito que é essencial à formação do professor, ser especialista em música, para que facilite a compreensão dos conteúdos para os alunos, e para que possa apresentar as atividades com mais clareza, devido à vivência que já tem.

Em um espaço aberto para livre manifestação, a coordenadora da instituição A também aponta para a necessidade de profissionais da área ministrarem as disciplinas musicais: "A exigência de formação deve ser prioritária. De modo geral, os professores que ministram tal disciplina são pedagogos e não licenciados em Música".

O tempo destinado às aulas de Música

A fim de verificar a opinião dos alunos e professores das disciplinas Música acerca da carga horária destinada às disciplinas, perguntou-se: "O senhor considera o tempo destinado às aulas de Música suficiente para que a disciplina atinja seus objetivos? Justifique sua resposta".

Pelo fato de as cinco instituições participantes terem diferentes cargas horárias e espaços destinados à formação musical nos cursos, os dados foram tabulados por instituição.

Instituição A

A disciplina "Arte e Música no Processo de Ensino e na Aprendizagem no Ensino Fundamental", com carga horária de quarenta horas, teve cerca de cinco aulas específicas de Música. Portanto, foram destinadas aproximadamente dez horas para a formação musical dos alunos.

Em relação a esse espaço destinado às aulas de Música, a docente da instituição A considera a carga horária do curso insuficiente para que se possam atingir os objetivos propostos.

O Quadro 63 apresenta a opinião dos alunos sobre essa questão.

Quadro 63 – Opinião dos alunos da instituição A sobre o tempo destinado às aulas de Música

Considera o tempo suficiente	Quantidade de alunos
Sim	1
Não	2

O aluno que considera o tempo suficiente afirmou: "Acho que o tempo destinado às aulas no mínimo nos dá uma noção de música". Um dos alunos que consideraram o tempo insuficiente sugeriu um aumento no número de aulas: "Não, não é o tempo, mas a quantidade de aula que é muito pouca, deveria ser ao menos quatro aulas por semana". Outro aluno também sugeriu uma reformulação da carga horária do curso:

> Não [considero o tempo suficiente], porque tem que haver novas estratégias de comunicação através da música, a divisão desse tempo pode ser reorganizada pelo qual poderíamos ter mais horários de aula desta disciplina.

Instituição B

A disciplina "Música, Teatro e Dança nas Séries Iniciais do Ensino Fundamental", com carga horária de quarenta horas, teve cerca de cinco aulas destinadas especificamente à linguagem musical. Portanto, os alunos tiveram cerca de dez horas de formação musical dentro dessa disciplina.

No caso da instituição B, foi levada em conta apenas a perspectiva dos alunos, já que o professor da disciplina não respondeu ao questionário. Pode-se ver no Quadro 64 que apenas 1 aluno considera a carga horária suficiente, enquanto os outros 12 consideram-na insuficiente.

Quadro 64 – Opinião dos alunos da instituição B sobre o tempo destinado às aulas de Música

Considera o tempo suficiente	Quantidade de alunos
Sim	1
Não	12

O aluno que considera o tempo suficiente ressaltou a metodologia de ensino da docente: "Sim, pois há um método eficaz de transmitir".

Os alunos que consideram o tempo destinado às aulas de Música insuficiente apresentam diferentes justificativas. Um deles afirmou que seria interessante o desenvolvimento de um trabalho com maior profundidade: "Acho o tempo insuficiente, pois poderíamos com mais tempo chegar a um trabalho mais elaborado".

Alguns discentes enfatizaram que, devido à falta de preparo musical dos alunos e pela grande quantidade de alunos na sala, seria necessário um tempo maior.

> Não, porque muitos alunos do curso superior não possuem noções de música, por isso não fazem uso da música como um recurso de aprendizagem.

> Não. Por sermos analfabetos musicais.

> Não, teria que ter mais tempo, principalmente quando a classe tem muitos alunos.

Dois alunos enfatizaram que a pouca quantidade de aulas prejudica a realização das atividades práticas, o aprendizado do conteúdo, bem como a futura adequação dos conteúdos em sala de aula.

> Não. Acredito, que deveria ser um tempo a mais, pois acabam ficando dúvidas a serem sanadas e muito a ser conhecido. É uma aula muito dinâmica e gostosa, o tempo (hora) passa rápido, sem perceber (não é massacrante), é maravilhoso! Gostaria que seguisse mais um semestre ou até o fim do curso de Pedagogia para colocarmos em prática em sala de aula.

> Eu considero que o tempo destinado a disciplina não é suficiente para que sejam atingidos seus objetivos quanto à música, visto que a música é executada na prática e leva tempo, pois o grupo precisa ser dividido, precisa treinar, ou seja, recantar diversas vezes a música até que fique correta, portanto deveríamos ter mais tempo p/ essa disciplina.

Um dos alunos afirmou:

> Não. Pois para que haja uma compreensão da complexidade desta disciplina o tempo é muito curto, pois p/ mim, música não é só parte técnica e sim envolve o lado social.

É interessante observar a compreensão mais abrangente que esse aluno apresenta em relação ao estudo da música. Pode-se fundamentar essa fala com o pensamento de Figueiredo (2004), que considera importante abordar componentes musicais, filosóficos, psicológicos, pedagógicos e sociológicos nos cursos de Pedagogia.

Por outro lado, um dos alunos afirmou que a disciplina motivou-os a trabalhar com essa linguagem: "Não, penso que em duas aulas não conseguimos aprender tudo, mas por outro lado saímos com um gosto de 'quero mais'".

Instituição C

A disciplina Musicalização Infantil apresentou carga horária de 36 horas. Apesar de, juntamente com a instituição D, ser uma das disciplinas com maior carga horária, dentre as cinco instituições, a docente demonstrou seu desejo por um tempo maior para o desenvolvimento dos conteúdos.

Apesar de termos quatro créditos em um semestre, as aulas são divididas com arte-educação, o que diminui a parte de aula de Música específica, e lógico que como professora da área, gostaria que houvesse mais tempo, mais aulas, para poderem ser trabalhados os conteúdos com mais calma e compreensão para serem melhor vivenciadas as práticas.

Como pode ser observado no Quadro 65.

Quadro 65 – Opinião dos alunos da instituição C sobre o tempo destinado às aulas de Música

Considera o tempo suficiente	Quantidade de alunos
Sim	16
Não	13

Alguns alunos consideram o tempo destinado à disciplina suficiente para dar a "base necessária".

Sim, pois é o suficiente para termos base para a pedagogia, e para que sejam atingidos os objetivos.

Sim, nos dá noção básica como a música é aplicada para a criança.

A professora tem aproveitado muito bem o tempo que lhe foi dado.

Sim, pois duas aulas semanais passa todo conteúdo necessário.

Sim, pois há bastante tempo para trabalharmos todas as atividades.

Por outro lado, alguns afirmam que só é possível desenvolver-se com a pesquisa fora da sala de aula:

Sim. É suficiente se o aluno também fizer estudos extraclasse, não se limitando à sala de aula.

Sim. Afinal, você realmente aprende quando estuda por conta própria. Quando corre atrás do extra. Os trabalhos nos dão esta oportunidade de aprofundar no assunto.

Sim, já que pede pesquisas e conversas fora de sala.

Alguns alunos consideram o tempo da disciplina insuficiente para que sejam desenvolvidos os conteúdos referentes à linguagem musical.

Não. Pois a música tem muito a nos oferecer que pelo tempo limitado não conseguimos atingir.

Não, eu acho que é pouco tempo para professora passar tudo o que deveria.

Não, muito pouco tempo porque estudar música é muito mais que uma aula por semana.

Alguns dos alunos apontam para a necessidade de um maior tempo para realização de atividades práticas:

Não. Precisa haver mais prática.

Não. Deveria ter mais tempo para ter mais prática na disciplina.

Não, acredito que deveríamos ter mais aulas práticas sobre música.

Um dos alunos ainda enfatiza que, por conta da influência que eles exercerão na formação musical de seus alunos, seria necessária uma melhor preparação: "Não, os 'professores' deveriam ser bem preparados para isso por causa da influência".

Instituição D

A disciplina "Educação e Arte: Música" trata especificamente da linguagem musical e apresenta carga horária de quarenta horas-aula.

Diferentemente das docentes da instituição A e C, a docente da instituição D considera a carga horária suficiente, já que acredita na possibilidade e na importância da pesquisa individual por parte dos alunos em cursos de graduação.

Sim [considero, a carga horária suficiente]. É claro que em algumas turmas o rendimento é melhor, como em qualquer disciplina. A carga horária até poderia ser maior, mas isto implicaria na diminuição de outros conhecimentos também necessários, e o discente precisa ter a consciência de que a graduação abre portas para a pesquisa individual devendo ser o professor um constante pesquisador.

O Quadro 66, a seguir, mostra a opinião dos alunos.

Quadro 66 – Opinião dos alunos da instituição D sobre o tempo destinado às aulas de Música

Considera o tempo suficiente	Quantidade de alunos
Sim	2
Não	3

Os três alunos que consideram o tempo insuficiente apresentam diferentes justificativas. Dois deles afirmam que, pela complexidade e riqueza da área musical, precisaria de maior aprofundamento e um deles ressalta a necessidade de um espaço maior para as atividades práticas.

Não. Pela riqueza da aprendizagem que provém da música, e o enorme conhecimento que podemos adquirir dela, uma aula de Música por semana não é o suficiente.

Não, é preciso mais aprofundamento.

Acredito que o conteúdo seria melhor fixado com aulas práticas em maior quantidade de horas, pois a teoria se torna um pouco exaustiva.

Instituição E

A disciplina "Arte e Música na Educação Infantil", com carga horária de sessenta horas, contou com apenas duas aulas específicas de música. Como a docente também não respondeu ao questionário, foram levadas em conta apenas as opiniões dos alunos.

O Quadro 67, a seguir, mostra que os dois alunos consideram o tempo destinado às aulas insuficiente.

Quadro 67 – Opinião dos alunos da instituição E sobre o tempo destinado às aulas de Música

Considera o tempo suficiente	Quantidade de alunos
Sim	–
Não	2

Eles afirmaram:

> Não, o tempo é muito restrito, não foi suficiente pra aprendermos mais sobre musica, só o básico do básico.

> Não, acho que a música poderia ter um espaço maior dentro da nossa grade.

Desafios e necessidades

A fim de identificar as necessidades relativas à educação musical nos cursos de Pedagogia, além das análises realizadas por meio das observações das aulas, foi levada em conta a opinião de professores, coordenadores e alunos.

Instituição A

Em relação às necessidades, a docente da instituição A acredita ser necessário "[...] ter um tempo maior, espaço e materiais". Considera que há desafios a serem superados e afirmou:

> Sim [há desafios a serem superados], primeiro minha própria formação continuada e a reconstrução de uma consciência da importância da arte no desenvolvimento da criança.

Nesse sentido, pode-se fundamentar a fala da docente no conceito de educação ao longo de toda a vida, proposta por Jacques Delors (2004, p.117).

O conceito de educação ao longo de toda a vida é a chave que abre as portas do século XXI. Ultrapassa a distinção tradicional entre educação inicial e educação permanente. Aproxima-se de um outro conceito proposto com frequência: o da sociedade educativa onde tudo pode ser ocasião para aprender e desenvolver os próprios talentos. Nesta nova perspectiva a educação permanente é concebida como indo muito mais além do que já se pratica [...] Deve ampliar a todos as possibilidades de educação, com vários objetivos, quer se trate de oferecer uma segunda ou terceira oportunidade, de dar resposta à sede de conhecimento, de beleza ou de superação de si mesmo, ou ainda, ao desejo de aperfeiçoar e ampliar as formações estritamente ligadas às exigências da vida profissional, incluindo as formações práticas.

Os alunos dessa instituição apontam para diferentes necessidades e desafios, conforme mostra o Quadro 68.

Quadro 68 – Opinião dos alunos da instituição A acerca das necessidades e desafios em relação à educação musical de seu curso

Necessidades	Quantidade de opiniões
Aquisição de instrumentos musicais	1
Trabalhar a música como recurso	1
Do próprio professor para ações pedagógicas	1
Desafios	
Maior quantidade de aulas	1
Estudo/Pesquisa	2

O aluno que apresentou como uma necessidade a aquisição de instrumentos musicais afirmou:

Se a escola (faculdade) quer dar aula relacionada à música deveria disponibilizar os instrumentos, tem que haver contato como os alunos interesse com a música sem tocar, sentir um instrumento.

Um dos alunos considerou a necessidade de haver uma ênfase maior na utilização da música como recurso pedagógico.

Acho que a música é uma forma de levar uma mensagem. Por meio dela conseguimos gravar e decorar a letra sem esforço, então poderia ser mais trabalhado, principalmente nas escolas, os pedagogos poderiam aprender mais sobre como administrar música usando os conteúdos a serem ministrados por meio da música.

O terceiro aluno considerou que as necessidades são do próprio professor para a realização das ações pedagógicas.

As necessidades são do professor para realização de ações pedagógicas. A música e mapeamento das práticas, o papel e a importância da música nos cursos de Pedagogia.

Para os alunos da instituição A, os principais desafios são o aumento do número de aulas e a pesquisa individual que os alunos terão de realizar para o aprofundamento do conhecimento musical.

Desafio, ter mais aulas p/ essa matéria.

O que aprendemos no curso é só noção, quem quer mais tem que pesquisar.

O desafio e investigar os processos do ensino-aprendizagem, como seguir, atingir etc. Perspectivas; o planejamento e execução e a sociedade do conhecimento (arte, música).

Instituição B

Quadro 69 – Opinião dos alunos da instituição B acerca das necessidades e desafios em relação à educação musical de seu curso

Necessidades	Quantidade de opiniões
"Aprofundamento musical"	3
Maior tempo para as aulas/mais tempo	3
Instrumentos musicais	3
Desafios	
Entender fundamentos da linguagem musical	4
Apresentar o trabalho para a classe	1
Aprender a utilizar instrumento musical	1
Preparo adequado do professor/Professor de música "de verdade"	1
Fazer musical/Produção	2
Integração do grupo	2

Três alunos da instituição B (Quadro 69) apontam como necessidade recursos para maior aprofundamento na área de música e educação: "Há necessidades de mais recursos para entendê-la (a música)"; "É necessário que busquemos mais informações e maneiras de se aplicar a música em sala de aula"; "Aprofundamento musical".

Três alunos também apontam para a necessidade de maior tempo para as aulas, como se pode ver nos depoimentos de dois deles: "Há uma necessidade relevante na educação musical, que é termos mais tempo para o aprendizado"; "As necessidades são mais tempo destinado a matéria, mais treino".

Há ainda uma forte tendência a se relacionar o ensino de Música com o ensino específico de instrumentos musicais. Por conta disso, alguns alunos ressaltam como necessidades a falta do ensino de instrumentos musicais: "[...] faltou também ensinar tocar um instrumento, faz falta não saber"; "[...] não sei se é conveniente, mas acho interessante o uso de instrumentos musicais".

Como se pode observar, os desafios apresentados pelos alunos dizem respeito tanto à estrutura do curso e seus professores como a desafios pessoais em relação às aulas e ao trabalho com música.

O principal desafio observado pelos alunos foi a compreensão de aspectos musicais para uma futura utilização da linguagem em sala de aula.

O desafio é conseguir entender a música.

É justamente entender mais a fundo o que constitui uma música, seus instrumentos, vozes, partitura enfim sei pouco de música e o que sei aprendi na faculdade.

Como nunca vi nada antes sobre música, o desafio para mim é muito grande preciso estudar muito para ter condição de passar para as crianças.

O desafio é de aprender e compreender tudo o que foi apresentado durante a aula, pois já era necessário terem sido apresentados tais conceitos no ensino fundamental/médio. Assimilar tudo é um desafio.

Um dos alunos também considerou a criação musical e sua apresentação como um grande desafio.

Apresentar o trabalho para a classe: Apresentar o trabalho à classe, onde se exige criatividade, talento e dedicação pois nem todos da equipe tem o mesmo objetivo e vontade de aprender e não querem se expor.

Assim como alguns alunos apontaram o aprendizado de um instrumento musical como uma necessidade, um deles considerou "aprender a utilizar instrumento musical" como um desafio.

Uma questão muito pertinente levantada por um aluno como desafio é o preparo adequado do professor da disciplina Música, ou seja, um "verdadeiro" professor de Música. O aluno afirmou:

Para mim, creio que precisaria trabalhar a técnica mais profundamente, pois é nos dado a matéria, e muitos são leigos no assunto, e o professor não explica de uma forma clara e compreensível. Ex: divisão de vozes (soprano, contralto...), partituras, compassos, ritmos deveriam ser muito bem-explicados antes de dar exercício para sala. Não adianta trazer músicas infantis p/ sala, dividir em grupos e lançar mão disto, e fazer o grupo trabalhar sem entendimento da teoria musical. O desafio maior é o professor compreender as dificuldades que a sala possui em relação a esta disciplina, e ter discernimento ao aplicá-lo. Tem de ter "feeling". Acho que tem de ser um profissional experiente, ou seja, professor de Música, e não um conhecedor simplesmente, tem de estar envolvido com a música em sua *vida*. (grifo do aluno)

Em relação à clareza na explicação, a fala do aluno pode ser fundamentada no pensamento de Libâneo (1994, p.250): "[...] o professor deve cuidar de apresentar os objetivos, os temas de estudo e as tarefas numa forma de comunicação compreensível e clara". Após escrever sua opinião, o aluno deixa claro que suas críticas são construtivas. Ele fez a seguinte observação:

Espero que possa compreender minhas colocações a respeito desta disciplina. As críticas abordadas foram feitas para despertar a classe docente e não para julgá-las. Obrigada.

Dois alunos consideram o próprio fazer musical como um desafio: "Para mim a questão da produção é um desafio"; "A meu ver o desafio será cantar uma música sem desafinar".

Por fim, desataca-se ainda a opinião de dois alunos que consideram a integração do grupo como o principal desafio: "Integração de todos na relação social, convívio e respeito"; "Integração entre todos".

Instituição C

Como uma necessidade, a professora da instituição C destaca novamente a falta de preparo musical dos alunos, desejando, também, um maior tempo para a disciplina.

> O ideal seria que os alunos de Pedagogia tivessem um preparo musical mais apurado antes de iniciar a faculdade, mas como isso é quase que impossível, então que houvesse mais tempo para esta disciplina específica.

A professora da instituição C também destaca alguns desafios a serem superados:

> Existem muitos desafios com certeza, como terem mais aulas, e em mais semestres, e com uma sala apropriada contendo instrumentos e materiais próprios, facilitando assim uma vivência própria.

O Quadro 70, a seguir, apresenta a perspectiva dos alunos em relação às necessidades e desafios relativos à educação musical em seu curso de graduação. Pode-se verificar também que poucos alunos responderam a essa questão.

Quadro 70 – Opinião dos alunos da instituição C acerca das necessidades e desafios em relação à educação musical de seu curso

Necessidades	Quantidade de opiniões
"Aprofundamento musical"	2
Maior número de aulas/mais tempo	4
Materiais	2
Desafios	
Conscientização do valor da música para a educação	4
Maior envolvimento dos alunos	5
Criatividade	1
"Ter que ensinar música aos alunos sem saber"	4

Dois alunos apontaram para a necessidade de um aprofundamento musical. Eles destacaram a importância de se "ter um estudo mais avançado" e a "necessidade de ajudar o aluno a se desenvolver".

Quatro alunos consideram a necessidade de ter um maior número de aulas:

Deveria ter mais aulas.

O tempo que é pequeno.

Estender mais o tempo da disciplina é inserir a música também mais em outras disciplinas.

Necessidade é a do conhecimento, que é muito pouco para um semestre só.

Um aluno ainda enfatizou a necessidade de materiais: "Na própria aula nenhuma [necessidade], no entanto, em relação aos materiais sim, pois são caros e alguns importados".
Como desafios, quatro alunos enfatizam a conscientização do valor da música para a educação como algo a ser superado:

O desafio é fazer com que acreditem no poder da música para formar alguém.

É de conscientizar que a música é fundamental para o desenvolvimento da criança (e também) na mente dos pedagogos que pensam que essa disciplina é apenas um passatempo curricular.

É conseguir que a música desperte atenção da parte da direção como algo de suma importância.

A conscientização dos próprios alunos sobre a importância da música na sua formação profissional e o uso em sala de aula e no ambiente escolar como forma de desenvolvimento integral da criança.

Cinco alunos consideram o envolvimento e comprometimento por parte dos alunos como um desafio:

Maior envolvimento dos alunos, muitas vezes falta comprometimento dos alunos para o assunto.

O maior desafio é ter interesse nas aulas de Música, porque a maioria dos alunos não tiveram educação musical na infância.

Que levem a sério, quem quer educação infantil leva, mas eu quero gestão, então não bate muito.

Desafios fazer aluno participar.

O desafio é a aceitação...

Um ponto muito relevante levantado por um aluno como um desafio é a criatividade.

O desafio é a criatividade, que hoje em dia é uma exigência no mercado de trabalho, principalmente quando o assunto é criança. Estou tentando desenvolver esse aspecto e as aulas de Música têm me ajudado bastante.

A fala desse aluno pode ser fundamentada no pensamento de Ostrower (1984) quando afirma que "a criatividade é a essência do homem. A criação é um processo de perene desdobramento, reestruturação e intensificação da vida" (apud Dias, 2007, p.952).

A autora também enfatiza a importância da criatividade para a criança. Ela afirma: "Criar é viver para a criança. Ela vive em estado de contínua transformação física, psíquica, emocional e cognitiva, aguçando o espírito atento, experimental e um olhar aventureiro que espreita o mundo a ser conquistado" (ibidem, p.952).

Quatro alunos ainda consideram a necessidade de ter que ensinar música aos alunos "sem saber" como um grande desafio a ser vencido.

Não entendo muito de música e ter que passar o pouco que sei aos alunos.

Não entendo de música e não sei ensinar música, mas acho importante.

É difícil assimilar muitas músicas e também ter que aplicar conforme as idades.

O maior desafio é entender que mesmo sem saber muito sobre música, poderei usá-la para educar meus alunos.

É interessante observar que, pelo fato de a instituição C ter um curso de um semestre com um professor especialista em música e com uma infraestrutura adequada, alguns alunos não identificam necessidades ou desafios a serem superados, já que estão satisfeitos com sua educação musical. Seguem algumas de suas observações:

A música faz parte da educação de nossa faculdade. Não houve dificuldades.

Para mim, está tudo bem.

É de suma importância que haja esta matéria. Me sinto feliz que minha faculdade valorizar isto no curso de Pedagogia.

Acredito que não haja desafios, pois a musicalização é ministrada de forma bem completa aqui no [...], os professores são bem competentes e dinâmicos.

Instituição D

Quadro 71 – Opinião dos alunos da instituição D acerca das necessidades e desafios em relação à educação musical de seu curso

Necessidades	Quantidade de opiniões
Compreensão de aspectos teóricos musicais	1
Recursos materiais	3
Mais aulas práticas	1
Desafios	
Fazer musical	1
Aprimorar a didática de ensino para a implementação da Lei n. 11.769/08	1
Quebrar vergonha	1

Um dos alunos (Quadro 71) considerou a compreensão dos aspectos teóricos musicais como uma necessidade. Ele afirmou: "Compreender o que é altura, pauta, timbre...".

Dos três alunos que apontaram para a necessidade de recursos materiais, dois afirmaram: "Necessidades, materiais e recursos" e "Ter 'laboratório' musical, uma espécie de estúdio, com bateria, guitarra, baixo, tambores etc.".

Um dos alunos ainda apontou para a necessidade de um maior número de aulas práticas: "A necessidade, como já respondi, de aulas práticas, espaços que motivem a participação".

Assim como apontaram alunos da instituição B, um dos alunos considerou o fazer musical, no caso a atividade avaliativa proposta pela docente, como um desafio: "Desafios, o que vem em mente é fazer uma música, com música corporal, instrumental e a fala". Um aluno também considera o investimento na melhoria da didática de ensino para a implementação da Lei n. 11.769/08 como um desafio: "Os desafios para implantar nas escolas, porém após a Lei n. 11.769 é uma batalha vencida, agora é reforçar ainda mais a didática de ensino".

Instituição E

Quadro 72 – Opinião dos alunos da instituição E acerca das necessidades e desafios em relação à educação musical de seu curso

Desafios	Quantidade de opiniões
Conscientização dos alunos de Pedagogia em relação à importância da música	1

Apenas um aluno respondeu à questão (Quadro 72) e considerou a conscientização dos alunos de Pedagogia em relação à importância da música como o principal desafio:

> Fazer com que o aluno do curso de Pedagogia primeiramente tenha a consciência da importância da música na vida de seus alunos.

Se isso acontecer este aluno quando professor fará um bom trabalho, já terá sido metade do caminho.

Reflexo da formação musical dos cursos de Pedagogia na atuação profissional dos alunos

Conforme destacado no Capítulo 2, dentre os 52 alunos que responderam ao questionário, apenas 3 atuam como professores de educação infantil. Apesar de ser uma porcentagem mínima de alunos (5,7%), considerou-se importante refletir sobre como tem sido sua atuação na área de educação musical.

São apresentadas no Quadro 73 algumas características das escolas em que os alunos atuam:

Quadro 73 – Características das escolas em que os alunos atuam como professores

Características	Aluno 1 (Instituição B)	Aluno 2 (Instituição B)	Aluno 3 (Instituição C)
Faixa etária em que dá aula	Crianças de 1 a 2 anos e 9 meses	Crianças de 2 anos e 5 meses até 3 anos	Crianças de 5 e 6 anos
Categoria administrativa da escola	Privada	Privada	Pública
Presença do professor de Música	Sim	Não	Sim

É interessante observar que, das 3 escolas em que os alunos atuam, 2 contam com a presença de um professor específico de Música. O "aluno 1" diz que "na escola onde trabalha há aula de Música toda sexta-feira e tem feito muito efeito". O "aluno 3" relata que:

> [...] ela (professora de Música) trabalha muito bem e através desse trabalho tenho visto vários resultados, um deles foi que uma

criança que nem falava começou a cantar e ser mais desinibida com as pessoas.

Esse relato acerca do benefício proporcionado pela música em uma criança pode ser relacionado com a função "catártica" que a música exerce.

> [...] o *poder* da música se estende também a uma função catártica, utilizada até mesmo de forma inconsciente para expurgação de emoções que não conseguimos expressar verbalmente (pelo menos em um primeiro instante), pois a verbalização aproxima-nos demasiadamente do que nos atemoriza. [...] a música é, desse modo, indicação primeira e única no caso de indivíduos com dificuldades de comunicação verbal [...]. (Sekeff, 2007)

Houve apenas o relato de um aluno que atua em escola regular acerca do benefício da música, mas há diversas pesquisas que tratam dos benefícios que a música proporciona no âmbito escolar. A obra *Música na escola: a contribuição do ensino da música no aprendizado e no convívio social da criança* (Bastian, 2009) traz resultados de pesquisas realizadas em Berlim (Alemanha) acerca da influência da educação musical no desenvolvimento individual e grupal de alunos do ensino fundamental.

A fim de verificar de que forma a música aparece na rotina escolar dos alunos, perguntou-se: "Você utiliza as chamadas 'canções de rotina'? Poderia citar alguns exemplos desse repertório utilizado por você em suas classes?". Conforme destacado no Capítulo 1, as "canções de rotina", também chamadas de "canções de comando", são muitas vezes utilizadas nas escolas de educação infantil como camuflagem do controle escolar, e, portanto, considera-se que não são apropriadas para o processo de educação musical das crianças, por serem muito diretivas. Diante disso, decidiu-se verificar se essa prática continua presente nas escolas.

Apenas 2 dos 3 alunos responderam à questão, sendo que ambos enfatizaram a presença dessas canções na escola. Um deles afirmou:

"Sim. Exemplos: *Borboletinha, Sapo não lava o pé, Pintor de Jundiaí, Pintinho amarelinho, Boa tarde*, entre outras". É importante ressaltar que as canções lembradas pelo aluno são canções tradicionais da infância e não canções de rotina. O segundo respondeu: "Utilizo, mas não de forma religiosa, de vez em quando. *Meu lanchinho*".

Um aluno, que ainda não atua como professor, observou tal prática na escola em que trabalha na área administrativa: "Na escola onde trabalho sim. *Meu lanchinho vou comer* etc.".

A respeito da canção *Meu lanchinho*, Maffioletti (2001, p.125) faz a seguinte crítica:

> Se o seu filho está na creche, prepare-se, ele vai cantar o mínimo de cento e oitenta vezes durante o ano, uma canção parecida com esta: *Meu lanchinho, meu lanchinho, vou comer, vou comer; pra ficar fortinho, pra ficar fortinho, e crescer! E crescer!*

Maffioletti (ibidem, p.125) discute quais são os objetivos desses tipos de canções utilizadas no dia a dia da educação infantil e questiona:

> Por que esse tipo de atividade é realizada sem questionamento, ano após ano, na pré-escola? Com relação às atividades musicais, parece que os avanços da psicologia e do desenvolvimento infantil não conseguem modificar a prática docente. As regularidades observadas diariamente são incorporadas como absolutamente normais, enquanto os conhecimentos novos são ignorados e rejeitados pelo pensamento habitual. (2001, p.125)

Com o objetivo de verificar se é possível estabelecer pontes entre as aulas de Música do curso de Pedagogia e a prática pedagógica dos alunos que atuam como professores, foi feita a seguinte pergunta: "É possível adequar o conteúdo trabalhado nas aulas de Música ministradas no curso de Pedagogia para as aulas que ministra? Justifique sua resposta e dê exemplos de alguns desses conteúdos".

Os três alunos responderam afirmativamente à questão, mas apenas um deles, da instituição B, justificou sua resposta:

> Os conteúdos apresentados aqui ajudam muito na aquisição de ritmo e aquisição de linguagem. São alguns conteúdos utilizados em sala de aula: pulsação, ritmo, densidade e intensidade, entre outros.

Relembre-se de que as aulas de Música da instituição B foram essencialmente práticas. A docente trabalhou com a criação de arranjos musicais a partir das propriedades do som e elementos estruturais da linguagem musical. Diante disso, observa-se que a práxis musical foi significativa para esse aluno, a ponto de ele poder utilizar os conhecimentos adquiridos por meio da prática em sua atuação pedagógica. Diante disso, retoma-se aqui, novamente, a importância da prática musical nos cursos de Pedagogia, concordando com o pensamento de Bellochio (2005, p.116): "Para quem vai trabalhar com música na escola, é preciso saber fazer".

Considerando que a "história musical" dos alunos influi diretamente em sua atuação profissional, perguntou-se: "Como a sua 'história musical' influi na sua prática docente?". Levando em conta também a importância de o educador retomar as músicas que brincava em sua infância, perguntou-se "Você utiliza as músicas de sua infância com seus alunos? Você acha que elas fazem sentido para eles?".

Um dos alunos respondeu que utiliza as músicas de sua infância, mas pensa que talvez estas não façam sentido para as crianças, o que, segundo ele, não impede que elas gostem. O segundo aluno respondeu afirmativamente à questão, mas não trouxe elementos para esclarecer como isso se dá. O terceiro aluno afirmou: "É necessário que utilizemos as músicas mais antigas (cantigas de roda etc.), pois acaba sendo um resgate da cultura musical que se está perdendo".

Nesse sentido, pode-se fundamentar a fala desse aluno com o pensamento da pesquisadora da cultura infantil Lydia Hortléio (2003):

Agora, uma palavrinha final sobre o valor e a importância da Música Tradicional da Infância como patrimônio maior, aquilo que de mais sensível e fundamental possui a cultura de um povo. Nela estão encobertos os arquétipos, as características estruturais e poéticas da língua mãe e da língua mãe musical em seu nascedouro. A consciência desse fato nos impõe a necessidade de seu cultivo, a atenção que ela merece para a afirmação de Brasil, para o gozo do chão espiritual comum sobre o qual poderemos construir a Nação que sonhamos.

Por fim, perguntou-se aos educandos que já atuam como professores: "Na sua opinião, qual seu papel na formação musical de seus alunos?". Os três consideram o papel do professor das séries iniciais essencial na formação das crianças. Dois deles responderam apenas "importante". Mas um fez considerações acerca de sua importância na formação musical de seus alunos:

Acredito que o papel do professor é de suma importância para o desenvolvimento do aluno. Sou professora de crianças a partir de 2 anos e meio e percebo o quanto eles se desenvolvem/adquirem linguagem, ampliam seu vocabulário. Percebo que o estímulo do professor e sua espontaneidade, a forma como canta (animada/desanimada) influencia na turma e em seu modo de cantar e expressar. O papel do educador é importantíssimo para os alunos, escola, família, portanto, ele é o espelho perante toda a sociedade. É necessário, que o professor seja mediador do conhecimento e principalmente o *musical*. (grifo do aluno)

O relato desse aluno expressa com grande clareza a importância que o professor das séries iniciais assume na formação musical e integral de seus alunos.

Luckesi (1994, p.115) afirma que o professor assume o "papel de mediador entre a cultura elaborada, acumulada e em processo de acumulação pela humanidade, e o educando". Esse papel de mediador, e não transmissor, do conhecimento, apresentado pelo aluno e por Luckesi, também pode ser relacionado com o que diz Libâneo (1994, p.54-55) a respeito do processo de ensino.

Quando mencionamos que a finalidade do processo de ensino é *proporcionar aos alunos os meios para que assimilem ativamente os conhecimentos* é porque a natureza do trabalho docente é a mediação da relação cognoscitiva entre o aluno e as matérias de ensino. Isto quer dizer que o ensino não é só transmissão de informações, mas também o meio de organizar a atividade de estudo dos alunos. O ensino somente é bem-sucedido quando os objetivos do professor coincidem com os objetivos de estudo do aluno e é praticado tendo em vista o desenvolvimento das suas forças intelectuais.

Em relação à mediação específica na área de música, pode-se relacionar a importância da atuação dos professores das séries iniciais com o pensamento de Abrahão (2005, p.3):

O professor regente que convive diariamente com os alunos e tem maior oportunidade de presenciar situações de criação e improvisação podendo intervir de acordo com as necessidades e interesse das crianças, se anulará das contribuições diárias que a música pode oferecer?

Após realizadas essas perguntas, foi deixado um espaço aberto para que os alunos pudessem acrescentar alguma consideração acerca da música na escola. Um aluno da instituição B, que passou por aulas práticas de Música e que diz utilizar a música em sua prática docente, acrescentou: "A aula de Música deveria ser oferecida por profissionais especializados".

Esse relato aponta para o idealismo ainda presente em relação à música, considerando-a como algo exclusivo dos músicos. Sem dúvida, o ideal seria a presença de um professor de Música nas escolas, para que pudesse haver integração entre o professor especialista e o professor das séries iniciais, mas esperava-se que, após ter tido aulas de Música em seu curso de graduação, o aluno enxergasse a possibilidade de auxiliar no desenvolvimento musical de seus alunos.

A partir dessa fala, considera-se que, talvez, as poucas aulas de Música de que o aluno participou não foram suficientes para deixá-lo seguro para trabalhar com essa linguagem expressiva. Entende-se que ainda há um grande caminho a ser trilhado nesse sentido, uma vez que, assim como apontado pela docente da instituição D e corroborado por Gainza (2002b), ainda é preciso vencer a questão do "eu não sou músico", portanto, "eu não sei". Fonterrada (2008, p.288), por outro lado, acredita que a atuação de professores das séries iniciais na formação musical poderá auxiliar no fortalecimento da área.

> Assim, na presente circunstância, acredita-se que, ao se propor que pessoal não habilitado assuma algumas funções que deveriam pertencer ao educador musical, não se está prejudicando a profissão, mas, ao contrário, mostrando sua importância, o que, a médio prazo, poderá provocar seu revigoramento.

Neste capítulo, após terem sido apresentadas reflexões acerca dos sentidos, funções e influências da música para os alunos de Pedagogia, bem como a opinião deles acerca do papel da educação musical, passou-se para a análise da estrutura das disciplinas. Verificou-se que a maior parte dos alunos e professores considera que deveria haver um espaço maior destinado à música em suas instituições, mas eles dividem-se em opiniões em relação ao tratamento autônomo ou integrado dessa linguagem.

Observou-se que a música foi trabalhada em outras disciplinas do currículo, geralmente, como meio para aquisição de outras habilidades; acredita-se que tal fato contribuiu para a importância atribuída a essa função da música por parte dos alunos. Verificou-se, ainda, que a maior parte dos alunos não conhece os Parâmetros Curriculares Nacionais, mas conhece a Lei n. 11.769/08.

Constatou-se, também, que poucos alunos atuam como professores e alguns puderam fazer pontes entre os conhecimentos musicais adquiridos em seu curso de Pedagogia em sua prática docente.

Foi possível identificar diferentes desafios e necessidades em relação à educação musical nos cursos de Pedagogia, por parte dos alunos, professores e coordenadores, estando a maior parte deles relacionada ao pouco espaço da música nos currículos e às próprias dificuldades dos alunos em relação à linguagem musical.

Considerações finais

- Em geral, identificou-se pouco espaço destinado a essa linguagem nos cursos analisados, muitas vezes subordinada a outras linguagens artísticas, situação corroborada pelos dados colhidos na observação não participante realizada, já que a música ficava em segundo plano no caso das disciplinas "polivalentes".

Podem-se comparar os resultados atingidos neste levantamento com a situação de alguns cursos de Pedagogia em outras regiões do Brasil. Furquim e Bellochio (2010), no Rio Grande do Sul, Figueiredo (2003, 2004), na região Sul do país, e Aquino (2007), na região Centro-Oeste brasileira, verificaram alguns casos em que a música não tem expressividade e recorrência nos processos formativos dos pedagogos.

- Quanto à formação dos professores da disciplina Música estudada, verificou-se que apenas 1 das 5 docentes tinha formação específica na área, o que, às vezes, influenciou na obtenção de clareza no uso de conceitos e na qualidade das atividades práticas propostas.

- Apesar de se considerar imprescindível a presença de um docente formado na área para ministrar aulas de Música em cursos de Pedagogia, destaque-se que os professores não especialistas quebraram barreiras, muitas vezes foram até "além" de suas possibilidades, propondo atividades pertinentes, bem conduzidas e que, efetivamente, contribuíram para a formação musical de seus alunos.
- Um aspecto interessante observado é o fato de que, apesar de a música estar ausente na maior parte das escolas de educação básica brasileiras, grande parte dos alunos apresentou ricas experiências musicais e alguns, inclusive, tiveram estudos formais dessa linguagem. Observou-se, no entanto, que as docentes não utilizaram tal conhecimento em aula, talvez por terem um tempo muito limitado em sua disciplina. Identificou-se em algumas delas certo juízo de valor em relação à experiência musical dos alunos, pois destacaram a falta de formação prévia nessa área por parte deles como a maior dificuldade em se ensinar Música nos cursos de Pedagogia.
- Identificou-se grande variedade de propostas, algumas mais tradicionais, que tinham por referência os educadores musicais da primeira geração; outras eram baseadas nos Referenciais Curriculares Nacionais para Educação Infantil e Parâmetros Curriculares Nacionais para o Ensino Fundamental. Dentre outras metodologias, ainda, foram encontradas influências de propostas contemporâneas de educação musical, como a filosofia de Murray Schafer.
- Pela análise das cinco metodologias de ensino musical utilizadas, estabelecendo-se paralelos entre as respostas dos alunos ao questionário, pode-se concluir que um aspecto fundamental observado nas aulas foi a ênfase no fazer.
- Desse modo, Lemos (2003, p.122) afirma que um trabalho destinado a alunos de Pedagogia é análogo aos processos de alfabetização, visto que a criança, antes de ser alfabetizada, utiliza a linguagem para se expressar e se comunicar. Assim, acredita-se, também, que um processo de ensino musical

deva partir da prática. Libâneo (2008, p.38), também, diz que nos cursos de Pedagogia é preciso tomar a prática dos alunos como ponto de partida e de chegada. Da mesma forma, na educação musical de futuros professores, acredita-se que se deve ter a prática musical dos alunos como ponto inicial e final. Furquim e Bellochio (2008b), também, defendem a pertinência a se enfatizar o fazer musical, ao dizer que, "para quem vai trabalhar com música na escola, é preciso saber fazer", de igual modo evidenciada no pensamento de Lemos (2003, p.121). A autora afirma que se pretende, nos cursos de Pedagogia, que os alunos possam realizar um fazer musical crítico e autônomo.

- No caso específico da instituição B, em que as aulas foram essencialmente práticas, houve grande motivação por parte dos alunos. Acredita-se que, por ter sido utilizado um repertório muito próximo da realidade deles e as atividades terem culminado em resultados sonoros julgados interessantes pela sala, notou-se, em suas respostas, que as aulas foram consideradas bastante significativas. Destaca-se uma resposta, dentro dessa perspectiva: "Fazer arranjo para uma música mesmo com pouco conhecimento foi para mim fantástico".

- Em contrapartida, a criação de histórias sonoras e composições musicais baseadas no próprio som e em objetos sonoros, observada nas instituições A, D e E, não foi bem-aceita por alguns alunos e não foi verificada em suas respostas em relação ao que foi significativo para eles nas aulas de Música. O que leva a crer que seja interessante partir de práticas musicais que ofereçam resultados sonoros, os quais a maior parte da classe considere como música, e, gradativamente, possa-se ir ampliando o conceito do que seja música e, consequentemente, aumentar as possibilidades do fazer musical dos discentes.

- Nesse sentido, é interessante observar que é possível partir da música contemporânea e propostas atuais de ensino musical com crianças, uma vez que estas ainda não trazem preconceitos e julgamentos em relação a essa linguagem (como já mencionado). No entanto, o público de alunos de Pedagogia, formado por jovens e adultos, já traz concepções do que seja música, geralmente ligadas a uma visão romântica, conforme pode ser exemplificada pela resposta de um aluno: "É algo que posso ouvir com prazer, seja só um instrumento, uma voz, que toque no interior, é diferente das aulas de Artes que tenho na faculdade".

- Assim, considera-se ser interessante *transformar* o repertório inicial de acordo com a vida prática dos alunos, conforme Libâneo (1994, p.134-5): "[...] é muito menos *adaptar* a matéria à realidade dos alunos [...] e muito mais [...] *transformar* os conteúdos de modo que neles sejam contempladas as exigências teóricas e práticas decorrentes da prática de vida dos alunos".
- Acredita-se ser importante valorizar a relação intrínseca dos estudantes de Pedagogia com a música como fator motivador para o desenvolvimento desta linguagem. Além disso, pensa-se ser fundamental partir de concepções acerca do sentido da música, já incorporadas pelos alunos, propondo práticas que tenham significado para eles; dessa forma, crê-se ser possível sistematizar os conhecimentos que os discentes já possuem e discutir as concepções atuais do que seja música.
- Ao considerar a diversidade de visões do que seja música e da importância da educação musical, concorda-se com Tourinho (1998, p.174) quando afirma ser necessário pensar em "educações musicais", visto que há várias possibilidades de trabalho, e não apenas um modelo a ser seguido: [...] "são os estranhamentos e as aproximações com alguns temas e com práticas musicais que constituirão nossas chances de 'educações musicais' na escola atual".
- Verificou-se que a música foi trabalhada em outras disciplinas do currículo como meio para aquisição de outras habilidades, o que pode ter contribuído para o fortalecimento

da concepção do uso da música como *agente facilitador* pelos alunos. Nesse sentido, ressalte-se que não se está fazendo apologia de um ensino musical isolado, pois o professor das séries iniciais trabalhará multidisciplinarmente. Assim, torna-se interessante integrar o conhecimento musical às demais áreas do conhecimento abordadas na educação infantil e no ensino fundamental I, mas não se devem perder os aspectos intrínsecos da linguagem musical. Furquim e Bellochio (2010, p.58) afirmam:

> Uma possibilidade de se pensar a intensidade necessária requerida na formação musical e pedagógico-musical de um pedagogo partiria da possibilidade de diálogo entre os conteúdos da música e os conteúdos dos primeiros anos da educação básica. Isso demandaria ações formativas mais articuladas pelos formadores que atuam no curso superior de Pedagogia, sem que os conhecimentos disciplinares perdessem suas especificidades, mas, ao mesmo tempo, mantivessem pontos de contato, atravessamentos e conexões entre si.

- Foi possível identificar diferentes desafios e necessidades em relação à educação musical nos cursos de Pedagogia, por alunos, professores e coordenadores. A maior parte dos participantes considera o tempo destinado à música no currículo dos cursos insuficiente, apontando, também, para a necessidade de um espaço maior para essa área. Foram destacados diferentes aspectos a serem repensados: a aquisição de materiais, instrumentos musicais, conscientização dos alunos em relação à importância da música e reconstrução do conceito de arte e música já internalizado.
- Quanto ao processo de ensino-aprendizagem de Música, alguns alunos apontaram para desafios e dificuldades a serem superados, como o próprio fazer musical, a integração do grupo, a apresentação de uma criação musical para toda a sala, a criatividade e a compreensão de aspectos específicos

da linguagem. Destacaram, também, o desafio de ter que ensinar música "sem saber", apontando para a resistência que ainda existe em relação à educação musical, considerando-a muito específica e destinada a pessoas "talentosas".
- A partir da análise dos dados coletados, é possível refletir acerca de alguns aspectos que precisam ser enfocados na formação musical em cursos de Pedagogia, como a ênfase no valor da música como área do conhecimento, fundamental para o desenvolvimento da percepção, criação e sensibilidade dos alunos, e a possibilidade que todos os indivíduos têm de fazer música, quebrando a mistificação ainda presente do "dom musical".
- Constatou-se que a maior parte dos alunos não conhece os Parâmetros Curriculares Nacionais e o Referencial Curricular Nacional para a Educação Infantil, mas conhece a Lei n. 11.769/08. Nesse sentido, ressalte-se que este estudo contribuiu para a divulgação e reflexão acerca deste importante momento que a educação musical brasileira vive.
- No caso dos questionários destinados aos alunos, ficou claro o conhecimento que estes proporcionaram a alguns, como aqueles que responderam: "Fiquei conhecendo a lei agora". Além disso, notou-se, nas respostas de alguns, pesquisas realizadas para responder a questões relativas ao conceito "música" e aos Referenciais Curriculares. Alguns, ainda, apontaram para o interesse que o questionário despertou neles para o estudo da linguagem musical, quando responderam: "Ainda não conheço a parte destinada à música dos documentos, mas vou procurar estudar o quanto antes".
- Acredita-se que, quando os alunos escreveram acerca do sentido e da importância da música para eles, assim como sobre seu processo de educação musical, puderam refletir sobre a vitalidade dessa arte na vida deles, fato que, às vezes, como destaca um aluno, passa despercebido. Assim, pensa-se ter contribuído para o autoconhecimento dos alunos em relação à música.

- Pode-se, ainda, traçar um paralelo com Figueiredo (2004, p.3472-3), quando ressalta que, após a LDB de 1996, pouco ou nada mudou em relação ao ensino de Artes nos cursos de Pedagogia, pois elas "continuam marginalizadas nos currículos desses cursos". Pode-se acrescentar a essa afirmação a observação de que, até o presente momento, de igual maneira, pouco ou nada mudou nos currículos dos cursos de Pedagogia após a promulgação da Lei n. 11.769/08.
- Ainda é possível estabelecer relação com o pensamento de Libâneo (2008, p.134-5), no que diz respeito à situação atual dos cursos de Pedagogia, baseado em estudos recentes do Ministério da Educação, quando afirma que a situação pouco mudou e pode ser assemelhada ao que aconteceu no início do século.
- Apesar de apenas três alunos já atuarem como professores, considerou-se válido analisar a experiência deles. Esses três alunos afirmaram fazer pontes entre os conhecimentos musicais adquiridos em seu curso de Pedagogia e sua prática docente. No entanto, observou-se a utilização de "canções de comando" por parte deles, em duas escolas, prática que, segundo Fucks (1991), silencia a experiência musical na escola.
- Diante disso, observa-se que a Lei n. 11.769/08 ou a presença da música no curso de Pedagogia não garante uma efetiva mudança no ensino musical nas escolas. Apesar de observar a presença da música na prática das três professoras, o que é um ponto positivo, pensa-se que as práticas musicais das escolas devem ser reavaliadas, assim como o ensino musical proporcionado pelo curso de Pedagogia, que, conforme se verificou, influencia a prática docente dos professores.
- Libâneo (2008, p.43) afirma que as mudanças ocorridas nos cursos de formação para professores ficaram restritas a alterações nos currículos. Ele indaga: e as "questões mais de fundo?":

Os movimentos e organizações de educadores que vêm sustentando o debate sobre os cursos de Pedagogia e Licenciaturas, desde o início da década de 1980, exerceram papel significativo na luta pela valorização do profissional da educação. Entretanto, conseguiram pouco em relação a medidas mais efetivas de cunho legislativo e operacional; no geral, as mudanças ocorridas ficaram restritas tão somente a alterações na grade curricular dos cursos, sem avançar em questões mais de fundo, como a problemática epistemológica da Pedagogia, o desenvolvimento da teoria educacional e a investigação pedagógica.

- Dentro dessa perspectiva, pode-se fazer uma ponte com as mudanças legais ocorridas em relação ao ensino musical no Brasil. Verificou-se uma ampliação, potencial, do espaço destinado à música nos currículos escolares. No entanto, pergunta-se: de que modo será o ensino musical? Concorda-se com Sekeff (2007, p.19) quando diz que a questão não é apenas incluir a música no currículo, mas "ir além" e saber aproveitar o alcance da música na escola:

[...] a questão não é simplesmente incluir a música como disciplina curricular, pois isso já foi feito e, imprudentemente, desfeito, retirada que foi das escolas [e, acrescenta-se, incluída novamente]. A questão também não é supor, ilusoriamente, que a música *seja a solução* dos problemas educacionais, o que no mínimo seria apelar para o risível. A questão é, sim, refletir e aproveitar o *alcance* de uma ferramenta que possibilita ao indivíduo ir além do imaginado, pois que imantada de um sentido que fala ao educando, permite o acesso a dimensões para além das reveladas pela lógica, pelo raciocínio e pensamento discursivo.

- Conforme ressalta Libâneo (2008, p.135), os problemas ligados ao ensino nas escolas, e acrescenta-se, aqui, ao ensino musical, não são apenas internos do processo de formação, mas remetem à falta de políticas educacionais em relação à não priorização da formação de professores, desvalorização social da profissão do magistério e desinteresse do meio acadêmico pela problemática da educação básica e formação de professores.

- Assim, pensa-se que uma real mudança no cenário educacional brasileiro não ocorrerá por meio de implementação de leis e decretos, mas, antes, poderá ocorrer por meio de luta política de arte-educadores brasileiros que acreditem no papel da música e da arte para a mudança da sociedade. Em síntese, concorda-se com Ferraz e Fusari quando dizem que é desejável que os professores sejam valorizados e incentivados e que possam ter: (i) a melhor formação inicial; (ii) a melhor formação contínua em serviço; (iii) as melhores condições de trabalho. Os autores ainda apontam para a "necessidade de maiores estudos e pesquisas, de modo que os professores aperfeiçoem seu *saber arte e saber ser professor de arte*, especialmente junto à infância" (2009, grifo dos autores).
- Nesse sentido, aponta-se para a importância de dar continuidade a estudos relativos à educação musical em cursos de Pedagogia, tanto no estado de São Paulo como em outras regiões brasileiras. Aponta-se, também, para a necessidade de investir na formação contínua em música de professores atuantes na educação básica brasileira, de modo a acompanharem as constantes mudanças da sociedade, conforme apontam Diniz e Joly (2007, p.72):

[...] entendemos que o conhecimento musical teórico e metodológico adquirido nesse momento escolarizado [curso de Pedagogia] não é panaceia para todo o período de atuação profissional de um professor, fazendo-se necessária, então, uma formação em música contínua, que dê conta das mudanças sociais, da evolução do conhecimento, da diversidade cultural e das demandas pessoais da sociedade atual permeada pelo avanço tecnológico e científico. Enfim, podemos dizer que a formação musical dos professores das Sief [Séries Iniciais do Ensino Fundamental] é um processo permanente, sem um fim estabelecido *a priori* e que não se inicia no curso de Pedagogia, mas desde a infância, na fase do pré-treino.

- Sugere-se, também, que sejam realizadas pesquisas em relação à situação do ensino musical em cursos de Licenciatura em Música/Educação Musical, a fim de que, de maneira articulada com esta e outras pesquisas, possa-se reavaliar a formação musical de todos quantos atuarão junto ao desenvolvimento musical de alunos de escolas regulares, ou seja, pedagogos e licenciados em Música.
- Por fim, espera-se que este trabalho possa contribuir em alguns aspectos para a formação pedagógico-musical dos cursos de Pedagogia participantes deste estudo, para outros cursos de formação de professores brasileiros e para avanços na pesquisa em educação musical no Brasil.

Referências bibliográficas

ABEM – ASSOCIAÇÃO BRASILEIRA DE EDUCAÇÃO MUSICAL. Mensagem do Presidente, *Informativo Eletrônico*, n.42, set. 2008.

ABRAHÃO, A. M. P. L. C. A educação musical aos professores unidocentes em exercício: uma proposta construtivista. In: ENCONTRO ANUAL DA ASSOCIAÇÃO BRASILEIRA DE EDUCAÇÃO MUSICAL, 14, 2005, Belo Horizonte. *Anais...* Belo Horizonte: Abem, 2005. 1 CD-ROM.

ALARCÃO, I. *Professores reflexivos numa escola reflexiva*. 3.ed. São Paulo: Cortez, 2004.

AQUINO, T. L. *A música na formação inicial do pedagogo*: embates e contradições em cursos regulares de Pedagogia da região Centro-Oeste. Goiânia, 2007. Dissertação (Mestrado em Educação) – Universidade Federal de Goiás.

_____. O pedagogo e a música: abertura e possibilidades dialógicas. In: ENCONTRO ANUAL DA ASSOCIAÇÃO BRASILEIRA DE EDUCAÇÃO MUSICAL, 19, 2010, Goiânia. *Anais...* Goiânia: Abem, 2010. 1 CD-ROM.

ÁVILA, V. M. Z. et al. O portfólio pode muito mais do que uma prova. *Pátio. Revista pedagógica,* ano 4, n.12, fev. 2000.

AZEVEDO, F. A. G. de. *Movimentos Escolinhas de Arte:* em cena memórias de Noêmia Varela e Ana Mae Barbosa. São Paulo, 2000. 166f. Dissertação (Mestrado em Artes) – Escola de Comunicações e Artes, Centro de Comunicações e Artes, Universidade de São Paulo.

_____. *Arte:* linguagem que articula conhecimentos na construção de competências. Recife, 2005. 5f (mimeo).

BARBETTA, P. A. *Estatística aplicada às ciências sociais.* 5.ed. Florianópolis: Editora UFSC, 2002.

BARBOSA, A. M. *Teoria e prática da educação artística.* São Paulo: Cultrix, 1975.

_____. *Arte-educação:* conflitos e acertos. São Paulo: Max Limonad, 1984.

_____. *Tópicos utópicos.* Belo Horizonte: C/Arte, 1998.

_____. *Arte-educação no Brasil.* São Paulo: Perspectiva, 2002.

BARROS, R. S. M. de. *A ilustração brasileira e a ideia de universidade.* São Paulo: Faculdade de Filosofia, Ciências e Letras da USP, 1959.

BASTIAN, H. G. *Música na escola:* a contribuição do ensino da Música no aprendizado e no convívio social da criança. São Paulo: Paulinas, 2009.

BELLOCHIO, C. R. *A educação musical nas séries iniciais do ensino fundamental:* olhando e construindo junto às práticas cotidianas do professor. Porto Alegre, 2000. Tese (Doutorado em Educação) – Faculdade de Educação, Universidade Federal do Rio Grande do Sul.

_____. Escola – Licenciatura em Música – Pedagogia: compartilhando espaços e saberes na formação inicial de professores. *Revista da Abem – Associação Brasileira de Educação Musical,* Porto Alegre, n.7, p.41-8, 2002.

_____. Formação musical de professores na Pedagogia: pressupostos e projetos em realização na UFSM/RS. In: ENCONTRO ANUAL DA ASSOCIAÇÃO BRASILEIRA DE EDUCAÇÃO MUSICAL, 12, 2003, Florianópolis. *Anais...* Florianópolis: Abem, 2003. 1 CD-ROM.

_____. *Formação de professores e práticas educativas em educação musical:* transformando o existente e gerando alternativas. In: BEYER, E. S. W. (Org.). *O som e a criatividade:* reflexões sobre experiências musicais. Santa Maria: Editora UFSM, 2005. p.199-219.

BELLOCHIO, C. R. et al. A educação musical na Escola Normal e na habilitação Magistério: recorte de uma reconstrução histórica da década de 60 à década de 90. *Caderno Pedagógico,* Frederico Westphalen, ano 8, n.15/16, p.51-66, 1./2. sem. 1998.

BELLOCHIO, C. R.; SPANAVELLO, C. Educação musical nos anos iniciais do ensino fundamental: analisando as práticas educativas de professores unidocentes. *Revista da Abem,* Porto Alegre, v.1, n.12, p.89-98, 2005.

BENEDETTI, K. S.; KERR, D. M. A psicopedagogia de Vigótski e a educação musical: uma aproximação. *Marcelina: Revista do Mestrado em Artes Visuais da Faculdade Santa Marcelina.* São Paulo: Fasm, n.3, p.80-97, 2009.

BONDÍA, J. L. Notas sobre a experiência e o saber da experiência. In: *Revista Brasileira de Educação*, Campinas, n.19. jan./abr. 2002.

BOURDIEU, P. *O poder simbólico*. [s. l.]: Bertrand Brasil, 2000.

BRASIL. Ministério da Educação e Saúde. Primeiro Congresso Nacional de Educação. Rio de Janeiro: Imprensa Nacional, 1946.

_____. Senado Federal. Lei de Diretrizes e Bases da Educação Nacional. Lei n. 5692/71. Brasília, 1971

_____. Lei de Diretrizes e Bases da Educação Nacional. Lei n. 9.394/96, de 20 de dezembro de 1996.

_____. Ministério da Educação. Parâmetros Curriculares Nacionais para o Ensino Fundamental (1ª a 4ª séries). Brasília: MEC, 1997.

_____. Referencial Curricular Nacional para a Educação Infantil. Brasília: Secretaria de Ensino Fundamental, 1998. 3v.

_____. Ministério da Educação. Diretrizes Curriculares Nacionais para o Curso de Pedagogia. Brasília: Conselho Nacional de Educação, 2005.

_____. Conselho Nacional de Educação. Diretrizes Curriculares Nacionais para o Curso de Graduação em Pedagogia, Licenciatura. Resolução CNE/CP n.1 de 15 de maio de 2006.

_____. Ministério da Educação. *Ensino fundamental e médio tem três anos para acrescentar a disciplina música no currículo*, São Paulo, 2008a. Disponível em: <http://www.capes.gov.br/servicos/salaimprensa/noticias/noticia_1047.html>. Acesso em: 10 set. 2008.

_____. Lei de Diretrizes e Bases (1996). Sanção da Lei n. 11.769. *Diário Oficial da União da República Federativa do Brasil,* Poder Legislativo, Brasília, DF, 19 ago. 2008b. Seção 1, p.1-2.

_____. Sanção da Lei n. 12.287. *Diário Oficial da União da República Federativa do Brasil,* Poder Legislativo, Brasília, DF, 13 jul. 2010.

_____. Ministério da Educação. Instituições de Educação Superior e Cursos Cadastrados. Disponível em: <http://emec.mec.gov.br>. Acesso em: 30 mar. 2009.

BRESLER, L. Traditions and Changes across the Arts: Case Studies of Arts Educations. *International Journal of Music Education*, n.27, p.24-36, 1996.

BRITO, T. A. de. *Koellreutter educador:* o humano como objetivo da educação musical. São Paulo: Peirópolis, 2001.

_____. *Música na educação infantil:* propostas para a formação integral da criança. São Paulo: Peirópolis, 2003.

_____. *Educação musical:* território para produção musical infantil. Disponível em: <http://www.tecaoficinademusica.com.br/Teca/Tec_Mus_00.htmTec>. Acesso em: 2 abr. 2010.

CAGE, J. *De segunda a um ano.* Trad. Rogério Duprat. São Paulo: Hucitec, 1985.

_____. *Writings '67-'72.* Wesleyan University Press: Middletown, Connecticut, 1974.

CAZNÓK, Y. *A linguagem musical e a hermenêutica:* algumas considerações. São Paulo, [s.d.]. (mimeo).

CAVALCANTE, M. J. *Cefam:* uma alternativa pedagógica para a formação do professor. São Paulo: Cortez, 1994.

COLL, C.; TEBEROSKY, A. *Aprendendo arte:* conteúdos essenciais para o ensino fundamental. São Paulo: Ática, 2004.

COPLAND, A. *Como ouvir e entender a música.* Rio de Janeiro: Artenova, 1974.

CORREA, A. N. A Educação Musical: entre o Curso de Pedagogia e a sala de aula. In: ENCONTRO ANUAL DA ASSOCIAÇÃO BRASILEIRA DE EDUCAÇÃO MUSICAL, 19, 2010, Goiânia. *Anais...* Goiânia: Abem, 2010. 1 CD-ROM.

CORREA, A. N.; BELLOCHIO, C. R. Oficinas de Música na formação inicial de professores unidocentes: questões preliminares. In: ENCONTRO ANUAL DA ASSOCIAÇÃO BRASILEIRA DE EDUCAÇÃO MUSICAL, 16, 2007, Campo Grande. *Anais...* Campo Grande: Abem, 2007. 1 CD-ROM.

CROZIER, W. R. Music and Social Influence. In: HARGREAVES, D. J.; NORTH, A. C. (Ed.). *The Social Psychology of Music.* Oxford: Oxford University Press, 1997.

DELORS, J. et al. *Educação:* um tesouro a descobrir. 4.ed. São Paulo: Cortez, 2004.

DERDYK, E. *Formas de pensar o desenho.* São Paulo: Scipione, 2003.

DIAS, M. C. M. Early Childhood Education in Brazil – Creativity and Imagination. *Early Childhood Education Journal,* v.4, p.952-7, 2007.

DINIZ, J. A. R.; JOLY, I. Z. L. Um estudo sobre a formação musical de três professoras: o papel e a importância da música nos cursos de Pedagogia. *Revista da Abem,* Porto Alegre, v.16, p.65-73, mar. 2007.

DUARTE JÚNIOR, J. F. *Por que arte-educação?* 12.ed. Campinas: Papirus, 1991.

DUARTE, S. G. *Dicionário brasileiro de educação.* Rio de Janeiro: Edições Antares; Nobel, 1986.

ELLIOTT, D. J. *Music Matters: A New Philosophy of Music Education.* New York: Oxford University Press, 1995.

ELLIOTT, D. J. (Org.). *Praxial Music Education:* Reflections and Dialogues. New York: Oxford University Press, 2005.

FAZENDA, I. C. A.; SEVERINO, A. J. (Org.). *Conhecimento, pesquisa e educação.* Campinas: Papirus, 2001.

FAZENDA, I. C. A. *Interdisciplinaridade:* qual o sentido? São Paulo: Paulus, 2003.

FERES, J. S. M. *Bebê: música e movimento* – orientação para musicalização infantil. Jundiaí: J. S. M. Feres, 1998.

FERNANDES, I. M. B. *Música na escola:* desafios e perspectivas na formação contínua de educadores da rede pública. São Paulo, 2009. Tese (Doutorado em Educação) – Faculdade de Educação da Universidade de São Paulo.

FERRAZ, M. H. C. T.; FUSARI, M. F. R. *Metodologia do ensino da Arte:* fundamentos e proposições. São Paulo: Cortez, 2009.

FIGUEIREDO, L. F. de. A música nos cursos de Pedagogia. In: ENCONTRO ANUAL DA ASSOCIAÇÃO BRASILEIRA DE EDUCAÇÃO MUSICAL, 10, 2001, Uberlândia. *Anais...* Uberlândia: Abem, 2001. 1 CD-ROM.

_____. Educação musical nos anos iniciais da escola: identidade e políticas educacionais. *Revista da Abem,* Porto Alegre, v.12, p.21-9, mar. 2005.

FIGUEIREDO, S. L. F. Cursos de pedagogia e formação musical: um estudo em dezenove universidades brasileiras. In: ENCONTRO NACIONAL DE DIDÁTICA E PRÁTICA DE ENSINO, 12, 2004, Curitiba. *Anais...* Curitiba: Endipe, 2004. p.3472-83. 1 CD-ROM.

FIGUEIREDO, S. L. F.; SCHMIDT, L. Discutindo o talento musical. In: SIMPÓSIO INTERNACIONAL DE COGNIÇÃO E ARTES MUSICAIS. *Anais...* Curitiba: UFPR, 2005. p. 385-92.

FIGUEIREDO, S. L. F. *The Music Preparation of Generalist Teachers in Brazil.* Melbourne, 2003. Tese (Doutorado) – Royal Melbourne Institute of Technology, RMIT University.

FONTERRADA, M. *De tramas e fios:* um ensaio sobre música e educação. 2.ed. São Paulo: Unesp, 2008.

FOUCAULT, M. *A verdade e as formas jurídicas.* Rio de Janeiro: NAU Editora, 2003.

FREIRE, P. *Educação para liberdade.* 1977. p.24.

_____. *Pedagogia do oprimido.* 17.ed. Rio de Janeiro: Paz e Terra, 1987.

FUCKS, R. *O discurso do silêncio.* Rio de Janeiro: Enelivros, 1991.

FURQUIM, A. dos S.; BELLOCHIO, C. R. A educação musical no curso de Pedagogia: um estudo multicasos. In: XVII ENCONTRO ANUAL DA ABEM, 2008, São Paulo. *Anais...* São Paulo: Abem, 2008a.

_____. A educação musical no curso de Pedagogia: um estudo multicasos. In: XVII ENCONTRO NACIONAL DA ABEM, 2008, São Paulo. *Diversidade Musical e Compromisso social: o papel da educação musical*. Porto Alegre: Abem, 2008b, v.1. p.1-8.

_____. A formação musical de professores unidocentes: um estudo em cursos de pedagogia do Rio Grande do Sul. *Revista da Abem*, Porto Alegre, v.24, p.54-63, set. 2010.

GAINZA, V. H. de. *Música:* Amor y Conflicto-Diez Estudios de Psicopedagogía Musical. Buenos Aires: Lumen, 2002a.

_____. *Pedagogia Musical:* Dos Décadas de Pensamiento y Acción Educativa. Buenos Aires: Lumen, 2002b.

GAINZA, V. H. de; SLOBODA, J.; ZUBEN, P. et al. Final Salzburgo Music Manifesto. In: EL PODER TRANSFORMADOR DE LA MÚSICA DEL SEMINÁRIO GLOBAL DE SALZBURGO, 2011, Salzburgo. *Anais...* Salzburgo: Seminário Global de Salzburgo, 2011. p.1.

GARDNER, H. *Inteligências múltiplas:* a teoria na prática. 1.ed. Porto Alegre: Artes Médicas, 1995.

GIFFORD, E. F. An Australian Rationale for Music Education Revisited: A Discussion on the Role of Music in the Curriculum. *British Journal of Music Education*, v.5, n.2, p.115-40, 1988.

GILIOLI, R. de S. P. *"Civilizando pela música":* a pedagogia do canto orfeônico na escola paulista da Primeira República (1910-1920). São Paulo, 2003. Dissertação (Mestrado em Educação) – Faculdade de Educação da Universidade de São Paulo.

GÓES, R. S. A música e suas possibilidades no desenvolvimento da criança e do aprimoramento do código linguístico. *Revista do Centro de Educação a Distância – CEAD/Udesc*, v.2, n. 1, 2009. Disponível em: <http://www.periodicos.udesc.br/index.php/udescvirtual/article/viewFile/1932/1504>. Acesso em: 25 maio 2010.

GROUT, D. J.; PALISCA C. V. *História da música ocidental*. Lisboa: Gradiva, 2007.

HARGREAVES, D.; ZIMMERMAN, M. Teorias do desenvolvimento da aprendizagem musical. In: Illari, B. (Org.). *Em busca da mente musical: ensaios sobre os processos cognitivos em música – da percepção à produção*. Curitiba: Editora da UFPR, 2006. p.231-69.

HEREK, S. *Mr. Holland: adorável professor*. Estados Unidos. 1995. 1 DVD (143 min), color., legendado.

HORTÉLIO, L. M. *Abra a roda tindô-lê-lê*. Pesquisa e direção: Lydia Hortélio. Participação especial: Antonio Nóbrega. São Paulo: Brincante Produções Artísticas, 2003. 1 CD

ILARI, B. A música e o cérebro: algumas implicações do neurodesenvolvimento para a educação musical. *Revista da Abem*, Porto Alegre, v.9, p.7-16, set. 2003.

JARDIM, V. L. G. *Os sons da República:* o ensino da Música nas escolas públicas de São Paulo na Primeira República (1889-1930). São Paulo, 2003. Dissertação (Mestrado em Educação: História, Política, Sociedade) – Pontifícia Universidade Católica.

_____. *Da arte à educação:* a música nas escolas públicas (1838-1971). São Paulo, 2008. Tese (Doutorado: História, Política, Sociedade) – Pontifícia Universidade Católica.

JEANDOT, N. *Explorando o universo da música*. São Paulo: Scipione, 1993.

KISHIMOTO, T. M. (Org.). *O brincar e suas teorias*. São Paulo: Pioneira--Thomson Learning, 2002.

_____.Pedagogia e a formação de professores de educação infantil. *Pro--posições (Unicamp)*, Campinas, v.16, n.3, p.181-93, 2005.

KOELLREUTTER, H. J. Educação musical no Terceiro Mundo: função, problemas e possibilidades. *Cadernos de Estudo: Educação Musical*, São Paulo, Atravez, n.1, 1990.

LAKATOS, E. M.; MARCONI, M. A. *Fundamentos de metodologia científica*. 6.ed. São Paulo: Atlas, 2008.

LARROSA, J. Notas sobre a experiência e o saber da experiência. *Revista Brasileira de Educação*, v.19, p.20-8, 2002.

LÉCOURT, E. A pesquisa francesa em musicoterapia. *Revista Brasileira de Musicoterapia*, ano 1, n.1, 1996.

LEMOS, B. Educação musical na Pedagogia: uma "paisagem sonora" possível. In: CONGRESSO NACIONAL DA FEDERAÇÃO DE ARTE EDUCADORES DO BRASIL, 14, 2003, Goiânia. *Anais...* Goiânia: FAV/ UFG; Faeb, 2003. 1 CD-ROM.

_____. Criação da disciplina Fundamentos da Linguagem Musical na Educação: a experiência do curso de Pedagogia da Universidade de Brasília (UnB). In: ENCONTRO ANUAL DA ASSOCIAÇÃO BRASILEIRA DE EDUCAÇÃO MUSICAL, 14, 2005, Belo Horizonte. *Anais...* Belo Horizonte: Abem, 2005. 1 CD-ROM.

LIBÂNEO, J. C. *Didática*. São Paulo: Cortez, 1994.

_____. *Pedagogia e pedagogos, para quê?* 10.ed. São Paulo: Cortez, 2008.

LIMA, S. A. de. Interdisciplinaridade: uma prioridade para o ensino musical. *Música Hodie*, São Paulo, v.7, n.1, p.51-65, 2007.

LOURO, V. S. *Educação musical e deficiência:* propostas pedagógicas. São José dos Campos: Editora do Autor, 2006.

LORTIE, D. *School Teachers:* A Sociological Study. Chicago: University of Chicago Press, 1975.

LUCKESI, C. C. Avaliação educacional escolar: para além do autoritarismo. *Revista da Ande*, São Paulo, n.10, p-47-51,1986.

_____. *Filosofia da educação*. São Paulo: Cortez, 1994.

_____. *Avaliação da aprendizagem na escola:* reelaborando conceitos e recriando a prática. 2.ed. Salvador: Malabares Comunicação e Eventos, 2005.

LUFT, C. P. *Minidicionário Luft*. 16.ed. São Paulo: Ática, 1999.

MAFFIOLETTI, L. de A. Práticas musicais na escola infantil. In: CRAIDY, C. M.; KAERCHER, G. E. P. *Educação infantil: pra que te quero?* Porto Alegre: ArtMed, 2001, p.123-34.

MARTINS, C. B. O ensino superior brasileiro nos anos 90. *São Paulo em Perspectiva*, São Paulo, v.14, n.1, p.41-60, jan./mar. 2000.

MARTINS, M. C. et al. *Didática do ensino da Arte:* a língua do mundo: poetizar, fruir e conhecer arte. São Paulo: FTD, 1998.

MARTINS, M. C. F. D. *Teoria e prática do ensino de Arte:* a língua do mundo. São Paulo: FTD, 2010.

MENDES, A.; CUNHA, G. Um universo sonoro que nos envolve. In: FERREIRA, S. (Org.). *O ensino das artes construindo caminhos*. Campinas: Papirus, 2001.

Michaelis. *Moderno dicionário da língua portuguesa*. São Paulo: Melhoramentos, 2009.

MORAES, J. J. de. Maneiras de ouvir. In: *O que é música*. São Paulo: Brasiliense, 1983.

MOREIRA, A. A. A. *O espaço do desenho:* a educação do educador. 7.ed. São Paulo: Edições Loyola, 1999.

NEWELL, M. *O sorriso de Mona Lisa*. Estados Unidos: Columbia Pictures, 2003. 1 DVD (117 min), color., legendado.

NEY, A. *Política Educacional:* Organização e estrutura da educação básica brasileira. Rio de Janeiro: Wak Editora, 2008.

NÓVOA, A. (Org.). *Os professores e sua formação*. Lisboa: Publicações Dom Quixote, Instituto de Inovação Educacional, 1997.

NUNES, E. Desafio estratégico da política pública: o ensino superior brasileiro. *Revista de Administração Pública* [on-line], v.41, n. especial, p.103-47, 2007.

OSTROWER, F. *Criatividade e processos de criação*. Petrópolis: Vozes, 1984.

PAYNTER, J. *Here and Now*. London: Cambridge, 1972.

PENNA, M.; ALVES, E. Marcas do romantismo: os impasses da fundamentação dos PCN-Arte. In: PENNA, M. (Coord.). *É este o ensino de arte que queremos?* Uma análise das propostas dos Parâmetros Curriculares Nacionais. João Pessoa: Editora Universitária /CCHLA/PPGE, 2001. p.57-80.

PENNA, M. Apre(e)ndendo músicas: na vida e nas escolas. *Revista da Abem*, Porto Alegre, v.9, p.71-9, set. 2003.

_____. A dupla dimensão da política educacional e a música na escola: 1 – analisando a legislação e termos normativos. *Revista da Abem*, Porto Alegre, v.10, p.19-28, mar. 2004.

PINHEIRO, L. M. Treinamento, formação e aperfeiçoamento de professores primários. In: II Conferência Nacional de Educação, 1966, Porto Alegre. *Anais...* Rio de Janeiro: MEC/Inep, v.1. 1967.

_____. Formação do professor primário. *Revista Brasileira de Estudos Pedagógicos*, Rio de Janeiro, v.52, n.115, p.113-36, jul./set. 1969.

SADIE, S. (Ed.). *Dicionário Grove de música* – Edição concisa. Rio de Janeiro: Jorge Zahar, 1994. Verbete: "Cânone", p.163.

SANCHES, M. de F. C.; SILVA, M. da C. B. da. Aprender a ensinar: dificuldades no processo de construção do conhecimento pedagógico de conteúdo disciplinar. *Revista de Educação*, Lisboa, v.7, n.2, 1998.

São Paulo, Portal do Governo do Estado. *Uma potência chamada São Paulo*. Disponível em <://www.saopaulo.sp.gov.br/conhecasp/principal_conheca>. Acesso em: 15 dez. 2010.

SCHAFER, M. *O ouvido pensante*. São Paulo: Editora Unesp, 1991.

SCHÖN, D. A. *Educando o profissional reflexivo:* um novo design para o ensino e a aprendizagem. Trad. Roberto Cataldo Costa. Porto Alegre: Artes Médicas Sul, 2000.

SEKEFF, M. de L. *Da música: seus usos e recursos*. São Paulo: Editora Unesp, 2007.

SILVA, C. S. B. da. *Curso de Pedagogia no Brasil:* história e identidade. Campinas: Autores Associados, 1999.

SILVA, E. M. A.; ARAÚJO, C. M. de. Tendências e concepções do ensino de Arte na educação escolar brasileira: um estudo partir da trajetória histórica e sócio-epistemológica da arte/educação. In: 30ª Reunião Anual da ANPED, 2007, Caxambu. Disponível em: <http://www.anped.org.br/reunioes/30ra/grupo_estudos/GE01-3073--Int.pdf>. Acesso em: 2 jul. 2010.

SILVA, L. L. F. de. Música na infância. *Revista Mensal de Publicación em Internet*, n.78, nov. 2006. Disponível em: <http://www.filomusica.com/filo78/infancia.html>.

SILVA, R. N. dos S. *O professor como profissional reflexivo: o legado de Donald Schön no Brasil.* São Paulo, 2008. Monografia apresentada como trabalho final da disciplina EDM5730 – O Conhecimento em Sala de Aula: A Organização do Ensino, do Programa de Mestrado em Educação (Ensino de Ciências e Matemática) – Faculdade de Educação da Universidade de São Paulo.

SOUZA, J. Educação Musical e práticas sociais. *Revista da ABEM*, Porto Alegre, v.10, mar. 2004, p.7-11.

SOUZA J. et al. *O que faz a música na escola?* Programa de Pós-graduação em Música do Instituto de Artes da UFRGS, Série Estudo 6, Porto Alegre, 2002.

STEINER, J. *Diferenciação e classificação das instituições de ensino superior no Brasil*, 2005. Disponível em: <http://www.usp.br/iea/ensinosuperior/>. Acesso em: 21 dez. 2010.

SWANWICK, K. Permanecendo fiel à música na educação musical. In: II ENCONTRO ANUAL DA ABEM. ASSOCIAÇÃO BRASILEIRA DE EDUCAÇÃO MUSICAL, 1993, Porto Alegre. *Anais...* Porto Alegre: UFRGS/ANPAP, 1993. p.77-86.

_____. *Ensinando música musicalmente.* São Paulo: Moderna, 2003.

TANURI, L. M. *O ensino Normal no estado de São Paulo: 1890 a 1930.* São Paulo: Faculdade de Educação da USP, 1979.

_____. História da formação de professores. *Revista Brasileira de Educação*, Rio de Janeiro, n.14, p.61-88, maio/ago. 2000.

TOURINHO, I. *Usos e funções da música na escola pública de 1º grau.* Porto Alegre: UFRGS, 1993 (Fundamentos da Educação Musical 1)

_____. Educação musical: parte integrante do currículo no ensino básico. In: CONGRESSO NACIONAL DA FAEB, 11, 1998, Brasília. *Anais...* Brasília: Federação de Artes Educadores do Brasil, 1998. p.167-75.

VIDAL, D. G. *O exercício disciplinado do olhar:* livros, leituras e práticas de formação docente no Instituto de Educação do Distrito Federal (1932-1937). São Paulo, 1995. Tese (Doutorado em Educação) – Faculdade de Educação da Universidade de São Paulo.

VISCONTI, M.; BIAGIONI, M. Z. *Guia para educação e prática musical em escolas.* São Paulo: Abemúsica, 2002.

WEFFORT, M. F. (Coord.). *Observação, registro, reflexão: Instrumentos metodológicos I*. São Paulo: Espaço Pedagógico, 1995.

WERLE, K.; BELLOCHIO, C. R. A produção científica focalizada na relação professores não especialistas em música e educação musical: um mapeamento de produções da Abem. *Revista da Abem*, Porto Alegre, v.22, p.29-39, set. 2009.

WILLEMS, E. *El valor humano de la educación musical*. Barcelona/Buenos Aires: Paidós, 1981.

SOBRE O LIVRO

Formato: 14 x 21 cm
Mancha: 23,7 x 42,5 paicas
Tipologia: Horley Old Style 10,5/14
Papel: Offset 75 g/m² (miolo)
Cartão Supremo 250 g/m² (capa)
1ª edição: 2013

EQUIPE DE REALIZAÇÃO

Coordenação Geral
Marcos Keith Takahashi

Impressão e Acabamento:

Printing Solutions & Internet 7 S.A